铁路编组站
布局建设的理论与实践

刘思琦 著

人民交通出版社
北京

内 容 提 要

编组站作为铁路车流集散中心和"货物列车工厂",是衔接铁路干线、架构铁路网络的关键枢纽。在编组站建设资金和作业能力均有限的情况下,选择哪些编组站进行改扩建(或新建)、按照何种规模进行建设,成为值得深入研究的问题。

本书理论篇围绕基于铁路车流改编链的编组站布局优化问题,重点研究了无能力约束的编组站改编负荷问题、单阶段编组站布局优化问题、多阶段编组站布局优化问题等3个子问题,分别构建了数学规划模型并设计了小规模算例验证优化方法的有效性,同时以我国铁路网为背景进行了实证研究,具有较高的理论价值。实践篇充分借鉴了美国、俄罗斯、德国、法国、日本等国家编组站建设的有益经验,立足我国编组站建设发展历程和现实基础,结合新阶段、新形势、新要求,深入研判编组站建设发展的机遇和挑战,针对性提出高质量推进我国编组站建设的政策建议,具有较高的实用价值。

本书可供从事铁路编组站规划、设计、建设的专业人员,以及相关专业院校师生学习与参考。

图书在版编目(CIP)数据

铁路编组站布局建设的理论与实践 / 刘思琦著.
北京:人民交通出版社股份有限公司,2024.9.
ISBN 978-7-114-19670-6
Ⅰ.U291.4
中国国家版本馆 CIP 数据核字第 2024DN3106 号

Tielu Bianzuzhan Buju Jianshe de Lilun yu Shijian
书　　名:铁路编组站布局建设的理论与实践
著 作 者:刘思琦
责任编辑:高鸿剑
责任校对:赵媛媛　刘　璇
责任印制:刘高彤
出版发行:人民交通出版社
地　　址:(100011)北京市朝阳区安定门外外馆斜街 3 号
网　　址:http://www.ccpcl.com.cn
销售电话:(010)59757973
总 经 销:人民交通出版社发行部
经　　销:各地新华书店
印　　刷:北京建宏印刷有限公司
开　　本:787×1092　1/16
印　　张:11.25
字　　数:201 千
版　　次:2024 年 9 月　第 1 版
印　　次:2024 年 9 月　第 1 次印刷
书　　号:ISBN 978-7-114-19670-6
定　　价:88.00 元

(有印刷、装订质量问题的图书,由本社负责调换)

序言

铁路是国家战略性、先导性、关键性重大基础设施，是国民经济大动脉、重大民生工程和综合交通运输体系骨干，在构建新发展格局和推动经济高质量发展中发挥着越来越重要的作用。随着国家物流枢纽布局成网和多式联运快速发展，铁路运输既在运输结构优化和构建现代化综合运输系统中发挥着重大作用，更因通道化、枢纽化运输环境的营造，对国家重大生产力布局具有重要影响。因此，新形势下铁路在经济社会发展中的地位和作用至关重要。新中国成立以来，我国在铁路基础设施、运输服务、科技创新、行业管理等方面取得了巨大发展成就，建成了全球最大规模的高速铁路网，铁路总体技术水平进入世界先进行列，中国铁路成为共建"一带一路"的亮丽名片，铁路与经济社会发展的适配性也实现了从"严重短缺"到"瓶颈制约"到"初步缓解"再到"基本适应"的历史性跨越。

党的十八大以来，习近平总书记十分关心我国铁路行业发展，多次视察铁路建设工程，多次作出重要指示批示，为新时代铁路建设指明了前进方向、提供了根本遵循、注入了强大动力。2024 年 6 月，中国—吉尔吉斯斯坦—乌兹别克斯坦铁路项目三国政府间协定签字仪式在北京举行。习近平指出，中吉乌铁路是中国同中亚互联互通的战略性项目，是三国共建"一带一路"合作的标志性工程。中国愿同吉尔吉斯斯坦、乌兹别克斯坦两国一道，再接再厉，为启动项目建设作好各项准备，早日建成这条惠及三国和三国人民、助力地区经济社会发展的战略通道[①]。2020 年 11 月，习近平总书记对川藏铁路开工建设作出重要指示，广大铁路建设者要发扬"两路"精神和青藏铁路精神，科学施工、安全施工、绿色施工，高质量推进工程建设，为全面建设社会主义现代化国家作出新的贡献[②]。

我国铁路快速高质量发展的基本经验是规划先行，注重运输组织方面的应用实效，因此，规划科学是最大的效益，规划失误是最大的浪费，规划折腾是最大的忌讳。近年来，我国出台了系列规划和政策文件，为新时代铁路发展擘画壮美蓝图。《新时代交通强国铁路先行规划纲要》明确提出，到 2035 年，率先建成服务安全优质、保障坚强有力、实力国际领先的现代化铁路强国；到 2050 年，全面建成更高水平的现代化铁路强国，全面服务和保

[①] 《中国、吉尔吉斯斯坦、乌兹别克斯坦三国元首视频祝贺中吉乌铁路项目三国政府间协定签署》，《人民日报》2024 年 6 月 7 日。
[②] 《习近平对川藏铁路开工建设作出重要指示强调 发扬"两路"精神和青藏铁路精神 高质量推进工程建设》，《人民日报》2020 年 11 月 9 日。

障社会主义现代化强国建设。《中长期铁路网规划》（2016年修编）提出，着力构建布局合理、覆盖广泛、高效便捷、安全经济的现代铁路网络。优化货运枢纽编组站，完善货运机车车辆设施。

编组站作为铁路车流集散中心和"货物列车工厂"，是衔接铁路干线、架构铁路网络和建设综合运输通道的关键枢纽。纵观国外铁路编组站的发展历程，发达国家的铁路编组站总体上先后经历了大规模建设时期、改造合并时期、现代化发展时期。既有部分国家积极推动编组站改扩建和现代化发展，也有部分国家完全废除编组站系统转而大力发展直达运输。新中国成立以来，我国编组站建设取得了巨大成就，调车设备更是在较短的时间内实现了"平面调车→简易驼峰→机械化驼峰→半自动和自动化驼峰"的3次飞跃。当前，我国编组站布局总体呈现紧缩精编的态势，编组站综合自动化成为重要的发展方向。

我国铁路货运量巨大，跨区域产业联系较为密切，决定了我国铁路编组站建设规模较大，投资动辄数十亿元，占地上千亩甚至数千亩，若编组站位置和规模选择不当，既会造成运输资源的巨大浪费，增加运输成本和不同运输方式的衔接难度，也难以实现车流组织态势的有效改善。特别是随着路网规模的扩大和完善，部分编组站衔接的铁路线数量增加，在路网中的重要性增强；随着铁路复线率和电气化率的不断提高，部分线路的通过能力增大，点线能力不匹配的问题加剧；随着高速铁路逐步成网，既有线释放出部分货运能力，为开行更多的货物列车提供支撑；随着运输结构的调整，部分货流从公路转移至铁路，推动铁路货运量的上升。在这种背景下，优化完善编组站的功能布局，高质量推进编组站建设，对提高运输效率和降低运输成本具有较强的现实意义。

本书注重理论联系实际，突出规划建设的实践性，分为理论篇和实践篇。其中，理论篇围绕基于铁路车流改编链的编组站布局优化问题，重点研究了无能力约束的编组站改编负荷问题、单阶段编组站布局优化问题、多阶段编组站布局优化问题等3个子问题，分别构建了数学规划模型并设计了小规模算例验证优化方法的有效性，同时以我国铁路网为背景进行了实证研究，具有较高的理论价值。实践篇充分借鉴了美国、俄罗斯、德国、法国、日本等国家编组站建设的有益经验，立足我国编组站建设发展历程和现实基础，结合新阶段、新形势、新要求，深入研判编组站建设发展的机遇和挑战，针对性提出高质量推进我国编组站建设的政策建议。

本书作者刘思琦结合多年综合交通运输宏观决策研究的理论与实践积累，在写作过程中，既关注编组站在交通运输整体系统优化中的重要组织地位，又对编组站建设的具体技术与运输服务组织给予了新的解读。本书对铁路相关单位和从业人员开展编组站建设研究具有较高的参考价值，对相关工作的开展也具有较强的指导作用。

国家发展和改革委员会综合运输研究所所长

汪　鸣

2024年7月

前 言

编组站是在铁路网上办理大量货物列车解体和编组作业，并为此设有驼峰、专用调车机车等一整套技术设备的车站，是架构铁路网的关键节点，被誉为"货物列车工厂"。相关数据显示，在铁路货车全周转时间中，车辆在车站作业和停留的时间约占65%，其中在技术站（主要是编组站）的作业和停留时间占25%以上。因此，编组站运转效率的高低直接影响铁路货运整体服务水平。

编组站建设动辄数十亿元，占地上千亩。在建设资金和编组站能力均有限的情况下，选择哪些编组站进行改扩建（或新建）、按照何种规模进行建设，成为值得深入研究的问题。同时，由于编组站之间的分工具有高度的非线性关联，任何一股车流中转地点的改变都将通过改编链（编组计划）的蝴蝶效应传递到其他编组站，造成有关节点中转负荷的变化和车流中转成本的变化，因此铁路网编组站布局优化问题不仅涉及投资方案的比选，还涉及车流改编链的优化。然而，目前铁路货物列车编组计划仍以手工编制为主，编组站布局决策也基本上立足于经验判断，并且随着路网规模的扩大和备选站的增多，问题的复杂度呈指数增长，人工比选的方式愈加不适用于编组站布局的优化。例如，对于一个只有10个备选站的铁路网，若每个备选站有3种投资建设方案，则组合投资方案数高达59049个。此外，每一个组合投资方案对应一个车流改编链问题，该问题同样具有组合爆炸的特征。因此，亟须采用计算机辅助决策支持工具解决日益复杂的编组站布局优化问题。在优化理论和计算机技术方兴未艾的背景下，如何利用这些先进的理论方法和技术手段实现编组站布局方案科学高效的比选，是一个理论深度和实践价值兼备的科学难题。

本书的理论篇围绕基于铁路车流改编链的编组站布局优化问题，重点研究了无能力约束的编组站改编负荷问题、单阶段编组站布局优化问题以及多阶段编组站布局优化问题等3个子问题。其中：无能力约束的编组站改编负荷问题是指在不考虑编组站能力约束的基础上，对车流径路与改编链进行一体优化，以期获取理想条件下的铁路网编组站改编负荷，从而为编组站的投资建设提供支撑。单阶段编组站布局优化问题是指在有限的建设资金下，对单个规划期内编组站的投资建设进行优化，即以整个规划期为一个阶段，从备选站集合中选择一定数量的车站进行投资建设并确定其改扩建（或新建）的规模，使规划期内的编组站建设成本和铁路网车流组织成本之和最小化。多阶段编组站布局优化问题是指将整个规划期细分为多个阶段，在满足各阶段车流改编需求和资金预算的条件下，确定各阶段改扩建（或新建）编组站的数量、位置及规模，使整个规划期的建设成本和车流组织成本最小化。事实上，在铁路生产实践当中，编组站并非一步建设到位，而是随着路网规模和运输需求的变化分阶段建设，以避免运输资源的虚糜浪费并提高投资的综合效益。因此，多阶段编组站布局优化问题更贴近工程实践。

就理论篇的特点而言：一是将车流径路与编组站布局优化相结合，打破了先确定车流径路，再确定改编链的流程局限，为进一步提高改编链的质量提供实现途径，理想状态下的编组站负荷分布也为编组站的改扩建（或新建）提供科学决策依据。二是对编组站布局的研究并非就点论点，而是着眼于整个路网，将编组站作业负荷之间的非线性关联纳入考虑范围，有助于从路网层面对编组站布局进行优化。三是兼顾建设资金和车流组织成本，寻求二者之间的最佳平衡点，避免盲目投资，提高投资的综合效益。四是把握编组站分阶段建设的特征，将整个规划期细分为多个子规划期，有助于分阶段稳步推进编组站建设。五是采用计算机辅助决策，为提高决策质量和效率、解决实际规模的编组站布局优化问题提供有力支撑。

实践篇包括经验借鉴、现实基础、机遇挑战、政策建议4章。其中，经验借鉴章节系统总结了美国、俄罗斯、德国、法国、日本等国家编组站建设的有益经验，如着力避免盲目无序发展、积极推进科学技术赋能、高度重视专业人才培养等，并将国外编组站建设阶段划分为大规模建设时期、缩减合并时期、现代化发展时期。现实基础章节从布局、站型、驼峰、综合自动化等方面系统总结了我国编组站的建设发展历程，对郑州北、成都北、武汉北、兰州北、兴隆场、新丰镇、贵阳南、株洲北等编组站进行了概述，深入分析了我国编组站存在的主要问题，如空间布局不完善、点线能力不协调、运输组织待优化、智能化水平不高、安全管理有短板等。机遇挑战章节重点研判了我国编组站建设面临的重大机遇和主要挑战。从机遇来看，铁路网络不断完善为编组站新建和改扩建创造条件，运输结构调整为编组站作业规模提升持续引流，新技术新设备不断涌现为编组站赋能增效提供支撑。从挑战来看，重载化、集装箱化、直达化将弱化编组站的功能作用，"双碳"行动的不断推进将缩减编组站的作业规模，城镇化进程的持续推进将压缩编组站的新建和改扩建空间。政策建议章节从"硬设施"和"软服务"两个维度针对性提出高质量推进我国编组站建设的相关举措。从"硬设施"维度看，要优化完善编组站空间布局，科学提升编组站作业能力，推动编组站智能化转型升级。从"软服务"维度看，要优化编组站运营组织，完善标准规范，壮大人才队伍，加强安全管理。

作　者

2024年7月

目 录

理 论 篇

第一章 编组站布局的基本理论问题辨析 ·············· 3

 第一节 编组站的多维透视 ·············· 3
  一、编组站的概念内涵 ·············· 3
  二、编组站的基本站型 ·············· 4
  三、编组站的主体功能 ·············· 5
  四、编组站的主要特点 ·············· 7
  五、编组站的基本分类 ·············· 7

 第二节 编组站布局的影响因素 ·············· 8
  一、作业负荷 ·············· 8
  二、建设成本 ·············· 8
  三、铁路网结构 ·············· 9
  四、其他影响因素 ·············· 9

 第三节 编组站的评价指标体系 ·············· 10
  一、编组站布局的评价指标体系 ·············· 10
  二、编组站运营的评价指标体系 ·············· 13

第二章 无能力约束的编组站改编负荷研究 ·············· 16

 第一节 国内外研究现状 ·············· 16
  一、车流径路与编组计划一体优化 ·············· 16
  二、铁路车流径路优化 ·············· 17
  三、列车编组计划优化 ·············· 18
  四、既有相关研究总结 ·············· 19

 第二节 问题描述 ·············· 19

　　　　一、问题概述 ··· 19
　　　　二、问题示例 ··· 21
　　　　三、问题复杂度分析 ··· 24
　　第三节　数学优化模型 ··· 25
　　　　一、模型基本假设 ··· 25
　　　　二、符号说明 ··· 26
　　　　三、优化目标与约束条件分析 ··· 27
　　　　四、模型的线性化 ··· 28
　　第四节　算例分析 ··· 31
　　　　一、基于模拟退火算法的求解策略 ··· 31
　　　　二、基础数据准备 ··· 34
　　　　三、优化结果分析 ··· 36

第三章　单阶段编组站布局优化方法 ·· 44
　　第一节　国内外研究现状 ··· 44
　　　　一、选址分配问题 ··· 44
　　　　二、编组站布局优化问题 ··· 46
　　　　三、既有相关研究总结 ··· 47
　　第二节　问题描述 ··· 49
　　　　一、问题概述 ··· 49
　　　　二、问题示例 ··· 49
　　　　三、问题复杂度分析 ··· 52
　　第三节　数学优化模型 ··· 52
　　　　一、模型基本假设 ··· 52
　　　　二、符号说明 ··· 53
　　　　三、优化目标与约束条件分析 ··· 55
　　　　四、模型的线性化 ··· 59
　　第四节　算例分析 ··· 61
　　　　一、基础数据准备 ··· 61
　　　　二、优化结果分析 ··· 62

第四章　多阶段编组站布局优化方法 ·· 69
　　第一节　国内外研究现状 ··· 69

一、多阶段选址问题 …………………………………………………… 69
　　二、枢纽选址问题 ……………………………………………………… 70
　　三、既有相关研究总结 ………………………………………………… 71
第二节　问题描述 ……………………………………………………………… 72
　　一、问题概述 …………………………………………………………… 72
　　二、问题示例 …………………………………………………………… 72
　　三、问题复杂度分析 …………………………………………………… 77
第三节　数学优化模型 ………………………………………………………… 77
　　一、模型基本假设 ……………………………………………………… 77
　　二、符号说明 …………………………………………………………… 77
　　三、优化目标与约束条件分析 ………………………………………… 79
第四节　算例分析 ……………………………………………………………… 85
　　一、基础数据准备 ……………………………………………………… 85
　　二、优化结果分析 ……………………………………………………… 86

第五章　基于模拟退火算法的编组站布局优化实证研究 ………………………… 94
第一节　基础数据准备 ………………………………………………………… 94
　　一、支点网络构建 ……………………………………………………… 94
　　二、备选站选取 ………………………………………………………… 96
第二节　优化结果分析 ………………………………………………………… 97
　　一、组合投资方案比选 ………………………………………………… 97
　　二、参数灵敏度分析 …………………………………………………… 102
第三节　创新点和研究展望 …………………………………………………… 105
　　一、主要创新点 ………………………………………………………… 105
　　二、未来研究展望 ……………………………………………………… 106

实　践　篇

第六章　国外编组站建设的经验借鉴 …………………………………………… 109
第一节　国外编组站建设的阶段划分 ………………………………………… 109
　　一、大规模建设时期 …………………………………………………… 109

二、缩减合并时期 …………………………………………………………… 109
　　三、现代化发展时期 ………………………………………………………… 110
第二节　典型国家的编组站建设情况 …………………………………………… 111
　　一、美国编组站建设情况 …………………………………………………… 111
　　二、俄罗斯编组站建设情况 ………………………………………………… 113
　　三、德国编组站建设情况 …………………………………………………… 114
　　四、法国编组站建设情况 …………………………………………………… 116
　　五、日本编组站建设情况 …………………………………………………… 116
　　六、其他国家编组站建设情况 ……………………………………………… 117
第三节　主要经验启示 …………………………………………………………… 118
　　一、统筹谋划，避免盲目无序发展 ………………………………………… 118
　　二、科技赋能，推进现代化发展 …………………………………………… 119
　　三、以人为本，重视专业人才培养 ………………………………………… 119

第七章　我国编组站建设的现实基础 ……………………………………………… 121
　第一节　发展历程 ………………………………………………………………… 121
　　一、编组站布局的发展历程 ………………………………………………… 121
　　二、编组站站型的发展历程 ………………………………………………… 122
　　三、编组站驼峰的发展历程 ………………………………………………… 123
　　四、编组站综合自动化的发展历程 ………………………………………… 124
　第二节　发展现状 ………………………………………………………………… 125
　　一、空间布局现状 …………………………………………………………… 125
　　二、综合自动化现状 ………………………………………………………… 126
　　三、典型编组站概述 ………………………………………………………… 128
　第三节　主要问题 ………………………………………………………………… 133
　　一、空间布局不完善 ………………………………………………………… 133
　　二、点线能力不协调 ………………………………………………………… 134
　　三、运输组织待优化 ………………………………………………………… 134
　　四、智能化水平不高 ………………………………………………………… 135
　　五、安全管理有短板 ………………………………………………………… 136

第八章　我国编组站建设面临的机遇和挑战 ……………………………………… 137
　第一节　主要机遇 ………………………………………………………………… 137

一、铁路网络不断完善为编组站新建和改扩建创造条件……………… 137

　　二、运输结构调整为编组站作业规模提升持续引流…………………… 138

　　三、新技术新设备不断涌现为编组站赋能增效提供支撑……………… 138

　第三节　主要挑战…………………………………………………………… 140

　　一、重载化、集装箱化、直达化发展将弱化编组站的功能作用……… 140

　　二、"双碳"行动不断推进将缩减编组站的作业规模………………… 141

　　三、城镇化进程持续推进将压缩编组站的新建和改扩建空间………… 142

第九章　高质量推进我国编组站建设的政策建议……………………………… 143

　第一节　夯实"硬设施"…………………………………………………… 143

　　一、优化完善编组站空间布局…………………………………………… 143

　　二、科学提升编组站作业能力…………………………………………… 144

　　三、稳步提高编组站智能化水平………………………………………… 145

　第二节　增强"软服务"…………………………………………………… 145

　　一、优化编组站运营组织………………………………………………… 145

　　二、完善编组站标准规范………………………………………………… 146

　　三、壮大编组站人才队伍………………………………………………… 147

　　四、加强编组站安全管理………………………………………………… 148

附录A　直达列车走行径路及里程（单位：km）……………………………… 149

附录B　各站间车流的潜在改编站……………………………………………… 155

参考文献…………………………………………………………………………… 159

理论篇

THEORY PART

第一章 编组站布局的基本理论问题辨析

编组站是架构铁路网的关键节点,被称为"货物列车工厂"。本章首先从概念内涵、基本站型、主体功能、主要特点、基本分类等维度对编组站进行多维透视,然后从作业负荷、建设成本、网络结构等方面阐释影响编组站布局的主要因素,最后梳理总结面向编组站布局和运营的评价指标体系。

第一节 编组站的多维透视

一、编组站的概念内涵

编组站是在铁路网上办理大量货物列车解体和编组作业,并为此设有驼峰、专用调车机车等一整套技术设备的车站。编组站是车流集散和列车解编的基地,肩负解编技术直达、直通、区段、摘挂及小运转等各类货物列车的任务,同时还供应机车,对机车进行整备和检修,对车辆进行日常维修和定期检修,其作业数量和设备规模均较大,被称为"货物列车工厂"。相关数据显示,在铁路货车全周转时间中,车辆在车站作业和停留的时间约占65%,其中在技术站(主要是编组站)的作业和停留时间占25%以上。因此,铁路编组站运转效率直接影响铁路货运的整体服务水平。

事实上,拥有较多技术设备并主要办理货物列车和车辆技术作业的编组站和区段站统称为技术站。其中,区段站的主要功能是为邻接的铁路区段供应及整备机车或更换机车乘务组,为无改编中转货物列车办理规定的技术作业,此外还办理一定数量的列车解编作业及客货运业务,在设备条件具备时还可进行机车、车辆的检修业务。

值得注意的是,编组站与区段站虽然同属技术站,但二者的主要区别在于作业数量和性质以及设备的种类和规模。区段站以办理无改编中转货物列车为主,兼顾区段内少量改编作业，解编列车数量少，且多为区段列车或摘挂列车。编组站以处理改编中转货物列车为主，多为技术直达和直通列车。区段站调车设备较为简易，而编组站的调车设备规模和能力通常远大于区段站。

二、编组站的基本站型

就编组站平面布置图的类型而言，目前我国编组站的基本站型共有 6 种，分别为：单向横列式（一级三场）、单向纵列式（三级三场）、单向混合式（二级四场）、双向横列式、双向纵列式（三级六场）、双向混合式。其中：上、下行到发场与调车场并列配置的称为横列式编组站；所有主要车场顺序排列的称为纵列式编组站；部分主要车场纵列而另一部分车场横列的称为混合式编组站。我国主要推荐一级三场、二级四场、三级三场和三级六场等四种站型，接下来对这四种站型分别进行描述。

如图 1-1 所示，一级三场编组站共有三个车场，包括两个到发场和一个调车场，并且两个到发场与调车场并列配置。其中，到发场主要用于接发列车，调车场主要用于车辆的集结与停留。此类编组站通常设有一个驼峰（图 1-1 中以菱形表示）、一个机务段和一个车辆段。其中，驼峰是解体车列的关键调车设备，机务段和车辆段分别负责机车和车辆的检修保养。该站型具有占地面积小、资金投入少的优势，适用于双向改编车流较均衡、解编作业量不大的中小型编组站，其解编能力为 3200～4700 车/d。

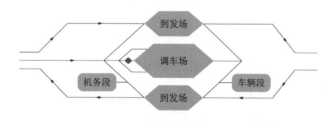

图 1-1　单向一级三场横列式编组站布置图

如图 1-2 所示，二级四场编组站共有四个车场，其中两个出发场分列在调车场两侧，到达场和调车场按车流改编作业顺序排列。该站型适用于解编作业量大而受地形限制的大、中型编组站，可适应 4500～5200 车/d 的解编作业量。

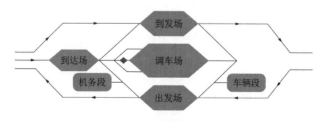

图 1-2　单向二级四场混合式编组站布置图

如图 1-3 所示，三级三场编组站包含三个车场，并且到达场、调车场和出发场按到、解、集、编、发的作业顺序排列。该站型适用于顺驼峰方向改编车流较强、解编作业量大、衔接方向较多的编组站，其解编能力为 6500～8000 车/d。此外，该站型便于改扩建成双向三级六场编组站。

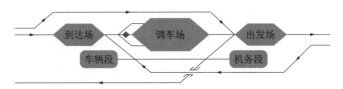

图 1-3　单向三级三场纵列式编组站布置图

如图 1-4 所示，三级六场编组站共有两套独立的调车作业系统、六个车场，两个驼峰方向相对，车场按车流改编顺序排布。该站型能力大、占地广、投资高，适用于改编任务重、衔接线路众多的大型编组站，解编能力为 14000～16000 车/d。

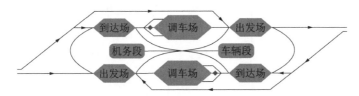

图 1-4　双向三级六场纵列式编组站布置图

三、编组站的主体功能

编组站办理的作业为：改编中转货物列车作业、无改编中转货物列车作业、部分改编中转货物列车作业、本站作业车的作业、机务作业和车辆检修作业等。

（1）改编中转货物列车作业。编组站最主要的作业为改编中转货物列车作业，具体包括到达解体列车的到达和解体作业，自编始发列车的集结、编组和出发作业。该项作业时间长，占用设备多。

（2）无改编中转货物列车作业。该项作业比较简单，主要是换挂机车和列车技术检查作业，内容少而且时间短，作业地点仅限于到发场或通过车场。

（3）部分改编中转货物列车作业。部分改编中转货物列车作业在无改编中转货物列车作业的基础上，增加了变更列车重量、变更列车运行方向或进行成组甩挂等少量调车作业，一般在到发场或通过车场进行。

（4）本站作业车的作业。本站作业车是指到达本枢纽或本站货场及岔线进行货物装卸或倒装的车辆。除进行有调中转车的作业外，本站作业车的作业过程增加了取送车和装卸等内容，并以取送车作业为重点。本站作业车的取送有编开枢纽小运转列车和调车取送两种方式。前者适用于本站货运量很小、枢纽内货运站运量较大且装卸车作业点多而分散的情况；后者适用于编组站设有货场并有岔线连接且货运量较大的情况。

（5）机务作业。编组站的机务作业包括机车出段、入段、段内整备及检修作业。

（6）车辆检修作业。编组站的车辆检修作业包括列车技术检查及不摘车的经常维修、轴箱及制动装置的经常保养，摘车的经常维修，货车的段修三类。其中：第一类检修作业在到发线上进行；第二类检修作业是当车辆破损程度较为严重时，将车辆摘车倒装后送至站修线或车辆段修理；第三类检修作业是按车辆使用规定期限，将货车定期送至车辆段检修。

（7）其他作业。编组站有时还办理客运作业（旅客乘降及换乘）、货运作业（货物装卸、换装，牲畜车上水、除粪便，鱼苗车换水等）、军运列车供应作业等。

编组站的基础作业流程如图1-5所示。

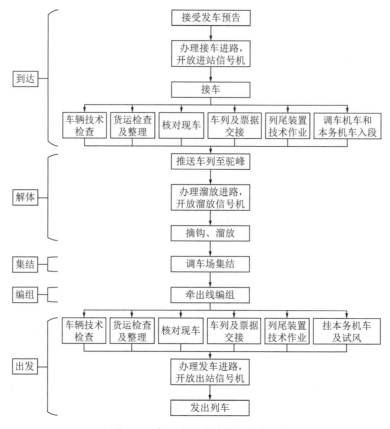

图1-5 编组站的基础作业流程图

四、编组站的主要特点

（1）区位优、线路密。编组站位于路网的交汇处，衔接了各个方向的多条货运铁路，各衔接线路独立或合并引入编组站，相互间多形成立体疏解关系，在编组站站区周边形成密集的铁路线网，是其显著的特点。

（2）车场多、联系紧。编组站设有办理接发有改编列车作业的到达场、出发场或到发场，有办理无改编列车作业的通过车场，有办理列车解体、编组作业的调车场。这些车场相互之间作业联系紧密、环环相扣，共同构成了编组站。不同于铁路客运站夜间行车显著减少的特点，编组站内货物列车全日均处于流动中，流水线般连续进行到、编、发作业，各衔接线货物列车昼夜不间断运行，呈一派工业流水化生产的繁忙景象。

（3）设备多、工种全。编组站内几乎集中了铁路全部运营设备设施，不仅有运转设备，如各类车场、调车驼峰、牵出线、进出站线、进路交叉疏解布置等，还有机车、车辆、通信、信号、信息、电气化、电力及照明、供水排水、污水处理、生产生活房屋等设施设备。部分编组站还有客运、货运设备，编组站的作业一般涉及铁路的车务、工务、机务、车辆、电务、供电供水等多个工种及部门，并协调联动运转。

（4）用地多、投资大。铁路编组视设备规模、站型不同，用地动辄则上千亩，纵向长度可达数千米。由于其站坪面积大，特别在复杂地形地貌区域，高填深挖不可避免，工程投资巨大，少则数亿元，多则数十亿元。

（5）人员多、作业繁。铁路编组站内不仅要进行列车接发、解编作业，而且要进行机车整备、检修、司乘人员换班、出入段走行作业，列车技术检查、车辆修理等作业，线路维护作业，以及通信、信号、电力、电气化设备运转及维护作业等，故作业繁杂，相互交替、平行进行，段、所集中，各工种人员少则数百人，多则上千人。

五、编组站的基本分类

在我国铁路网中，编组站按照所在路网中的位置、作用和所承担的作业量，分为路网性编组站、区域性编组站、地方性编组站。

（1）路网性编组站是位于路网、枢纽地区的重要地点，承担大量中转车流改编作业，编组大量技术直达和直通列车的大型编组站，一般衔接3个及以上方向或编组3个及以上方向列车，有调中转车超过6000车/d，设有单、双向纵列式或双向混合式的站场，其驼峰设有自动控制设备。

（2）区域性编组站是位于铁路干线交会的重要地点，承担较多中转车流改编作业，编组较多的直通和技术直达列车的大中型编组站，一般衔接3个及以上方向货运铁路或编组3个及以上方向列车，有调中转车达4000车/d，设有单向混合式、单向纵列式或双向混合式的站场，其驼峰设有自动（半自动）控制设备。

（3）地方性编组站是位于铁路干（支）线交会或铁路枢纽地区，或大宗车流集散的港口、工业区，承担中转、地方车流改编作业的编组站，有调中转车达2500车/d，设有单向混合式、横列式布置的站场，其驼峰设有自动（半自动）或其他控制设备。

第二节　编组站布局的影响因素

一、作业负荷

编组站的作业负荷是影响编组站布局的主要因素之一，通常用解编车数来衡量，主要包括三部分：始发车流、终到车流以及有调中转车流。始发车流通常由小运转列车或摘挂列车从周边货运站集运至编组站，解体后在调车场按编组去向集结成列；终到车流在到达编组站后往往还需要经由小运转列车或摘挂列车散播至周边货运站，因此同样需要在编组站进行解编作业；有调中转车流则需要在沿途部分编组站进行有调中转作业，是编组站作业负荷的重要构成部分。编组站的作业负荷应保持在一个合理的范围内：过高的能力利用率（例如95%）容易造成设施设备的老化磨损，缩短其使用寿命和服务年限；而过低的能力利用率（例如35%）会造成解编能力的虚糜浪费，使运输资源得不到有效利用。若远期铁路货运量有大幅增加的趋势，则应着手对相关编组站进行改扩建或新建部分编组站，以满足车流改编需要。相反，若远期铁路货运量有大幅降低的趋势，则可采取紧缩精编的策略，关闭部分小型技术站，将原本在低效率技术站中转的列车逐步集中至大型编组站进行作业。事实上，经济增速、人口规模、运输市场价格、运输结构调整等因素都会影响铁路货运量，进而影响各编组站的作业负荷。因此需要对远期货运量进行预测，合理编制远期编组计划，为编组站的布局调整提供支撑。

二、建设成本

编组站作为铁路车流改编枢纽，占地面积大，其建设资金动辄数十亿元。例如，北京的丰台西编组站站坪面积8.5km^2，南北长9.5km；武汉北编组站纵深约5km，最宽处近千米，占地约 4.7km²；曾是亚洲最大规模编组站的郑州北站南北长超过 6km，东西宽 800m，占地 5.3km²。编组站的建设成本通常包括到发场、调车场、机务段、车辆段等设施的建设成本，以及调车机车、检修设备等作业设备的购置成本。编组站的建设成本与选用站型有关，各站型的作业能力有差异，建设成本也不同。在有限的建设资金下，通常无法将所有具有改扩建（或新建）需求的编组站按最大规模建设，故应合理选择编组站的站型，达到既能满足车流改编需要，又能避免作业能力浪费的目的。

三、铁路网结构

铁路网结构也是影响编组站布局的重要因素。编组站作为铁路网的重要节点，其选址建设遵循车流集散规律。一般来说，编组站应设置在大宗货流产生、消失或中转的地点，例如资源富集区、资源需求地、铁路干线交会处。我国编组站布局不均衡，全路主要编组站基本分布在东部和中部地区，西部地区编组站较少，这与我国铁路线东密西疏的特征相契合。资源富集区的编组站，除承担干支线间零散车流的交换作业外，主要负责本地车流的集结上线，例如哈尔滨南站、包头西站、三间房站等；干线交会处上的编组站，主要负责车流的有调中转，例如丰台西站、郑州北站、新丰镇站、向塘西站等；到达量较大地区的编组站，主要负责到达车流的分拨，例如南翔站、江村站等。

近年来，我国大力推进铁路网建设，截至 2023 年底，全国铁路营业里程达到 15.9 万 km，其中高速铁路营业里程 4.5 万 km。随着成库铁路和兰渝铁路等一批斜直线通道的建设，路网布局日趋完善。部分货流的最短径路发生改变，需要从既有通道调整至新建捷径通道，从而影响相关编组站的作业负荷。另外，新线的建设对沿线地区的经济发展具有促进作用，将诱增部分货运需求，并且为公路等其他运输方式的货流转移至铁路提供支撑，这也将对部分编组站的作业负荷产生影响。此外，随着路网规模的扩大，部分中、小型编组站衔接的铁路线增多、重要性增强，可考虑改扩建（或新建）为大型编组站。随着电气化改造的推进以及双线铁路的铺设，既有通道的能力得到增强，在这种情况下可考虑对部分编组站进行改扩建，以解决点线能力不协调的问题。

四、其他影响因素

编组站的布局还受城市发展的影响。编组站在设计之初，通常都定位于城市外围或城市边缘。但是随着城市的发展和市域范围的扩大，部分原本离城市较远的编组站已经成为新城区的边缘，甚至陷入城市重围。由于大型编组站占地面积庞大且衔接多条铁路干线，往往切割城市道路网络，严重影响道路网布局和居民出行，使得编组站改扩建及城市发展在空间上受到限制。此外，编组站接发列车及解编车辆频繁，作业噪声会对附近居民产生较大的影响。随着人们对城市居住环境要求的提高，迁移或弱化位于城市建成区内的铁路编组站成为大都市发展的重要举措。因此，编组站布局应充分考虑城市发展趋势，减少拆迁和农田占用，尽量设在靠山、低丘、荒地等有天然屏障、城市不会明显延伸发展的地方，提高资金使用的有效性。

编组站布局还需要考虑工程地质条件。一般来说，在地势平坦、地基稳定坚固、工程取土量小的区域建设编组站的成本普遍低于在山区或丘陵地带及湿陷性地基、工程取土量大的区域进行建设的成本。

此外，随着高附加值货物运输需求的增加，快运班列编发列数和频次呈上涨态势。与普通货物列车不同，快运班列讲求时效性，往往不需要中途解编，只需要进行换挂作业，组织方式类似于多组列车。对于快运班列编发、到达或中转数量较多的编组站，可考虑设置箭翎线或辅助调车场。

专栏1-1

编组站与城市的"站城挤压"问题

天津南仓编组站已经陷入城市建成区重围，是我国编组站切割城市交通网的典型代表。从城市布局来看，南仓站处于中心城区的内外环之间，占地 $1.4km^2$。但受到站场布置的影响，车站纵深较大，呈带状分布，且衔接多条繁忙线路，该站及延伸线的封闭隔离性割裂了部分东西向区域的地面交通，严重影响天津市的道路网布局，可考虑进行迁建。

类似地，随着怀化市城区范围的扩大，原怀化南编组站陷入城市重围，条块切割城市，既不利于自身的改扩建，也压缩了城市的建设空间，故有关部门决定将原怀化南编组站拆除，在南山寨附近新建怀化西编组站，采用二级四场站型。

第三节　编组站的评价指标体系

一、编组站布局的评价指标体系

编组站布局的优劣关乎全路车流的运行态势，诸多专家学者从不同维度出发，有针对性地建立了评价指标体系,对编组站布局的科学性、合理性加以衡量。编组站规模有大小之分,能力有强弱之别。部分学者将编组站远程车流中转量、编组站总改编负荷量、编组去向数、衔接干线数等4个因素作为划分编组站类别的重要依据。其中:远程车流是指超过一个编组站距离的技术直达车流,这项指标能够反映该编组站在路网中的地位。总改编负荷是指该编组站承担的最多改编车辆数,其大小是衡量编组站繁忙程度的依据。编组去向数包括技术直达列车、直通列车、区段列车、摘挂列车、小运转列车等编组计划规定的所有组号。事实上,以编组直达列车、直通列车为主要作业的大多是路网的主要编组站,而以解编区段列车、摘挂列车为主的基本上属于辅助性编组站。通过编组站衔接的干线数量能够有效判断编组站在路网中的重要程度。

杨丽娟(2008年)聚焦铁路运力资源布局效果、铁路运营效果、铁路经济效果、社会效果,构建了包含4个一级指标、11个二级指标、47个三级指标的编组站布局评价指标体系,具体见表1-1。殷勇(2010年)从空间分布合理性、规模适应性、经济性、协调性、对环境影响等方面,构建了包含5个一级指标、10个二级指标的编组站布局评价指标体系,具体如图1-6所示。施福根(2020年)从枢纽宏观、系统中观、车站微观3个层次构建了铁路枢纽解编系统布局规划评价指标体系,具体见表1-2。

编组站布局评价指标体系(杨丽娟,2008年)　　　　　表1-1

一级指标	二级指标	三级指标
铁路运力资源布局效果	编组站布局效果	编组站布局与路网规划、铁路技术政策的一致性
		编组站在路网中布局的合理性
		编组站数量合理性
		编组站规模及采用的技术标准可行性
		编组站作业能力及其适应性
		路网性编组站承担车流量比例及其车流性质
		既有编组站技术设施利用程度
		编组站平均站间距及货流运距、车流径路适应性
	运输生产力配置效果	路网条件的适应性
		枢纽布局的合理性、可行性
		机辆工电等的适应性
		货运集疏运系统适应性
		运营组织的合理性

续上表

一级指标	二级指标	三级指标
铁路运营效果	运输组织效果	货流、车流的适应性
		主要干线运输组织适应性
		主要干线与其他线路运输组织的匹配程度
		点线运输能力协调性
	主要运营指标	货车中转距离
		货车中转次数
		货车中转时间
		货车周转时间
		货车始发直达比例
		机车、车辆利用效果
	运输能力合理利用	运能运量适应性
		主要干线运输能力合理利用水平
		其他线路能力合理利用水平
		主要枢纽编组站改编能力合理利用水平
		主要集疏系统、物流基地的能力适应性
	铁路竞争力的提高	运力资源提高
		运输时效性
		经济性
铁路经济效果	运营效益	运营费用
		提高机车车辆运用效率
		运输劳动组织及生产效率
	铁路经济效益	编组站及相关运力资源实施投资的节约
		铁路集疏运基础设施投资的节约
社会效果	与综合交通的协调	与国家综合交通网发展规划的协调
		与其他交通方式的协调、适应性
	对国民经济的促进作用	全社会运输需求满足程度
		对产业结构的影响
		对区域经济的带动
		对物流产业的促进
		加速货物送达速度效果
	对社会可持续发展的作用	土地利用
		节约能源
		国土开发
		环境保护

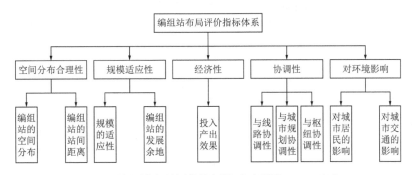

图 1-6 编组站布局评价指标体系（殷勇，2010 年）

编组站布局评价指标体系（施福根，2020 年）　　　表 1-2

准则层	指标层
宏观层	解编需求与能力匹配度
	解编系统规模等级标准匹配度
	解编系统与城市用地规划契合度
	解编系统对城市交通干扰度
	解编系统工程投资可行性
	解编系统城市环境可行性
中观层	解编系统与枢纽内干线连通线路数量
	解编系统与枢纽内衔接的区间线路能力匹配度
	解编系统与货运系统能力匹配度
	解编系统是否符合"客内货外"原则
	解编系统对客运系统干扰度
微观层	编组系统折角车流率
	解编系统发展空间指数

二、编组站运营的评价指标体系

编组站作为"货物列车工厂"，其管理运营质量的高低关乎全路车流的周转效率，诸多专家学者通过搭建评价指标体系对编组站运营情况进行量化评估。运营工作层面，邓煜阳（2008 年）重点研究了不均衡车流对编组站运营工作的影响，从生产投入、生产效率、生产质量、生产数量、生产效益、安全性等多个层面，提出了评价编组站运营工作的指标体系，具体见表 1-3。安全保障层面，穆明鑫（2018 年）针对郑州北编组站构建了包含 38 个指标的 3 级运营安全评价指标体系，具体见表 1-4。

编组站运营评价指标体系（邓煜阳，2008年） 表 1-3

一级指标	二级指标	三级指标
生产投入	外部投入	车流构成
		车流到发均衡性
	设备/人员投入	车站站型
		列检作业人员数量
		调机台数
		车站运输作业人员
	运营成本	运营成本
生产效率	货车运用效率	中时
		有调中时
		无调中时
		停时
	机车运用效率	每台每日平均解编列数
		每台每日平均调动辆数
	车站能力利用率	通过能力利用率
		调车线能力利用率
		驼峰能力利用率
生产质量	接发列车工作质量	货物列车始发正点率
		延误接车率
	列车编组质量	货物列车出发计划兑现率
		出发列车违编率
生产数量	货车工作量	办理车数
		本站作业车数
	接发列车工作量	货物列车日均到发列数
	解编工作量	日均解编列数
生产效益	货运工作量	装（卸）车数
		货物发送吨数
		静载重
	运营收入	生产性清算收入
		其他收入
安全性		行车事故率
		工伤事故率

编组站评价指标体系（穆明鑫，2018年）　　　表1-4

一级指标	二级指标	三级指标
人员因素	工作人员教育水平	基层作业人员教育水平
		一般管理人员教育水平
		领导人员教育水平
	工作人员技术业务水平	车站值班员技术业务水平
		车站调度员技术业务水平
		驼峰值班员技术业务水平
		驼峰调车区长技术业务水平
		驼峰作业员技术业务水平
		峰尾调车区长技术业务水平
		其他工作人员技术业务水平
	工作人员劳动态度	基层作业人员劳动态度
		一般管理人员劳动态度
		领导人员劳动态度
设备因素	基础设备安全性能	线路、道岔设备安全性能
		调车固定设备安全性能
		机务设备安全性能
		车辆设备安全性能
		货运设备安全性能
		信号、联锁、闭塞设备安全性能
		通信、照明、供电设备安全性能
		其他设备安全性能
	安全监控及相关设备安全性能	安全监控设备安全性能
		安全监测设备安全性能
		事故救援设备安全性能
		自然灾害预报防治安全性能
	设备安全管理	基础设备与安全管理
		安全监控及相关设备管理
环境因素	内部环境	内部作业环境
		内部社会环境
	外部环境	自然环境
		外部社会环境
管理因素	安全管理机构效能	安全组织
		安全计划
		行政管理
	安全生产制度	规章制度
		各项作业标准
	施工项目安全管理	施工计划
		施工组织

第二章
无能力约束的编组站改编负荷研究

本章主要研究无能力约束的编组站改编负荷问题,即在不考虑编组站能力约束的情况下,将车流径路与改编链进行一体优化,以期获取理想状态下编组站的改编负荷分布,从而为编组站的改扩建(或新建)提供科学决策依据。本章首先对无能力约束的编组站改编负荷问题进行描述,通过示例剖析该问题并分析问题的复杂度。其次,构建了非线性 0-1 整数规划模型,并采用线性化技术对模型进行线性化。最后设计了小规模算例并分别采用 Gurobi 求解器和模拟退火算法进行求解。

第一节 国内外研究现状

编组站布局是否合理的一个重要评价标准就是铁路车流是否得到有效改编。换言之,编组计划的优劣深刻影响着对编组站布局方案的评估。我国通常先确定车流径路再制定编组计划。由于根据车流径路优化模型得出的最优径路在计入改编费用后基本上不再是最优径路,这往往导致得到的编组计划并非最优解,甚至仅仅是可行解,从而影响编组站布局决策。因此将车流径路纳入编组站布局优化中,有助于进一步提高决策质量。国外的车流组织主要涉及将车流分配至车组(car-to-block assignment)和将车组分配至列车(block-to-train assignment)两个方面,分别对应车组形成(railroad blocking)问题和列车编组(train makeup)问题。其中:车组形成问题研究建立哪些编组去向,以及如何将车流分配至这些编组去向;而列车编组问题研究开行哪些列车,并确定各列车的始发站、终点站、途经站、物理径路、开行频率以及搭载的车组。因此在国外的研究中,车流径路问题往往包含在列车编组问题中。

一、车流径路与编组计划一体优化

目前,车流径路和编组站布局协同优化相关的文献较少,而车流径路与编组计划一体优化的研究成果较为丰富。Assad（1980年）分析了针对车流径路和列车编组问题的既有模型，并构建了新模型与两个既有模型进行对比。Crainic（1984年，1986年）综合考虑了车组形成问题和列车编组问题，以列车开行成本和货物运输成本之和最小为优化目标，构建了混合整数非线性规划模型。Haghani（1989年）以货物运输成本、车流改编成本和延误成本之和最小为优化目标，构建了综合优化模型。Keaton（1989年，1992年）研究了车流到列车的直接分配问题，以列车编发成本、车流走行成本和改编成本之和最小为优化目标，建立了混合整数规划模型，并采用拉格朗日松弛算法进行求解。林柏梁（1994年）以车流集结与改编成本、车流走行成本、装卸区的作业成本之和最小为目标函数，构建了装车地直达列车编组计划、技术站列车编组计划以及车流径路综合优化模型，采用模拟退火算法进行求解，并以我国西南铁路网为背景进行实证研究。林柏梁（1996年）研究了车流走行径路、装车地直达列车编组计划、技术站直达列车编组计划的一体优化问题，建立了0-1整数非线性规划模型，并采用模拟退火算法求解模型。林柏梁（1997年）将线路能力、编组站能力与装卸车能力纳入考虑范围，分别构建了混合整数非线性规划模型和0-1整数非线性规划模型，并采用模拟退火算法进行求解。Gorman（1998年）以列车编发成本、燃油动力成本、时间成本等总和最小为优化目标，构建了整数规划模型，并提出了结合遗传算法和禁忌搜索算法的混合启发式算法。Kwon（1998年）引入时空网络来刻画车组形成问题以及列车编组问题，并将其转化为一个多商品流（multi-commodity flow）问题，采用列生成算法进行求解。Crevier（2012年）以铁路公司收入最大化为优化目标，考虑流量平衡约束、车站能力约束和线路能力约束等限制条件，构建了一个双层规划模型，并采用精确算法进行求解。Zhu（2014年）构建了一个三层时空网络来刻画车组形成和列车编组问题，提出了一个混合整数规划模型。Khaled（2015年）针对列车编组问题和走行径路问题构建了数学优化模型，以总成本最小为优化目标，采用启发式算法求解实际规模的问题。

二、铁路车流径路优化

众多学者对铁路车流径路优化问题进行了卓有成效的研究。Haghani（1987年）和Cordeau（1998年）对致力于解决列车径路问题的文献进行了综述，指出了该领域未来的研究方向。林柏梁（1996年）根据各商品流的重要性分别赋予权重，重要性越高则权重越大，以所有商品流的走行成本最小为目标函数构建了0-1整数规划模型。此外，文章还对比分析了带权重与不带权重的两种车流径路优化模型，给出了合理路径集的确定准则和算法，以及不可行流的处理方法。林柏梁（1997 年）将车流的走行距离、走行时间和走行成本进行加权，构建了基于广义走行成本的 0-1 规划模型，并采用模拟退火算法求解模型。Fukasawa（2002 年）针对重、空车流径路问题构建了一个整数多商品流模型，模型以最大化运输收益为优化目标。由于含有大量的变量和约束条件，模型通过预处理缩减模型规模，预处理后的模型能够使用商业软件进行求解，并以拉丁美洲最大的铁路货运公司为例进行案例研究。田亚明（2011 年）采用设置虚拟弧的方式处理不可行流，分别构建了基于多商品流和虚拟弧的车流分配点-弧、弧-路模型。纪丽君（2011 年）通过引入 0-1 决策变量并区分大、小股车流，对既有点-弧、弧-路模型进行了改进。Upadhyay（2014年）针对印度的货运专线，研究了重、空车流径路问题，其构建了一个整数规划模型并考虑了线路能力约束，提出了一种基于模拟退火算法的混合启发式算法。温旭红（2016 年）考虑铁路车流的树形径路约束、流量平衡约束和线路能力约束，构建了基于树形结构的铁路车流径路优化模型。Borndörfer（2018 年）详细阐释了货物列车战略径路（strategic routing of freight trains）问题，将客流视为常量，构建了一个混合整数规划模型，并以德国铁路网为例进行实证研究。

三、列车编组计划优化

针对列车编组计划优化问题的研究成果也颇为丰硕。Bodin（1980 年）针对编组计划问题构建了一个混合整数非线性规划模型，并对模型的变量、约束条件和目标函数进行了详细分析。曹家明（1992 年，1993 年）构建了技术直达列车编组计划 0-1 整数规划模型。史峰（1990年）构建了单组列车编组计划优化模型，并提出了一种启发式算法和一种分支定界算法。Martinelli（1996 年）采用神经网络解决列车编组计划问题，构建了一个神经网络模型，并对神经网络进行训练和测试，计算结果表明该方法能够获取高质量的编组计划。林柏梁（1996年）构建了改编参数随改编负荷变化的技术站直达列车编组计划优化模型。林柏梁（1999 年）取消了直达列车必须在途经支点站进行无改编作业的假设，建立了机车长交路条件下的技术站直达列车编组计划优化模型。林柏梁（2011 年）构建了基于最远站法则的列车编组计划优化双层规划模型，上层规划以车流组织总成本最小为目标函数，下层规划以车流改编距离最远为目标函数，模型采用模拟退火算法进行求解。Lin（2012 年）同样构建了双层规划模型，上层规划旨在确定最佳的编组方案，下层规划旨在确定各支车流在服务网络（以编组站单位改编成本为弧段长度）中的最短径路。为解决编组计划问题，Yaghini（2013 年）提出了一种改进的局部分支算法（local branching algorithm），并以伊朗铁路网为背景进行实证研究。

四、既有相关研究总结

通过对国内外既有相关文献的分析和总结，可知：

目前鲜有针对车流径路和编组站布局协同优化的文献。相似文献主要集中于解决车流径路与编组计划一体优化问题，相关学者往往采用运筹学、最优化理论等方法构建整数规划模型，以车流改编、集结和走行成本最小化或收益最大化为目标，考虑流量平衡约束、车站能力约束和线路能力约束等限制条件，通过启发式算法或精确算法求解模型。由于北美地区的铁路运输以分组列车为主、单组列车为辅，而我国以单组列车为主、分组列车为辅，两国的车流组织模式明显不同。因此，国外相关研究常常引入车组换挂变量，或将改编成本设为常数，或直接忽略车流改编成本和集结成本，故难以直接应用于我国编组计划的优化。单独针对铁路车流径路问题的文献则主要致力于改进和完善既有模型，例如将运输成本拓展为广义运输成本，从单独优化重车流径路延伸到同时优化重、空车流径路等；并且由于铁路运输具有单股车流不可拆分的组织原则和树形结构特征，既有文献通常引入0-1变量来加以描述。目前单独针对列车编组计划问题的文献主要聚焦于双层规划模型的构建和启发式算法的应用，双层规划模型的上层规划通常以铁路网车流组织成本最小为目标，下层规划以车流改编距离最远或以各股车流在服务网络中的总走行距离最短为目标。鉴于车流径路与列车编组计划一体优化模型通常能够获得质量更高的编组计划，有助于提高编组站布局决策的科学性、合理性，因此有必要将车流径路与编组站布局进行一体优化。

第二节 问题描述

一、问题概述

无能力约束的编组站改编负荷问题，涵盖车流径路问题和车流改编链问题，具体需要确定：

（1）在哪些站之间开行货物列车；

（2）每一个列车去向的车流吸引范围；

（3）列车走行径路；

（4）各去向列车的开行频度；

（5）铁路区段和编组站的负荷水平。

车流径路和车流改编链既是全路车流组织的基础，又是铁路枢纽扩能改造的依据。车流径路问题通常以确定各股车流的最优物理径路为目标，考虑线路能力约束、单股车流不可拆分约束（单股车流只能选择一条物理径路）和树形径路约束（始发站不同而终到站相同的若干股车流在某站合并后被视为一股车流，后续只能选择一条径路），是一个带有铁路行业特征的多商品流问题。在我国铁路生产实践中，确定车流物理径路通常是制定货物列车编组计划、构建列车服务网络的基础。优化铁路车流径路非常具有挑战性，尤其是大规模铁路网中的车流径路优化。

在车流径路给定的情况下，车流改编链问题通常以车流集结成本和改编成本之和最小化为优化目标。对某个编组站而言，当某一编组去向集结的货车数达到编成辆数时，才允许编发该去向的列车。由于同一车列的货车有到达先后之分，因而陆续到达车站或进入调车场的货车有先到等待后到、凑集满重或满长的过程，即货车集结过程。在这个过程中，组成同一车列的所有货车消耗的车小时即为该车列的货车集结车小时。某一编组去向全天消耗的货车集结车小时（即集结成本）可记为$\Delta t \times D/2$，其中Δt为集结一个车列的平均时长，D为该编组去向的日均车流量。一天内能够编发的列车数为D/m，其中m为编成辆数。若假定组成某一去向车列的车组大小相等、均衡到达，并且车列之间不发生集结中断，则集结一个车列的平均时长可表示为$\Delta t = 24m/D$，该编组去向全天消耗的货车集结车小时为$12m$，即$(24m/D)\times(D/2)$。不难发现，某一编组去向的集结成本与车流量无关，而与编成辆数有关。事实上，由于日常到达车站或进入调车场的车组大小有别，车组到达间隔时间存在差异，而且车列之间往往会出现中断的情况，因此集结成本通常小于$12m$。引入集结参数c，c的取值可依据历史统计数据来确定，通常在 8~12h 之间。车流在编组站进行改编作业将产生改编成本，引入τ来表示编组站的单位改编成本，则当该站的改编作业量为F时，总改编成本可表示为τF。对于某股车流而言，可以经由直达列车从始发站直接运抵终到站，也可以通过若干次改编（即选择多个接续的直达去向）运抵终到站。虽然前一种方案没有途中改编作业，但会在始发站产生额外的集结成本（因为始发站新增了一个编组去向）。虽然后一种方案可以将该股车流编入既有编组去向（即不产生新的集结成本），但会在沿途某些编组站进行改编作业，从而产生改编成本。在满足全部运输需求的条件下，如何在集结成本和改编成本之间进行权衡，以使二者之和最小，是解决车流改编链问题的关键。

为了确定理想条件下各编组站的负荷水平，可以放开各编组站的解体能力约束和调车线数量约束，在仅考虑线路通过能力约束和逻辑约束的条件下，协同优化车流径路和改编链。根据理想条件下编组站的改编负荷确定各站的建设方案。

二、问题示例

为进一步阐释该问题，本节构建了一个简单铁路网，如图 2-1 所示。

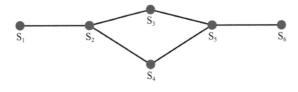

图 2-1 简单铁路网

该铁路网由 6 个编组站和 6 个区段构成，其中区段 S_2-S_3 和区段 S_3-S_5 的物理里程均为 180km，通过能力均为 200 车；其余区段的物理里程均为 200km，通过能力均为 300 车。假设该铁路网中共有 14 股车流，分别记为：$\{N_{12}, N_{13}, N_{14}, N_{15}, N_{16}, N_{23}, N_{24}, N_{25}, N_{26}, N_{35}, N_{36}, N_{45}, N_{46}, N_{56}\}$；其中 N_{36} 的日均流量大小为 170 车，其余车流的日均流量大小均为 10 车。各编组站的单位改编成本 τ_k 均为 3h，集结参数 c_k 均为 11h；列车编成辆数 m_{ij} 均为 50 车。为了对比分析两种方法的优劣，即先确定车流径路再确定改编链，以及车流径路与改编链一体优化，不妨考虑如下两种方案。

方案 1：由于通道 S_2-S_3-S_5 的物理里程为 360km，短于通道 S_2-S_4-S_5 的物理里程 400km，可考虑将车流 N_{15}，N_{16}，N_{25}，N_{26} 分配至通道 S_2-S_3-S_5。需要注意的是，区段 S_3-S_5 的通过能力仅为 200 车，而车流 N_{35} 和 N_{36} 必须经由该区段运输，即该区段的剩余能力为 20 车（200 − 170 − 10）。换言之，车流 N_{15}，N_{16}，N_{25}，N_{26} 中最多有两股可以经由通道 S_2-S_3-S_5，另外两股必须经由通道 S_2-S_4-S_5。假设将车流 N_{15}，N_{25} 分配至通道 S_2-S_3-S_5，而将车流 N_{16}，N_{26} 分配至通道 S_2-S_4-S_5。待所有车流的走行径路确定以后，开始着手确定车流改编链。由于该路网中的车流量太小，编发技术直达列车的成本高于车流在途中改编的成本，因此仅在相邻站间开行直通列车。例如，车流 N_{36} 在站 S_5 改编的成本为 $\tau_5 N_{36} = 510$ 车小时，而提供 S_3-S_6 直达去向的成本为 $c_3 m_{36} = 550$ 车小时，前者小于后者，显然车流 N_{36} 在途中改编更为有利。该方案对应的服务网络如图 2-2 所示。

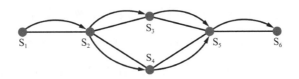

图 2-2 方案 1 对应的服务网络及车流改编方案

根据图 2-2 可知，方案 1 共有 6 个直达去向，均在相邻站间提供。途中改编次数最多

的车流为 N_{16}（需要改编 3 次），分别需要在 S_2、S_4 和 S_5 进行改编，其改编链为：$S_1 \to S_2 \to S_4 \to S_5 \to S_6$。其次为车流 N_{15} 和 N_{26}（均需要改编 2 次），其改编链分别为：$S_1 \to S_2 \to S_3 \to S_5$ 和 $S_2 \to S_4 \to S_5 \to S_6$。车流 N_{13}，N_{14}，N_{25}，N_{36}，N_{46} 均只需要改编 1 次，对应的改编链分别为：$S_1 \to S_2 \to S_3$，$S_1 \to S_2 \to S_4$，$S_2 \to S_3 \to S_5$，$S_3 \to S_5 \to S_6$ 和 $S_4 \to S_5 \to S_6$。方案 1 的车流集结成本为 3300 车小时，改编成本为 840 车小时，走行成本为 111200 车公里。各站的作业负荷及调车线占用数量见表 2-1。

方案 1 中各站的作业负荷及调车线占用数量 表 2-1

站名	本地负荷（车）	本地股道（条）	远程有调（车）	远程股道（条）	总负荷（车）	总股道（条）	编开去向	到达去向
S_1	50	0	0	1	50	1	1	0
S_2	50	1	40	2	90	3	2	1
S_3	200	1	20	1	220	2	1	1
S_4	40	1	20	1	60	2	1	1
S_5	50	1	200	2	250	3	1	2
S_6	210	2	0	0	210	2	0	1

表 2-1 中，"本地负荷"表示终到本站以及由本站始发的车流量之和，因为终到某编组站的车流往往需要继续通过摘挂列车或小运转列车运至目的地（即编组站周边的货运站），这部分车流需要在编组站进行解体作业以编入摘挂列车或小运转列车；而编组站始发的车流通常是从周边多个货运站汇集过来的，需要进行解体作业并编入技术站间的直达列车。例如，S_2 的本地负荷为 50 车，因为车流 N_{23}，N_{24}，N_{25}，N_{26} 从该站始发，并且车流 N_{12} 终到该站，这 5 股车流的大小均为 10 车，故总流量为 50 车。

"本地股道"表示为编组摘挂列车或小运转列车而预留的股道数量（即调车线数量），决定于终到本站的车流量大小。根据中铁第四勘察设计院集团有限公司（原铁道第四勘察设计院）编著的《铁路工程设计技术手册——站场及枢纽》，同一编组去向的日均车流量若小于或等于 200 车，则占用 1 条股道；若大于 200 车且小于或等 400 车，则占用 2 条股道，以此类推。仍以 S_2 为例，由于终到 S_2 的车流仅为 N_{12}，流量大小为 10 车，小于 200 车，故占用 1 条股道。

"远程有调"表示在本站进行有调中转的货车数量，例如车流 N_{13}，N_{14}，N_{15}，N_{16} 均需要在站 S_2 进行有调中转，这 4 股车流的总流量为 40 车，故远程有调车数为 40 车。

"远程股道"表示本站为编发技术站间的列车而占用的调车线数量，例如车流 N_{13}，N_{15}，N_{23}，N_{25} 需要编入 $S_2 \to S_3$ 的直达列车，车流 N_{14}，N_{16}，N_{24}，N_{26} 需要编入 $S_2 \to S_4$ 的直达列车，两个编组去向的车流量均为 40 车，故占用 2 条远程股道。

"总负荷"为编组站的"本地负荷"和"远程有调"之和,例如 S_2 的本地负荷为 50 车,远程有调车数为 40 车,故总负荷为 90 车。"总股道"为编组站的"本地股道"和"远程股道"之和,例如 S_2 的本地股道为 1 条,远程股道为 2 条,故总股道为 3 条。

"编开去向"是指编组站开行的直达去向数量,"到达去向"是指到达编组站的直达去向数量,例如 S_2 提供 $S_2 \rightarrow S_3$ 和 $S_2 \rightarrow S_4$ 的直达去向,故编开去向为 2;到达 S_2 的直达去向为 $S_1 \rightarrow S_2$,故到达去向为 1。

方案 2:尽管单独为车流 N_{36} 提供 $S_3 \rightarrow S_6$ 的直达去向并不可取,但当 S_3 至 S_6 的车流量增加时,开行该直达去向变为可行。例如,当车流 N_{16} 和 N_{26} 经由通道 S_2-S_3-S_5,而车流 N_{15} 和 N_{25} 经由通道 S_2-S_4-S_5 时,S_3 至 S_6 的车流将包括 N_{16},N_{26},N_{36},总流量将达到 190 车。此时编发 $S_3 \rightarrow S_6$ 的技术直达列车的成本仍为 550 车小时,而这三股车流在 S_5 改编的成本将达到 570 车小时,显然编发技术直达列车更为可取。在该方案中,相邻站间仍开行直通列车,并且编发 $S_3 \rightarrow S_6$ 的技术直达列车。该方案对应的服务网络及车流改编方案如图 2-3 所示。

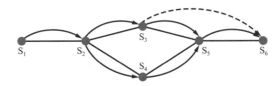

图 2-3　方案 2 对应的服务网络及车流改编方案

由图 2-3 可知,方案 2 共有 7 个直达去向,其中 S_3 和 S_6 之间开行技术直达列车。改编次数最多的车流为 N_{16} 和 N_{15}(均需改编 2 次),其中 N_{16} 的改编链为:$S_1 \rightarrow S_2 \rightarrow S_3 \rightarrow S_6$;$N_{15}$ 的改编链为:$S_1 \rightarrow S_2 \rightarrow S_4 \rightarrow S_5$。车流 N_{13},N_{14},N_{25},N_{26},N_{46} 均只需改编 1 次,对应的改编链分别为:$S_1 \rightarrow S_2 \rightarrow S_3$,$S_1 \rightarrow S_2 \rightarrow S_4$,$S_2 \rightarrow S_4 \rightarrow S_5$,$S_2 \rightarrow S_3 \rightarrow S_6$ 和 $S_4 \rightarrow S_5 \rightarrow S_6$。此方案的车流集结成本为 3850 车小时,改编成本为 270 车小时,走行成本为 111200 车公里。与方案 1 相比,方案 2 的总成本降低了 20 车小时。各站的作业负荷及调车线占用数量见表 2-2。

方案 2 中各站的作业负荷及调车线占用数量　　表 2-2

站名	本地负荷（车）	本地股道（条）	远程有调（车）	远程股道（条）	总负荷（车）	总股道（条）	编开去向	到达去向
S_1	50	0	0	1	50	1	1	0
S_2	50	1	40	2	90	3	2	1
S_3	200	1	20	2	220	3	2	1
S_4	40	1	20	1	60	2	1	1
S_5	50	1	10	1	60	2	1	2
S_6	210	2	0	0	210	2	0	2

与方案 1 相比，S_3 的远程股道数量从 1 条增加到 2 条，总股道数量从 2 条增加至 3 条，编开去向从 1 个增加至 2 个；S_5 的远程有调车数从 200 车下降至 10 车，远程股道数量从 2 条下降至 1 条，总负荷从 250 车下降至 60 车，总股道数从 3 条下降至 2 条；S_6 的到达去向数从 1 个增加至 2 个。这说明考虑车流径路后，不仅车流改编链发生了改变，编组站的作业负荷也随之改变。若假定上述 6 个编组站的解体能力均为 200 车，调车线数量均为 2 条，则可以将 S_2、S_3 和 S_6 确定为有改扩建需求的编组站，分别对其进行适当规模的扩能改造。因此，可以根据理论负荷分布对相关编组站进行扩能改造，以满足车流改编需求。

综上所述，与先确定车流径路再确定车流改编链的方法相比，同时优化车流径路和改编链增强了车流走行径路选择的灵活性，以及直达列车编发的可能性，往往能够进一步降低车流组织成本，提高改编链的质量。这充分体现了车流径路与改编链一体优化的优势和必要性。同时，理想条件下编组站的改编负荷分布为甄别有改扩建需求的编组站、确定其改扩建规模提供了客观依据，从而为相关部门选择备选站和投资建设方案提供了科学决策依据。

三、问题复杂度分析

在我国铁路生产实践中，有单股车流不可拆分的组织原则，即同一对始发、终到站间的车流在整个运输过程中只能选择一条走行径路。而始发站不同而终到站相同的若干股车流在某站合并后被视为一股车流，后续只能选择一条走行径路。因此铁路网的车流径路呈现树形结构特征，通常需要引入双态决策变量来加以描述，这使得优化铁路车流径路（尤其是大规模铁路网的车流径路）变得非常具有挑战性。此外，给定车流径路的编组计划问题是 NP-hard 问题，可能的编组计划数量随着编组站个数的增加而呈指数增长。直线方向单组列车编组计划可能方案数可用式(2-1)计算：

$$q(n) = \prod_{i=1}^{n-1} f(n-i) = \prod_{i=1}^{n-1} \sum_{K=0}^{n-i-1} C_{n-i-1}^{K} f[(n-i-1)-K] \tag{2-1}$$

其中，n 表示单线路网中编组站的数量，$f(n-i)$ 表示 i 站的编组方案数。此外，为便于推论，设定 $f(0)$ 取值为 1。对于有 4 个编组站的简单铁路网，若仅考虑 Y_1 至 Y_4 方向上的车流，则各站可能的编组方案如图 2-4 所示。其中编组站 Y_1、Y_2 和 Y_3 分别有 5 个、2 个和 1 个可能的编组方案，即 $f(4-1)=5$，$f(4-2)=2$，$f(4-3)=1$，那么可能的编组计划总数为 $q(4)=5\times2\times1$，即该铁路网共有 10 套可能的编组计划。类似地，对于包含 5 个、6 个、7 个、8 个编组站的简单铁路网，其可能的编组计划数将分别达到 150 个、7800 个、1575600 个和 13 亿余个。由于无能力约束的编组站改编负荷问题需要在综合优化车流径路与编组计划的基础上确定各站的投资建设方案,因此具有相当高的复杂度。

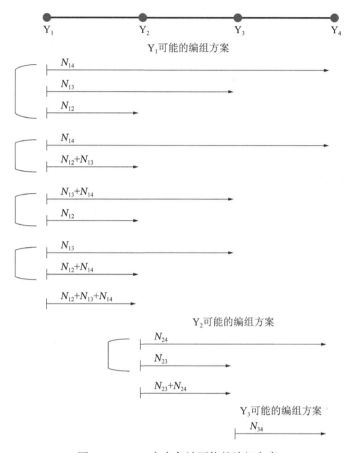

图 2-4　Y_1-Y_4 方向各站可能的编组方案

第三节　数学优化模型

本节构建了无能力约束的编组站改编负荷优化模型。首先,对模型的基本假设进行了说明,包括编组站无能力约束、单股车流不可拆分、车流径路的树形结构特征、相邻编组站间必开行直达列车等。其次,介绍了模型中各数学符号的含义。再次,对模型的优化目标和约束条件逐一进行剖析。最后,鉴于模型中存在非线性项将给求解带来困难,故采用线性化技术将模型线性化。

一、模型基本假设

（1）编组站无能力约束

编组站作为"货物列车工厂",主要功能是改编车流,即大量解体与编组各种货物列车。

编组站的解编能力决定了每天能够解体和编组的列车数量，而调车线数量决定能够开行的列车去向数，是决定其作业能力的两个最关键的因素。为获取理想状态下铁路网编组站的作业负荷分布，本节假设放开编组站的解编能力约束和调车线数量约束。

（2）单股车流不可拆分

在铁路生产实践中，为了简化车流组织，单股车流一般只能选择一条物理径路。此外，在服务网络中，单股车流也只能选择一条改编链。本文仍遵循这一车流组织原则。

（3）车流径路具有树形结构特征

由于始发站不同而终到站相同的若干股车流在某站合并后被视为一股车流，后续只能选择一条径路，因此铁路网车流径路呈现树形结构特征。本文在建模过程中也将体现这一特征。

（4）相邻编组站间必开行直通列车

由于在车流归并后，相邻编组站之间常常存在技术车流，假设相邻站之间必开行直通列车。该假设在一定程度上简化了车流改编链问题，避免了确定哪些相邻站之间需要开行直通列车。

二、符号说明

现将无能力约束的编组站改编负荷优化模型中使用到的集合、参数以及变量分别定义如下：

（1）集合

V——铁路网中的编组站集合；

E——铁路网中的区段集合；

$\rho(i,j)$——站i发出的终到站j的车流在途中可能进行改编作业的编组站集合，不包括站i和站j；

$R(i,j)$——站i到站j的直达列车备选径路集。

（2）参数

α——车小时成本转化系数（元/车小时），用于将车小时成本转化为经济成本；

μ——车公里成本转化系数（元/车公里），用于将车公里成本转化为经济成本；

c_i——站i的货车集结参数（h），不同编组站的集结参数存在差别，对于解编作业量大的驼峰编组站，c_i的取值在11~11.5h之间，对于中小型编组站，c_i的取值在10~11h之间，对于没有设置驼峰的小型编组站，c_i的取值往往在8~10h之间；

m_{ij}——站i至站j的列车编成辆数（车），其取值通常为50车；

N_{ij}——以站i为始发站、站j为终到站的日均车流量（车）；

τ_k——站k的单位改编成本（h），也即该站的有调中转作业比无调中转作业增加的时间消耗（不包括集结时间），取值通常在2.2~4.5h之间；

L_{ij}^l——站i至站j的第l条径路的物理里程（km）；

a_{ij}^{nl}——区段-径路关联参数，若站i至站j的第l条径路包含区段n则取1，否则取0；

C_n^{Link}——区段n的通过能力（车）；

C_n^{Occupied}——旅客列车、快运班列和摘挂列车等占用的区段n的通过能力（车）；

β_n——区段n的可用通过能力系数。

（3）变量

x_{ij}——布尔型决策变量，若提供$i \to j$的直达去向则取值为1，否则为0；

x_{ij}^k——布尔型决策变量，若站i发出的终到站j的车流以站k为第一前方改编站，则取值为1，否则为0；

ζ_{ij}^l——布尔型决策变量，若站i至站j的列车选择第l条径路则取值为1，否则为0；

f_{ij}——连续型中间变量，表示站i发出的终到站j的车流量（车），包括以站i为始发的车流，以及由站i后方车站发出且以站i为第一前方改编站的车流；

D_{ij}——连续型中间变量，表示编组去向$i \to j$的车流强度（车）；

F_k——连续型中间变量，表示站k的日均解体作业量（车）。

三、优化目标与约束条件分析

本节对数学规划模型的目标函数及约束条件逐一进行分析。

模型以车流集结成本、改编成本和走行成本之和最小化为目标函数，形如：

$$\min \sum_{i \neq j \in V} \alpha c_i m_{ij} x_{ij} + \sum_{k \in V} \alpha F_k \tau_k + \sum_{i \neq j \in V} \sum_{l \in R(i,j)} \mu D_{ij} L_{ij}^l \zeta_{ij}^l \tag{2-2}$$

式(2-2)中的第一项为车流集结成本，前已述及，集结成本与车流量无关，而与集结参数c_i和编成辆数m_{ij}有关。列车编成辆数通常设为50车。编组站提供的直达去向越多，则集结成本越高。第二项为车流改编成本，其中F_k为站k的日均解体作业量，其计算公式如下：

$$F_k = \sum_{i \neq j \in V} f_{ij} x_{ij}^k \quad \forall k \in V \tag{2-3}$$

式(2-3)中f_{ij}表示站i发出的终到站j的车流量，由两部分组成：以站i为始发站且以站j为终到站的原始车流量N_{ij}；由站i后方车站s发出，以站i为第一前方改编站且终到站j的车流量，具体计算公式如下：

$$f_{ij} = N_{ij} + \sum_{s \in V} f_{sj} x_{sj}^i \quad \forall i, j \in V, i \neq j \tag{2-4}$$

式(2-2)中的第三项为车流走行成本，其中D_{ij}为编组去向$i \to j$的车流强度，其数学表达式如下：

$$D_{ij} = f_{ij} x_{ij} + \sum_{t \in V} f_{it} x_{it}^j \quad \forall i, j \in V, i \neq j \tag{2-5}$$

由式(2-5)可知，车流强度D_{ij}包括两部分：站i发出的终到站j的车流量（需经由直达列车运输），以及站i发出的终到站t且以站j为第一前方改编站的车流量。为了体现单股车流不可拆分原则和树形结构特征，需添加约束条件如下：

$$x_{ij} + \sum_{k \in \rho(i,j)} x_{ij}^k = 1 \quad \forall i, j \in V, i \neq j \tag{2-6}$$

式(2-6)表明，站i或编发$i \to j$的直达列车，或编发$i \to k$的直达列车。换言之，站i发出的终到站j的车流，或选择直达去向$i \to j$运抵目的地，或途中在站k进行改编，再编入其他列车继续运输。若站i发出的车流以站k为第一前方改编站，则要求$i \to k$的直达去向必然存在，故可添加决策变量之间的一组逻辑约束如下：

$$x_{ij}^k \leqslant x_{ik} \quad \forall i, j \in V, i \neq j, k \in \rho(i,j) \tag{2-7}$$

根据单股车流不可拆分原则，若站i提供$i \to j$的直达去向，则该去向的列车只能选择一条由站i至站j的物理径路；若不编发$i \to j$的直达列车，则相关车流不能经由站i至站j的任意一条物理径路。故可引入决策变量之间的另一组逻辑约束如下：

$$\sum_{l \in R(i,j)} \zeta_{ij}^l = x_{ij} \quad \forall i, j \in V, i \neq j \tag{2-8}$$

此外，任意区段上的车流量不应超过该区段的可用通过能力，该约束可表示如下：

$$\sum_{i \neq j \in V} \sum_{l \in R(i,j)} D_{ij} \zeta_{ij}^l a_{ij}^{nl} \leqslant \beta_n C_n^{\text{Link}} - C_n^{\text{Occupied}} \quad \forall n \in E \tag{2-9}$$

四、模型的线性化

根据对模型目标函数和约束条件的分析，不难发现目标函数和多个约束条件均为非线性，例如式(2-2)~式(2-6)和式(2-9)。由于在同等问题规模下，线性模型的求解比非线性模型简单，因此本节致力于将非线性模型线性化。易知非线性项（如F_k和D_{ij}）均与车流量f_{ij}有关，故线性化的关键在于将车流量f_{ij}线性化。引入辅助决策变量f_{ij}'和f_{ij}^k，分别表示由站

i发出的直达站j且以站j为终到站的车流量；以及由站i发出的终到站j且以站k为第一前方改编站的车流量。因此，车流量f_{ij}的表达式可改写为：

$$f_{ij} = f'_{ij} + \sum_{k \in \rho(i,j)} f^k_{ij} \quad \forall i,j \in V, i \neq j \tag{2-10}$$

结合式(2-5)和式(2-10)可得：

$$f'_{ij} + \sum_{k \in \rho(i,j)} f^k_{ij} = N_{ij} + \sum_{s \in V} f_{sj} x^i_{sj} \quad \forall i,j \in V, i \neq j \tag{2-11}$$

由于$f_{sj}x^i_{sj}$表示站s发出的终到站j且以站i为第一前方改编站的车流量，因此等价于f^i_{sj}，故可将式(2-11)进一步转化为：

$$f'_{ij} + \sum_{k \in \rho(i,j)} f^k_{ij} = N_{ij} + \sum_{s \in V} f^i_{sj} \quad \forall i,j \in V, i \neq j \tag{2-12}$$

类似地，式(2-3)可转化为：

$$F_k = \sum_{i \neq j \in V} f^k_{ij} \quad \forall k \in V \tag{2-13}$$

式(2-6)可转化为：

$$D_{ij} = f'_{ij} + \sum_{t \in V} f^j_{it} \quad \forall i,j \in V, i \neq j \tag{2-14}$$

此外，当f'_{ij}取值为正时，即存在从站i直达站j的车流时，站i必须提供$i \to j$的直达去向，即x_{ij}取值为1；当f^k_{ij}取值为正时，即存在站i至站j且以站k为第一前方改编站的车流时，x^k_{ij}取值为1。因此需要添加变量间的逻辑约束如下：

$$f'_{ij} \leq M x_{ij} \quad \forall i,j \in V, i \neq j \tag{2-15}$$

$$f^k_{ij} \leq M x^k_{ij} \quad \forall i,j \in V, i \neq j, k \in \rho(i,j) \tag{2-16}$$

采用上述线性化技术后，式(2-3)~式(2-6)均转化为线性约束，并且目标函数式(2-2)的第二项车流改编成本也转化为线性项，仅剩式(2-9)以及目标函数的第三项车流走行成本仍为非线性。为此，采用如下线性化技术。

令r, y为连续型变量，z为0-1（布尔型）变量，且变量间有如下等式关系：

$$r = yz \tag{2-17}$$

那么，该等式关系可转化为如下非等式关系：

$$y - (1-z)M \leq r \leq y + (1-z)M \tag{2-18}$$

$$-zM \leq r \leq zM \tag{2-19}$$

其中，M为足够大的正整数。证明如下：

当 $z=1$ 时，根据式(2-17)有 $r=y$；此时，式(2-18)等价于 $y\leqslant r\leqslant y$，式(2-19)等价于 $-M\leqslant r\leqslant M$，结合两式可知 $r=y$。类似地，当 $z=0$ 时，根据式(2-17)有 $r=0$；此时，式(2-18)等价于 $y-M\leqslant r\leqslant y+M$，式(2-19)等价于 $0\leqslant r\leqslant 0$，结合两式可知 $r=0$。因此，式(2-17)可等价表示为式(2-18)和式(2-19)。

分析式(2-9)以及目标函数式(2-2)的第三项可知，线性化的关键在于将 $D_{ij}\zeta_{ij}^l$ 线性化。其中 D_{ij} 为连续变量，ζ_{ij}^l 为 0-1 变量，故引入辅助决策变量 δ_{ij}^l，令 $\delta_{ij}^l = D_{ij}\zeta_{ij}^l$，则式(2-9)可线性化为：

$$\sum_{i\neq j\in V}\sum_{l\in R(i,j)}\delta_{ij}^l a_{ij}^{nl}\leqslant \beta_n C_n^{\text{Link}}-C_n^{\text{Occupied}} \quad \forall n\in E \tag{2-20}$$

目标函数式(2-2)的第三项可线性化为：

$$\sum_{i\neq j\in V}\sum_{l\in R(i,j)}\mu D_{ij}L_{ij}^l\zeta_{ij}^l = \sum_{i\neq j\in V}\sum_{l\in R(i,j)}\mu L_{ij}^l\delta_{ij}^l \tag{2-21}$$

此外，还需要添加变量间的逻辑约束条件如下：

$$D_{ij}-(1-\zeta_{ij}^l)M\leqslant \delta_{ij}^l\leqslant D_{ij}+(1-\zeta_{ij}^l)M \quad \forall i,j\in V, i\neq j, l\in R(i,j) \tag{2-22}$$

$$-\zeta_{ij}^l M\leqslant \delta_{ij}^l\leqslant \zeta_{ij}^l M \quad \forall i,j\in V, i\neq j, l\in R(i,j) \tag{2-23}$$

综上所述，线性化后的数学模型如下：

$$(\text{MODEL 2-1}) \quad \min \sum_{i\neq j\in V}\alpha c_i m_{ij}x_{ij}+\sum_{k\in V}\alpha F_k\tau_k+\sum_{i\neq j\in V}\sum_{l\in R(i,j)}\mu L_{ij}^l\delta_{ij}^l \tag{2-24}$$

s.t.

$$x_{ij}+\sum_{k\in \rho(i,j)}x_{ij}^k=1 \quad \forall i,j\in V, i\neq j \tag{2-25}$$

$$x_{ij}^k\leqslant x_{ik} \quad \forall i,j\in V, i\neq j, k\in \rho(i,j) \tag{2-26}$$

$$\sum_{l\in R(i,j)}\zeta_{ij}^l=x_{ij} \quad \forall i,j\in V, i\neq j \tag{2-27}$$

$$f_{ij}'+\sum_{k\in \rho(i,j)}f_{ij}^k=N_{ij}+\sum_{s\in V}f_{sj}^i \quad \forall i,j\in V, i\neq j \tag{2-28}$$

$$f_{ij}'\leqslant Mx_{ij} \quad \forall i,j\in V, i\neq j \tag{2-29}$$

$$f_{ij}^k\leqslant Mx_{ij}^k \quad \forall i,j\in V, i\neq j, k\in \rho(i,j) \tag{2-30}$$

$$F_k=\sum_{i\neq j\in V}f_{ij}^k \quad \forall k\in V \tag{2-31}$$

$$D_{ij}=f_{ij}'+\sum_{t\in V}f_{it}^j \quad \forall i,j\in V, i\neq j \tag{2-32}$$

$$\sum_{i\neq j\in V}\sum_{l\in R(i,j)}\delta_{ij}^l a_{ij}^{nl} \leqslant \beta_n C_n^{\text{Link}} - C_n^{\text{Occupied}} \quad \forall n \in E \tag{2-33}$$

$$D_{ij} - (1-\zeta_{ij}^l)M \leqslant \delta_{ij}^l \leqslant D_{ij} + (1-\zeta_{ij}^l)M \quad \forall i,j \in V, i\neq j, l\in R(i,j) \tag{2-34}$$

$$-\zeta_{ij}^l M \leqslant \delta_{ij}^l \leqslant \zeta_{ij}^l M \quad \forall i,j \in V, i\neq j, l\in R(i,j) \tag{2-35}$$

$$f_{ij}' \geqslant 0 \quad \forall i,j \in V, i\neq j \tag{2-36}$$

$$f_{ij}^k \geqslant 0 \quad \forall i,j \in V, i\neq j, k\in \rho(i,j) \tag{2-37}$$

$$x_{ij}, x_{ij}^k, \zeta_{ij}^l \in \{1,0\} \quad \forall i,j \in V, k\in \rho(i,j), l\in R(i,j) \tag{2-38}$$

第四节 算 例 分 析

为了验证模型（MODEL 2-1）的有效性，本节设计了小规模算例并进行求解试验。由于已将模型线性化，故可采用性能突出的商业优化求解器 Gurobi 7.5.2 进行求解。Gurobi 求解器是由美国 Gurobi 公司开发的新一代大规模数学规划优化器，在 Decision Tree for Optimization Software 网站举行的第三方优化器评估中，展示出更快的优化速度和更高的精度，成为优化器领域的新翘楚。其优点包括支持并行计算、提供多种编程语言（如 C++、Python 和 Matlab）的接口、支持跨平台使用和支持 AMPL、GAMS 等多种建模环境等。本文采用 Python 3.6 为编程建模语言，并以 Spyder（Scientific PYthon Development EnviRonment）为集成开发环境。需要注意的是，虽然 Gurobi 求解器能高效地解决小规模问题，但对于实际规模的编组站布局优化问题则较为乏力，因此本文设计了模拟退火算法以解决大规模问题。为了验证该算法的有效性，同样将其用于求解小规模算例，并将两种方法得出的结果进行对比分析。程序运行的硬件环境为配备 Intel Core i5-5200U CPU 和 4GB 内存的便携式计算机，操作系统为 Windows 10。后续章节的计算试验均在相同的硬件环境中展开。

一、基于模拟退火算法的求解策略

模拟退火算法（Simulated Annealing）的思想最早由 Metroplis 等人于 1953 年提出，Kirkpatrick（1983 年）和 Cerny（1986 年）率先将之用于解决组合优化问题。模拟退火算法之所以能用于解决组合优化问题，是因为晶体物质的退火过程与组合优化问题的寻优过程具有相似性。在对晶体物质进行热处理时，通常先将它加热升温至一个充分高的温度，使晶体粒子随着升温呈无序状。然后随着温度的逐渐下降，粒子逐渐形成了低能态的晶格（原子在晶体中构成的有明显规律的空间格架）。若在凝结点附近的温度下降速率足够慢，则晶体物质一定会形成最低能量的基态。而当晶体物质快速冷却或淬火时，则不能达到该基态。因此，这个过程的本质是慢速冷却，以便粒子在失去动性时有充分的时间进行重新分布。对于组合优化问题来说，它也有类似的寻优过程。组合优化问题解空间中的每一点都代表一个具有不同目标函数值的解。所谓优化，就是在解空间中寻找使目标函数值最小的解的过程。若把目标函数看成能量函数，某一控制参数视为温度，解空间当作状态空间，那么模拟退火算法求目标函数最小值的优化过程也就是寻找基态的退火过程。

模拟退火算法从初始解开始探测整个解空间，并且通过扰动当前解产生新解，之后按照接受规则判定是否接受新解。模拟退火算法的新解产生函数、接受函数、内循环和外循环终止准则、温度更新函数和初始温度介绍如下。

（1）新解产生函数 Generate (X_m)

若记模型的当前解为X_m，则新解X_n的产生函数可表示为：

$$g_{mn}(T_i') = \begin{cases} \dfrac{1}{|\Omega^{\text{Potential}}|} & X_n\text{是}X_m\text{的邻域解} \\ 0 & \text{其他} \end{cases} \quad (2\text{-}39)$$

式(2-39)表示邻域解X_n的产生概率为$\dfrac{1}{|\Omega^{\text{Potential}}|}$，其中$T_i'$为当前的温度，$\Omega^{\text{Potential}}$为模型中决策变量的集合。

（2）新解接受函数 Accept (X_m, X_n, T_i')

接受函数通过比较新解和当前解的能量函数值来判断是否接受该新解，具体形如：

$$w_{mn}(T_i') = \min\left\{1, \exp\left[\dfrac{Z(X_m) - Z(X_n)}{T_i'}\right]\right\} \quad (2\text{-}40)$$

其中，$Z(X_m)$为当前解的能量函数值，$Z(X_n)$为新解的能量函数值。若$Z(X_m) \geq Z(X_n)$，则$w_{mn}(T_i')$取值为1；若$Z(X_m) < Z(X_n)$，则$w_{mn}(T_i')$取值为$\exp\{[Z(X_m) - Z(X_n)]/T_i'\}$。此外，还需比较$w_{mn}(T_i')$和Rd[0,1]的大小，其中Rd[0,1]为0~1范围内（含0和1）的随机数。显

然，当 $Z(X_m) \geqslant Z(X_n)$ 时接受新解；当 $Z(X_m) < Z(X_n)$ 时，若 $\exp\{[Z(X_m) - Z(X_n)]/T_i'\} \geqslant$ Rd[0,1]则接受新解，若 $\exp\{[Z(X_m) - Z(X_n)]/T_i'\} <$ Rd[0,1]则拒绝新解。不难发现，在高温下有较大概率接受能量值远高于当前解的质量较差的解；在低温下基本上只接受能量值低于当前解的质量更优的解。

（3）外循环终止条件

当某温度下的接受率（接受解数/产生解数）小于一定的阈值（例如 0.001）；或者平均能量值（某温度下所有解的平均能量值）在连续多次温度迭代中（例如 40 次）没有发生显著变化时，终止算法的执行。

（4）内循环终止条件

在某一温度下，当产生的新解数达到 $K^{\text{Generate}}|\Omega^{\text{Potential}}|$，或接受的新解数达到 $K^{\text{Accept}}|\Omega^{\text{Potential}}|$ 时，停止内循环并降温。其中，K^{Generate} 为新解产生系数，K^{Accept} 新解接受系数。根据实际计算经验，K^{Generate} 通常取 6，K^{Accept} 通常取 3。

（5）温度更新函数 Update (T_i')

温度更新函数代表着降温规则，通常采用几何退火，具体形如：

$$T_{i+1}' = \omega T_i' \tag{2-41}$$

其中，ω 为温度更新系数，也即降温速率（cooling rate），一般取为 0.95。需要注意的是，几何退火在初始阶段的降温速率较慢，导致求解时间较长，故通常在前 50 次降温过程中采用 Aarts 和 Van Laarhoven（1985 年）提出的退火准则，具体形如：

$$T_{i+1}' = T_i'\left[1 + \frac{T_i' \ln(1+\kappa)^{-1}}{3\sigma(T_i')}\right]^{-1} \tag{2-42}$$

其中，κ 通常取值为 0.4，$\sigma(T_i')$ 为第 i 次迭代中所有解的能量函数值的标准差。因此，温度更新函数可改进为：

$$T_{i+1}' = \begin{cases} \omega T_i' & k > 50 \\ T_i'\left[1 + \dfrac{T_i' \ln(1+\kappa)^{-1}}{3\sigma(T_i')}\right]^{-1} & k \leqslant 50 \end{cases} \tag{2-43}$$

（6）初始温度

为了尽可能地增大模拟退火算法的全局寻优能力，通常使初温足够高，从而使初始接受率接近 1。

模拟退火算法的一般流程如图 2-5 所示。

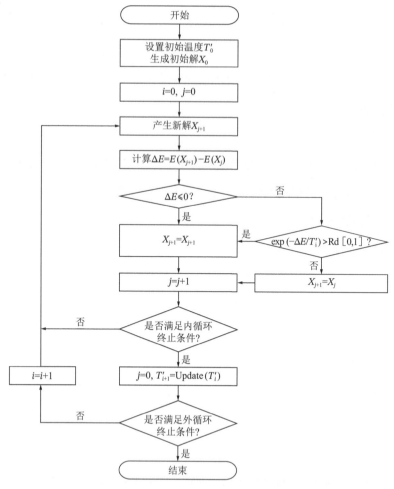

图 2-5 模拟退火算法的一般流程

二、基础数据准备

本节构建了包含 13 个编组站和 18 个区段的铁路网，具体如图 2-6 所示。

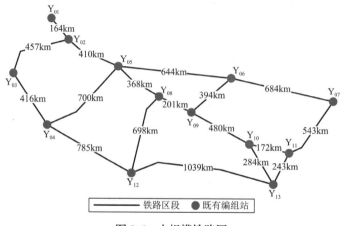

图 2-6 小规模铁路网

各编组站当前的解体能力、可用解体能力系数、可用解体能力、集结参数、单位改编成本、调车线数量等主要参数见表2-3。

各编组站的主要参数 表2-3

站名	解体能力（车）	可用解体能力系数	可用解体能力	集结参数（h）	单位改编成本（h）	调车线数量（条）
Y_{01}	2000	0.85	1700	9.5	4.2	15
Y_{02}	4500	0.85	3825	11	3.5	35
Y_{03}	2500	0.85	2125	10	4	20
Y_{04}	2000	0.85	1700	9.5	4.2	15
Y_{05}	1500	0.85	1275	9	4.5	10
Y_{06}	1500	0.85	1275	9	4.5	10
Y_{07}	2000	0.85	1700	9.5	4.2	15
Y_{08}	2500	0.85	2125	10	4	20
Y_{09}	2000	0.85	1700	9.5	4.2	15
Y_{10}	2500	0.85	2125	10	4	20
Y_{11}	2000	0.85	1700	9.5	4.2	15
Y_{12}	2500	0.85	2125	10	4	20
Y_{13}	3500	0.85	2975	10.5	3.8	30

各站间的日均车流量见表2-4。

各站间的日均车流量（单位：车） 表2-4

站名	Y_{01}	Y_{02}	Y_{03}	Y_{04}	Y_{05}	Y_{06}	Y_{07}	Y_{08}	Y_{09}	Y_{10}	Y_{11}	Y_{12}	Y_{13}
Y_{01}	0.00	86.30	29.13	66.15	3.26	82.33	88.38	85.23	93.11	26.97	52.10	19.30	3.29
Y_{02}	21.54	0.00	41.41	43.88	62.59	44.03	26.71	56.28	8.20	99.21	19.24	45.75	49.13
Y_{03}	22.39	95.10	0.00	64.49	72.10	89.43	66.95	38.71	99.12	28.70	10.59	17.53	35.31
Y_{04}	13.21	36.59	42.50	0.00	97.57	90.81	24.24	39.84	65.39	32.25	39.89	98.14	45.44
Y_{05}	13.93	21.03	13.19	40.72	0.00	20.33	6.86	83.38	90.34	90.89	93.96	3.60	51.67
Y_{06}	29.64	72.30	70.30	47.41	26.62	0.00	84.63	49.65	77.50	54.85	86.29	71.77	42.34
Y_{07}	99.16	58.72	20.30	60.75	8.91	38.39	0.00	51.07	88.50	0.40	88.27	23.56	79.61
Y_{08}	65.57	58.17	46.02	35.61	63.32	33.94	85.23	0.00	4.80	4.33	45.27	80.24	3.77
Y_{09}	98.22	94.67	48.13	7.25	84.09	43.03	2.30	16.43	0.00	92.03	96.93	80.30	13.37
Y_{10}	85.06	80.07	10.43	10.30	3.54	53.57	31.31	35.14	10.22	0.00	6.55	55.85	78.93
Y_{11}	92.28	1.62	43.49	76.40	2.58	93.74	40.93	8.72	63.18	57.19	0.00	93.11	60.52
Y_{12}	56.66	90.22	12.93	50.52	11.30	23.16	59.06	59.71	73.51	75.59	56.35	0.00	45.85
Y_{13}	49.76	98.26	39.77	93.15	97.75	56.40	78.78	12.44	26.41	12.60	35.39	96.12	0.00

各区段的物理里程和通过能力等参数见表2-5。

各区段的物理里程和通过能力　　　　表2-5

编号	区段	里程（km）	通过能力（车）	可用通过能力系数	占用能力（车）	剩余能力（车）
1	Y_{01}-Y_{02}	164	9000	0.85	5650	2000
2	Y_{02}-Y_{03}	457	9000	0.85	5650	2000
3	Y_{03}-Y_{04}	416	9000	0.85	5650	2000
4	Y_{04}-Y_{05}	700	9000	0.85	5650	2000
5	Y_{02}-Y_{05}	410	9000	0.85	5650	2000
6	Y_{05}-Y_{06}	644	9000	0.85	5650	2000
7	Y_{06}-Y_{07}	684	9000	0.85	5650	2000
8	Y_{05}-Y_{08}	368	9000	0.85	5650	2000
9	Y_{08}-Y_{09}	201	9000	0.85	5650	2000
10	Y_{09}-Y_{10}	480	9000	0.85	5650	2000
11	Y_{10}-Y_{11}	172	9000	0.85	5650	2000
12	Y_{06}-Y_{09}	394	9000	0.85	5650	2000
13	Y_{07}-Y_{11}	543	9000	0.85	5650	2000
14	Y_{04}-Y_{12}	785	9000	0.85	5650	2000
15	Y_{12}-Y_{13}	1039	9000	0.85	5650	2000
16	Y_{08}-Y_{12}	698	9000	0.85	5650	2000
17	Y_{10}-Y_{13}	284	9000	0.85	5650	2000
18	Y_{13}-Y_{11}	243	9000	0.85	5650	2000

由于两站间直达列车的走行径路众多，并且各股车流可能在路网中任意编组站进行改编，为缩减问题规模，规定任意两站间的直达列车可选走行径路数量不能超过2条，即仅考虑最短径路和次短径路［各站间直达列车的备选径路集，即$R(i,j)$，见附录A］，并且规定各股车流只能在出发站和终到站间的最短径路或次短径路上的编组站进行改编［各股车流的潜在改编站集合，即$\rho(i,j)$，见附录B］。此外，假设编成辆数m_{ij}均为50车，车小时转化系数α为20元/车小时，车公里转化系数μ为7元/车公里，M取值为100000。虽然本文对直达列车备选径路集和车流潜在改编站做了简化处理，但简化后的问题仍具有无能力约束的编组站改编负荷问题的全部特征，例如不考虑编组站的解体能力约束和调车线数量约束、对车流径路与改编链进行一体优化、车流可能走行非最短径路并在非最短径路上的编组站进行改编作业，因此优化结果仍具有较强的代表性。

三、优化结果分析

Gurobi求解器经过51s的计算后得到全局最优解6400.71万元，其中车流日均集结成本为 62.45 万元，日均改编成本为 32.76 万元，日均走行成本为 6305.50 万元。各站的日均作业负荷以及调车线利用情况见表 2-6。

各站的日均作业负荷及调车线利用情况　　　　　表 2-6

站名	本地负荷（车）	远程有调（车）	总负荷（车）	能力利用率（%）	本地股道（条）	远程股道（条）	总股道（条）	股道利用率（%）
Y_{01}	1282.97	0.00	1282.97	64.15	4	6	10	66.67
Y_{02}	1311.02	731.21	2042.23	45.38	4	8	12	34.29
Y_{03}	1058.02	139.43	1197.45	47.90	3	6	9	45.00
Y_{04}	1222.50	436.72	1659.22	82.96	3	8	11	73.33
Y_{05}	1063.53	492.69	1556.22	103.75	3	9	12	120.00
Y_{06}	1382.46	190.87	1573.33	104.89	4	8	12	120.00
Y_{07}	1213.02	0.00	1213.02	60.65	3	4	7	46.67
Y_{08}	1062.87	283.21	1346.08	53.84	3	6	9	45.00
Y_{09}	1377.03	503.07	1880.10	94.01	4	9	13	86.67
Y_{10}	1035.98	683.90	1719.88	68.80	3	9	12	60.00
Y_{11}	1264.59	134.88	1399.47	69.97	4	6	10	66.67
Y_{12}	1300.13	0.00	1300.13	52.01	4	5	9	45.00
Y_{13}	1206.06	474.95	1681.01	48.03	3	8	11	36.67

根据表 2-6 可知，编组站 Y_{05} 和 Y_{06} 的解体能力利用率分别为 103.75% 和 104.89%，均超过其最大解体能力；并且调车线利用率均达到了 120%，既有调车线数量无法满足作业需要，因此有必要对 Y_{05} 和 Y_{06} 加以改扩建，使其能力利用率和股道利用率保持在合理区间。此外，Y_{09} 的能力利用率达到了 94.01%，接近满负荷作业，因此也可以考虑对 Y_{09} 加以改扩建。铁路网各区段的日均负荷见表 2-7。

各区段的日均负荷　　　　　表 2-7

编号	区段	负荷（车）	百分比（%）	编号	区段	负荷（车）	百分比（%）
1	Y_{01}-Y_{02}	1282.97	77.03	10	Y_{09}-Y_{10}	1796.38	82.74
2	Y_{02}-Y_{03}	741.19	71.01	11	Y_{10}-Y_{11}	751.36	71.13
3	Y_{03}-Y_{04}	1060.35	74.56	12	Y_{06}-Y_{09}	1198.99	76.10
4	Y_{04}-Y_{05}	892.44	72.69	13	Y_{07}-Y_{11}	401.92	67.24
5	Y_{02}-Y_{05}	1999.92	85.00	14	Y_{04}-Y_{12}	856.77	72.30
6	Y_{05}-Y_{06}	1319.83	77.44	15	Y_{12}-Y_{13}	971.21	73.57
7	Y_{06}-Y_{07}	811.10	71.79	16	Y_{08}-Y_{12}	403.59	67.26
8	Y_{05}-Y_{08}	1987.28	84.86	17	Y_{10}-Y_{13}	809.24	71.77
9	Y_{08}-Y_{09}	1999.78	85.00	18	Y_{13}-Y_{11}	656.75	70.08

表 2-7 中字段"百分比"表示区段能力利用率,即区段总负荷(包括旅客列车、快运班列和摘挂列车等占用的通过能力,以及该区段技术车流的大小)与通过能力的比值。例如区段 Y_{01}-Y_{02} 的负荷为 1282.97 车,占用能力为 5650 车,通过能力为 9000 车,故区段总负荷为 6932.97(1282.97 + 5650)车,能力利用率为 77.03%(6932.97/9000)。由表 2-7 可知,负荷排在前两位的区段分别为 Y_{02}-Y_{05} 和 Y_{08}-Y_{09},负荷分别达到日均 1999.92 车和 1999.78 车,能力利用率均为 85%;而负荷最低的区段为 Y_{07}-Y_{11},仅为日均 401.92 车,能力利用率仅为 67.24%。

事实上,该铁路网共有 156(13×12)个潜在直达去向,而最优改编方案仅包含 64 个直达去向,其中 36 个为相邻站间提供的直达去向,28 个为优化所得直达去向。需要注意的是,由于该铁路网中各股 OD(起讫点)的流量较小,均不满足开行直达列车的绝对条件,故预优化后并未获得必开直达列车的去向。开行直达列车的绝对条件可表示如下:

$$N_{ij}\tau_k^{\min} \geqslant c_i m_{ij} \quad \forall i,j \in V, i \neq j, k \in \rho(i,j) \tag{2-44}$$

其中 $\tau_k^{\min}$ 为站 i 至站 j 的车流沿途经过的编组站的最小单位改编成本,即:

$$\tau_k^{\min} = \min\{\tau_k | k \in \rho(i,j)\} \tag{2-45}$$

最优车流改编方案对应的列车服务网络如图 2-7 所示,其中虚线连接直达去向的始发站和终到站,箭头表示直达列车的开行方向。由于相邻站之间必开行直通列车,故没有在图中加以标注,也即该图仅包括非相邻站间的直达去向。需要注意的是,大部分直达去向经由最短径路,只有 $Y_{02} \rightarrow Y_{10}$,$Y_{03} \rightarrow Y_{05}$,$Y_{10} \rightarrow Y_{04}$,$Y_{11} \rightarrow Y_{04}$,$Y_{12} \rightarrow Y_{02}$ 等 5 个直达去向经由次短径路。各直达去向的始发站、终到站、日均直达车流大小 f'_{ij} 以及车流强度 D_{ij} 见表 2-8。

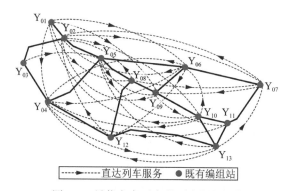

图 2-7 最优方案对应的列车服务网络

各直达去向的基本信息（单位：车）　　　　　　　　　表 2-8

始发站	终到站	f'_{ij}	D_{ij}	始发站	终到站	f'_{ij}	D_{ij}
Y_{01}	Y_{02}	86.30	237.33	Y_{07}	Y_{09}	88.50	139.57
Y_{01}	Y_{04}	66.15	85.45	Y_{07}	Y_{11}	88.27	191.84
Y_{01}	Y_{06}	82.33	82.33	Y_{08}	Y_{02}	58.17	169.76
Y_{01}	Y_{08}	85.23	85.23	Y_{08}	Y_{05}	158.71	201.57
Y_{01}	Y_{09}	93.11	145.21	Y_{08}	Y_{07}	85.23	85.23
Y_{02}	Y_{01}	420.32	420.32	Y_{08}	Y_{09}	78.31	188.78
Y_{02}	Y_{03}	184.99	274.62	Y_{08}	Y_{12}	164.14	164.14
Y_{02}	Y_{05}	65.85	174.36	Y_{09}	Y_{02}	94.67	241.02
Y_{02}	Y_{07}	182.04	182.04	Y_{09}	Y_{06}	100.13	102.43
Y_{02}	Y_{10}	126.18	197.84	Y_{09}	Y_{08}	173.45	345.09
Y_{03}	Y_{02}	131.69	234.24	Y_{09}	Y_{10}	151.21	210.69
Y_{03}	Y_{04}	108.37	335.68	Y_{09}	Y_{11}	280.59	280.59
Y_{03}	Y_{05}	72.10	209.93	Y_{10}	Y_{01}	227.10	227.1
Y_{04}	Y_{03}	232.61	282.41	Y_{10}	Y_{04}	10.30	20.73
Y_{04}	Y_{05}	97.57	202.8	Y_{10}	Y_{06}	203.71	291.52
Y_{04}	Y_{06}	180.24	204.48	Y_{10}	Y_{09}	99.81	156.11
Y_{04}	Y_{12}	180.72	180.72	Y_{10}	Y_{11}	119.75	151.06
Y_{04}	Y_{13}	80.75	192.18	Y_{10}	Y_{13}	242.50	298.35
Y_{05}	Y_{02}	119.29	133.22	Y_{11}	Y_{04}	76.40	119.89
Y_{05}	Y_{04}	83.58	96.77	Y_{11}	Y_{07}	72.24	72.24
Y_{05}	Y_{06}	64.36	71.22	Y_{11}	Y_{10}	57.59	319.71
Y_{05}	Y_{08}	218.21	221.81	Y_{11}	Y_{13}	140.13	256.8
Y_{05}	Y_{09}	263.05	263.05	Y_{12}	Y_{02}	90.22	146.88
Y_{05}	Y_{10}	90.89	236.52	Y_{12}	Y_{04}	50.52	63.45
Y_{06}	Y_{02}	153.99	183.63	Y_{12}	Y_{08}	59.71	167.68
Y_{06}	Y_{04}	108.16	178.46	Y_{12}	Y_{13}	45.85	236.85
Y_{06}	Y_{05}	41.65	41.65	Y_{13}	Y_{04}	93.15	132.92
Y_{06}	Y_{07}	118.03	118.03	Y_{13}	Y_{05}	97.75	196.01
Y_{06}	Y_{09}	77.50	310.63	Y_{13}	Y_{07}	137.84	137.84
Y_{06}	Y_{12}	71.77	71.77	Y_{13}	Y_{10}	149.14	294.15
Y_{07}	Y_{02}	58.72	178.18	Y_{13}	Y_{11}	142.22	142.22
Y_{07}	Y_{06}	38.39	108.05	Y_{13}	Y_{12}	268.64	268.64

由表 2-8 可知，车流强度最大的直达去向为 $Y_{02} \rightarrow Y_{01}$，达到了 420.32 车。与之相反，

车流强度最小的直达去向为 $Y_{10} \rightarrow Y_{04}$，仅为 20.73 车。64 个直达去向的平均车流强度为 186.89 车，日均编发 3.74 列。出发直达去向数最多的编组站为 Y_{05}、Y_{06}、Y_{10} 和 Y_{13}，均为 6 个；到达直达去向数最多的编组站为 Y_{02} 和 Y_{04}，均为 8 个；出发直达去向数最少的编组站为 Y_{03}（仅为 3 个）；到达直达去向数最少的编组站为 Y_{01} 和 Y_{03}（均为 2 个）。各车流的改编情况见表 2-9。

车流改编情况（单位：车）　　　　　　表 2-9

始发站	第一前方改编站	终到站	f_{ij}^k	始发站	第一前方改编站	终到站	f_{ij}^k
Y_{01}	Y_{02}	Y_{03}	29.13	Y_{04}	Y_{05}	Y_{09}	65.39
Y_{01}	Y_{02}	Y_{05}	3.26	Y_{04}	Y_{13}	Y_{10}	60.95
Y_{01}	Y_{02}	Y_{07}	88.38	Y_{04}	Y_{13}	Y_{11}	50.48
Y_{01}	Y_{02}	Y_{10}	26.97	Y_{05}	Y_{02}	Y_{01}	13.93
Y_{01}	Y_{09}	Y_{11}	52.10	Y_{05}	Y_{04}	Y_{03}	13.19
Y_{01}	Y_{04}	Y_{12}	19.30	Y_{05}	Y_{06}	Y_{07}	6.86
Y_{01}	Y_{02}	Y_{13}	3.29	Y_{05}	Y_{10}	Y_{11}	93.96
Y_{02}	Y_{03}	Y_{04}	43.88	Y_{05}	Y_{08}	Y_{12}	3.60
Y_{02}	Y_{05}	Y_{06}	44.03	Y_{05}	Y_{10}	Y_{13}	51.67
Y_{02}	Y_{05}	Y_{08}	56.28	Y_{06}	Y_{02}	Y_{01}	29.64
Y_{02}	Y_{05}	Y_{09}	8.20	Y_{06}	Y_{04}	Y_{03}	70.30
Y_{02}	Y_{10}	Y_{11}	19.24	Y_{06}	Y_{09}	Y_{08}	49.65
Y_{02}	Y_{03}	Y_{12}	45.75	Y_{06}	Y_{09}	Y_{10}	54.85
Y_{02}	Y_{10}	Y_{13}	52.42	Y_{06}	Y_{09}	Y_{11}	86.29
Y_{03}	Y_{02}	Y_{01}	35.60	Y_{06}	Y_{09}	Y_{13}	42.34
Y_{03}	Y_{04}	Y_{06}	89.43	Y_{07}	Y_{02}	Y_{01}	99.16
Y_{03}	Y_{02}	Y_{07}	66.95	Y_{07}	Y_{02}	Y_{03}	20.30
Y_{03}	Y_{05}	Y_{08}	38.71	Y_{07}	Y_{06}	Y_{04}	60.75
Y_{03}	Y_{05}	Y_{09}	99.12	Y_{07}	Y_{06}	Y_{05}	8.91
Y_{03}	Y_{04}	Y_{10}	28.70	Y_{07}	Y_{09}	Y_{08}	51.07
Y_{03}	Y_{04}	Y_{11}	10.59	Y_{07}	Y_{11}	Y_{10}	0.40
Y_{03}	Y_{04}	Y_{12}	63.28	Y_{07}	Y_{11}	Y_{12}	23.56
Y_{03}	Y_{04}	Y_{13}	35.31	Y_{07}	Y_{11}	Y_{13}	79.61
Y_{04}	Y_{03}	Y_{01}	13.21	Y_{08}	Y_{02}	Y_{01}	65.57
Y_{04}	Y_{03}	Y_{02}	36.59	Y_{08}	Y_{02}	Y_{03}	46.02
Y_{04}	Y_{06}	Y_{07}	24.24	Y_{08}	Y_{05}	Y_{04}	42.86
Y_{04}	Y_{05}	Y_{08}	39.84	Y_{08}	Y_{09}	Y_{06}	57.10

续上表

始发站	第一前方改编站	终到站	f_{ij}^k	始发站	第一前方改编站	终到站	f_{ij}^k
Y_{08}	Y_{09}	Y_{10}	4.33	Y_{11}	Y_{10}	Y_{05}	2.58
Y_{08}	Y_{09}	Y_{11}	45.27	Y_{11}	Y_{10}	Y_{06}	93.74
Y_{08}	Y_{09}	Y_{13}	3.77	Y_{11}	Y_{10}	Y_{08}	8.72
Y_{09}	Y_{02}	Y_{01}	98.22	Y_{11}	Y_{10}	Y_{09}	63.18
Y_{09}	Y_{02}	Y_{03}	48.13	Y_{11}	Y_{13}	Y_{12}	116.67
Y_{09}	Y_{08}	Y_{04}	7.25	Y_{12}	Y_{02}	Y_{01}	56.66
Y_{09}	Y_{08}	Y_{05}	84.09	Y_{12}	Y_{04}	Y_{03}	12.93
Y_{09}	Y_{06}	Y_{07}	2.30	Y_{12}	Y_{08}	Y_{05}	11.30
Y_{09}	Y_{08}	Y_{12}	80.30	Y_{12}	Y_{08}	Y_{06}	23.16
Y_{09}	Y_{10}	Y_{13}	59.48	Y_{12}	Y_{13}	Y_{07}	59.06
Y_{10}	Y_{06}	Y_{02}	81.69	Y_{12}	Y_{08}	Y_{09}	73.51
Y_{10}	Y_{04}	Y_{03}	10.43	Y_{12}	Y_{13}	Y_{10}	75.59
Y_{10}	Y_{06}	Y_{05}	6.12	Y_{12}	Y_{13}	Y_{11}	56.35
Y_{10}	Y_{11}	Y_{07}	31.31	Y_{13}	Y_{10}	Y_{01}	49.76
Y_{10}	Y_{09}	Y_{08}	56.30	Y_{13}	Y_{05}	Y_{02}	98.26
Y_{10}	Y_{13}	Y_{12}	55.85	Y_{13}	Y_{04}	Y_{03}	39.77
Y_{11}	Y_{10}	Y_{01}	92.28	Y_{13}	Y_{10}	Y_{06}	56.40
Y_{11}	Y_{10}	Y_{02}	1.62	Y_{13}		Y_{08}	12.44
Y_{11}	Y_{04}	Y_{03}	43.49	Y_{13}	Y_{10}	Y_{09}	26.41

各股车流的改编链可由表2-8和表2-9得出。例如，为获取车流$N_{1,13}$的改编链，首先需要确定表2-8中是否有$Y_{01} \rightarrow Y_{13}$的直达去向，易知表2-8中并没有该直达列车，因此需要在表2-9中确定车流$N_{1,13}$的第一前方改编站。不难发现该股车流的第一前方改编站为Y_{02}，接下来需要确定表2-8中是否有$Y_{02} \rightarrow Y_{13}$的直达去向。由于表2-8中并没有该直达去向，因此需要继续在表2-9中确定Y_{02}至Y_{13}的车流的第一前方改编站（因为车流$N_{1,13}$在Y_{02}改编后，与其他由Y_{02}发出且终到Y_{13}的车流合并为一股车流）。由表2-9可知，该股车流接下来需要在Y_{10}改编。最后由表2-8可知，车流$N_{1,13}$经由直达去向$Y_{10} \rightarrow Y_{13}$运抵终到站$Y_{13}$。综上所述，车流$N_{1,13}$的改编链为：$Y_{01} \rightarrow Y_{02} \rightarrow Y_{10} \rightarrow Y_{13}$，途中需要在$Y_{02}$和$Y_{10}$进行改编作业。

模拟退火算法经过约1s的计算后得到近似最优解，两种方法在计算质量和求解效率上的对比分析见表2-10。

Gurobi 7.5.2 和模拟退火算法的计算结果比较　　　　　　　　　表 2-10

指标	Gurobi 7.5.2	模拟退火算法
求解时间（s）	51	1
直达去向数	64	61
有改扩建需求的编组站	Y_{05}，Y_{06}，Y_{09}	Y_{05}，Y_{06}，Y_{09}
日均车流集结成本（万元）	62.45	65.34
日均车流改编成本（万元）	32.76	38.74
日均车流走行成本（万元）	6305.5	6368.02
日均车流组织成本（万元）	6400.71	6472.10
GAP	0.00%	1.12%

其中字段"GAP"是以百分比形式表示的所得解与最优解之间的差距，用以衡量所得解的优劣，计算公式为[(所得解－最优解)/最优解]×100%。由表 2-10 可知，模拟退火算法的计算效率高于 Gurobi 求解器，且其所得解（日均车流组织成本）与全局最优解的 GAP 仅为 1.12%，具有较高的计算质量。为了进一步对比两种方法的优劣，仍以图 2-5 所示的小规模路网为背景进行 5 次计算试验。各站的主要参数、各站间的日均车流量，以及各区段的物理里程和通过能力均保持不变，仅调整各站间直达列车的备选径路集。5 次计算试验的结果见表 2-11。

各次计算试验的结果分析　　　　　　　　　表 2-11

	计算试验（备选径路）	I 最短径路	II 前二短径路	III 前三短径路	IV 前四短径路	V 前五短径路
Gurobi	集结成本（万元）	不可行	62.45	62.45	62.45	62.45
	改编成本（万元）	不可行	32.76	32.76	32.76	32.76
	走行成本（万元）	不可行	6305.5	6305.5	6305.5	6305.5
	日均车流组织成本（万元）	不可行	6400.71	6400.71	6400.71	6400.71
	求解时间（s）	不可行	51	2956	12078	191540
	GAP	—	0.00%	0.00%	0.00%	0.00%
模拟退火算法	集结成本（万元）	不可行	65.34	64.24	66.66	64.08
	改编成本（万元）	不可行	38.74	37.65	36.06	37.42
	走行成本（万元）	不可行	6368.02	6351.45	6340.40	6368.02
	日均车流组织成本（万元）	不可行	6472.10	6453.34	6443.12	6469.51
	求解时间（s）	不可行	1	1	2	2
	GAP	—	1.12%	0.82%	0.66%	1.07%

需要说明的是，字段"前二短径路"表示各站间的直达列车可走行最短径路或次短径

路；类似地，字段"前三短径路"表示各站间的直达列车可走行最短径路、次短径路或第三短径路，同理可知字段"前四短径路"和"前五短径路"的含义。不难发现，在计算试验I中，Gurobi求解器和模拟退火算法均无法求得可行解，这是因为路网中存在瓶颈区段，导致部分车流无法经由最短径路运输。就计算质量而言，在其余4次计算试验中（II、III、IV、V），Gurobi求解器均获得了全局最优解，并且最优解均相同；而模拟退火算法仅求得近似最优解，与全局最优解的GAP分布在0.66%～1.12%的范围内，解的质量较高。就求解效率而言，在余下4次计算试验中，Gurobi求解器的耗时从51s激增至191540s，而模拟退火算法的求解时间均在2s以内，后者的求解效率远高于前者。因此，采用模拟退火算法解决实际规模的编组站布局优化问题更为合理。

第三章
单阶段编组站布局优化方法

本章主要研究单阶段编组站布局优化方法。编组站建设动辄数十亿元，占地千亩。在建设资金和编组站能力均有限的情况下，选择哪些编组站进行改扩建（或新建）、按照何种规模进行建设，成为值得深入研究的问题。本章立足国内外既有研究成果，通过问题示例对该问题进行描述；其次构建了双层规划模型并将其线性化；最后设计了小规模算例并进行求解。

第一节 国内外研究现状

单阶段编组站布局优化问题是指在有限的建设资金下，对单个规划期内编组站的投资建设进行优化，即以整个规划期为一个阶段，从备选站集合中选择一定数量的车站进行投资建设并确定其改扩建（或新建）的规模，使规划期内的编组站建设成本和铁路网车流组织成本之和最小化。需要注意的是，在整个规划期中最多对每个备选站进行一次投资建设。

一、选址分配问题

由于单阶段编组站布局优化问题涉及备选站的选择（服务设施的定位）以及各股车流的改编链优化（将需求分配至各服务设施），故类似于选址分配问题。选址分配问题是指从备选地集合中选择一定数量的地点修建服务设施，并将服务需求分配至这些设施以使总运输成本最小化。国内外诸多学者均对选址分配问题进行了深入研究。据本文作者所知，Cooper（1963年）于1963年发表的论文是首篇针对选址分配问题的文献，作者提出了求解选址分配问题的精确极值方程（exact extremal equations）和启发式算法。Curry（1969年）提出了一个关于设施选址分配问题（Facility LAP）的数学规划模型，并将其分解为动态规划的递推方程（recursive equations of dynamic programming）。Bongartz（1994年）针对涉及Lebesgue-p范数（l_p norm）的选址分配问题提出了求解方法，该方法对流量分配决策变量的0-1取值约束进行松弛，能同时解决设施选址问题和流量分配问题。Badri（1999年）采用层次分析法和多目标规划法解决选址分配问题。Brimberg（2008年）对连续选址分配问题的求解方法进行了综述，其中连续选址分配问题是指在连续的物理空间中为新设施寻找最佳位置，而非从给定的备选位置集合中进行挑选。Gokbayrak（2017年）则研究了设施间有服务距离限制的连续选址分配问题，构建了一个混合整数规划模型并且提出了一种三阶段启发式算法（three-stage heuristic algorithm）。Salhi（2003年）针对无能力限制的连续选址分配问题提出了一种改进的遗传算法，其中无能力限制是指新建设施没有服务能力限制。而对于有能力限制的选址分配问题，Gong（1997年）提出了一种混合进化算法，该算法结合了遗传算法、进化策略（evolutionary strategy）以及一些传统的优化技术。Eben-Chaime（2002年）则构建了混合整数规划模型，并采用动态规划算法进行求解。Altinel（2009年）对有能力限制的选址分配问题进行了泛化，假定需求点位置随机分布，文章构建了数学规划模型并提出了一种局部搜索启发式算法。Zhou（2003年）提出了一种混合智能算法，用于解决有能力约束的随机需求选址分配问题。Zhou（2007年）针对有能力限制的模糊需求选址分配问题，构建了三种模糊规划模型，包括模糊预期成本最小化模型、模糊α成本最小化模型（fuzzy α-cost minimization）以及可信度最大化模型，并采用多种混合智能算法进行求解。Wen（2008年）对客户需求不确定的选址分配问题展开了研究，构建了一个基于赫维茨准则（Hurwicz criterion）的规划模型，并提出了一种结合单纯形法、模糊模拟（fuzzy simulation）和遗传算法的混合智能算法。类似地，Mousavi（2013年）假定客户需求是模糊的，并且客户所在位置服从正态概率分布（normal probability distribution），文章提出了三类模糊规划模型，采用混合智能算法进行求解，该算法结合了单纯形法、模糊模拟和改进的遗传算法。王来军（2015年）研究了有能力限制且需求随机的货运站场选址分配问题，提出了一种两阶段优化方法：第一阶段为选址决策，第二阶段为分配决策；文章还提出了一种采用符号编码（symbolic coding）策略的遗传算法。Manzini（2008年）构建了混合整数规划模型来解决动态多阶段多商品流的选址分配问题。肖庆（2016年）分析了一种存在三重属性节点的物流网络，即某些节点同时具有供应、需求、中转的功能，还假定任意两节点间的单位运费与其线路上的运输量相关。文章建立了数学优化模型并设计了一种结合串行编码和矩阵编码的两层遗传算法。Sher（2008年）提出了针对警方巡逻车部署的选址分配模型，以警车道路覆盖面积最大化为优化目标。Gupta（2017年）针对乡村公共服务中心（common service center）的选址分配问题，提出了先通过模糊C均值聚类算法（fuzzy C-means algorithm）寻找聚类中心，再用粒子群算法加以优化的方法。Li（2018年）针对应急物流中的选址分配问题构建了一个多目标规划模型，模型中需求、供给以及路况均视为未知参数，以汶川地震为背景进行实证研究。为解决报废汽车逆向物流中的选址分配问题，Xiao（2019年）构建了一个四层逆向物流网络（four-tier reverse logistics network），提出了一个混合整数线性规划模型并采用商业软件Lingo进行求解。Mousavi（2019年）研究了具有周期性的选址分配问题，文章提出了一个非线性混合整数规划模型，并采用改进的遗传算法求解模型。Mirzaei（2019年）研究了一类双层选址分配问题（bi-level location-allocation problem），将既有文献中的模型线性化并提出了四种精确算法。目前，学者们对有能力限制的选址分配问题研究较多，并且引入模糊/随机需求对问题加以泛化。大部分学者倾向于构建混合整数规划模型或模糊规划模型来解决选址分配问题，并且由于单一启发式算法的求解效果一般随着问题规模的扩大呈现下降的趋势，混合启发式算法被广泛应用于解决大规模选址分配问题。

二、编组站布局优化问题

对于编组站布局优化问题的研究可以追溯到20世纪50年代。Mansfield（1958年）最早提出了编组站选址模型，该模型以美国编组站的自动化改造为背景，旨在解决车流既定的情况下，选择在哪些地点建设自动化编组站能够最大程度地改善车流组织态势。然而当时美国编组站数量过多（一个大型铁路公司拥有的编组站可达200个之多），列车几乎站站改编，显然已不适用于当前的生产运输实践。Assad（1980年）提出了编组站定位的一般性原则，但并未涉及改扩建（或新建）编组站数量和规模的定量优化方法。Maji（1997年）构建了以列车编发成本（固定成本）和货物运输成本（可变成本）最小化为目标函数的编组站选址模型，并利用Floyd算法和遗传算法加以求解。其中Floyd算法用来确定OD间的最短径路，遗传算法用来确定新建编组站的数量和位置。但模型假设编组站的建设成本和运营成本为定值，且不考虑编组站的解编能力限制，有待进一步完善。为了合理选择新建编组站的位置和规模，以及既有编组站的改扩建方案，林柏梁（2002年）提出了一个0-1整数规划模型，目标函数为最小化项目投资、车流改编费用和集结费用。Lee（2007年）建立了一个以总成本最小化为优化目标的整数规划模型，目标函数包括编组站的建设成本、铁路线的建设成本、车流集结成本、改编成本、改编时间成本、货物运输成本和货物运输时间成本等7项。此外，文章以韩国铁路网为背景，构建了包含25个支点的铁路网并进行案例研究。严贺祥（2007年）提出了考虑能力约束的典型单双向系统（单向三级三场，双向三级六场）的优选模型，并以徐州北编组站为背景进行案例研究。殷勇（2007年）构建了编组站布局双层规划模型并设计了混合遗传算法。黎浩东（2010年）构建了编组站布局和编组计划协同优化的0-1规划模型，以车流集结成本和改编成本最小化为优化目标，采用禁忌搜索算法求解模型。类似地，耿令乾（2011 年）构建了编组计划与编组站负荷联合优化模型，以车流组织成本最小化和编组站解编负荷状态最佳化为目标，并利用目标规划法（goal programming）将多目标规划转化为单目标规划。田亚明（2013 年）构建了编组站改编能力配置的非线性整数规划模型，设计了编组站解编能力和调车线能力扩充决策变量，并采用多种启发式算法进行求解。不难发现，上述大部分文献对编组站布局和车流组织问题进行协同优化，普遍使用遗传算法、禁忌搜索算法等启发式算法求解模型，部分代表性文献的对比分析见表 3-1。

除了采用数学和计算机辅助决策的手段解决编组站布局优化问题，部分学者还采用调查分析和技术经济比选的方法对该问题进行研究。其中调查分析是指研究者通过实地调研、网络调查等渠道搜集整理研究对象的数据资料并加以分析，针对存在的问题提出解决方案；技术经济比选是指对多个方案从技术、经济、社会等方面进行评价，选出技术上先进可靠、经济上合理可行的方案。马玉珍（1998 年）根据苏家屯编组站的车流性质和作业量，确定其下行系统的改造方案。谢玲（2005 年）分析了柳州南编组站及相邻编组站的分工及工作负荷，对集中设置和分散设置、三级三场和二级三场等方案进行技术经济比选。吴家豪（2005年）为解决全路编组站布局方案编制缺乏评价指标的问题，拟定了六项布局方案评价指标，并提出了 2020 年全路编组站布局调整方案设想。田亚明（2011 年）运用复杂网络理论对编组站的度、介数、脆弱性等网络指标进行了分析。

三、既有相关研究总结

通过对国内外既有相关文献的分析和总结，可知目前针对单阶段编组站布局优化问题的研究方法主要包括调查分析法、技术经济比选法和现代数学的方法。调查分析法主要针对单个编组站存在的问题，提出相应的解决方案，客观性不足；技术经济比选法是对单个编组站的多个改扩建（或新建）方案从技术、经济等方面进行综合评价，选择技术先进可靠、经济合理可行的方案，其中初始方案的优劣直接影响最终决策，具有一定的局限性。无论是调查分析法还是技术经济比选法都局限于对单个编组站的布局进行优化，也即"就点论点"，没有从路网的角度出发，对车流组织态势的改善效果有限。而在采用运筹学和最优化理论等方法优化编组站布局的研究中，或建模假设不符合当前铁路的生产实际，或没有考虑建设资金约束，亦或没有考虑车流改编对编组站能力（尤其是调车线数量）的要求，有待进一步改进和完善。此外，绝大部分既有文献中的模型属于非线性模型，且普遍采用启发式算法进行求解，很难求得全局最优解。由于编组站建设资金动辄数十亿元，不合理的布局决策将造成巨大的资源浪费，因此有必要对模型进行线性化改造以求得全局最优解。

表 3-1 针对铁路网编组站布局优化问题的代表性文献

	文献	Maji（1997 年）	林柏梁（2002 年）	Lee（2007 年）	殷勇（2007 年）	黎浩东（2010 年）	田亚明（2013 年）
假设	OD 矩阵	已知	已知	已知	已知	已知	已知
	物理路网	已知	已知	未知	已知	已知	已知
决策变量	编组站投资变量	√	√	√	√	√	√
	铁路线投资变量	×	×	√	×	×	×
	编组去向变量	×	√	×	×	√	√
约束条件	车流改编变量	×	√	×	√	√	√
	资金约束	×	√	×	√	×	√
	解体能力约束	×	×	×	√	×	√
	调车线数量约束	×	×	×	×	×	√
	编组去向数量约束	×	×	×	√	√	×
	铁路线能力约束	×	×	√	×	×	×
	模型结构	ILP	Bi-level	INLP	Bi-level	INLP	INLP
	目标函数	列车编发成本和货物运输成本最小化	编组站建设投资和车流组织成本最小化	编组站和铁路线的建设成本、货物运输成本、货物运输时间成本、车流改编时间成本、车流改编成本之和最小化	编组站建设成本、车流组织成本、区段管内车流组织成本之和最小化	车流集结成本和改编成本最小化	编组站建设成本和车流组织成本最小化
	求解方法	弗洛伊德算法和遗传算法	—	—	混合遗传算法	禁忌搜索算法	禁忌算法、蚁群算法、粒子群算法
	算例规模	16 个车站，14 股车流	—	25 个车站	—	8 个车站，16 股车流	38 个车站，1406 股车流

注：ILP 为整数线性规划（integer linear programming）；Bi-level 为双层规划（bi-level programming）；INLP 为整数非线性规划（integer non-linear programming）。

第二节 问题描述

一、问题概述

单阶段编组站布局优化问题是指在有限的建设资金下，以整个规划期为一个阶段，从备选站集合中选择一定数量的车站进行改扩建（或新建）并确定其建设规模，使规划期内的编组站建设成本和铁路网车流组织成本之和最小化，在整个规划期中最多对每个备选站进行一次投资建设。事实上，在我国的铁路工程实践中，编组站一般根据车站作业量和车流性质选择站型（表 3-2）。

我国铁路工程实践中的站型选择参考　　　　　　　　　　　　　表 3-2

解编作业量（车/d）	编组站推荐站型	适用特点
2300～2700	单向横列式一级二场（小能力驼峰）	衔接单线铁路或行车量不大的双线铁路
3200～4700	单向横列式一级三场（中、小能力驼峰）	顺、反驼峰方向解编车流较均衡
4500～5200	单向混合式（中能力驼峰）	以顺驼峰方向解编车流为主，占总解车流的 60%～70%
6500～8000	单向混合式或纵列式（大、中能力驼峰）	以顺驼峰方向解编车流为主
6800～12700	宜采用双向系统，主要方向调车系统采用混合式或纵列式（大、中能力驼峰）；次要方向调车系统可采用横列式（中、小能力驼峰）	次要调车系统解编车数不超过 2500 车/d，折角车流不超过 15%
9000～10400	宜采用双向系统，两个调车系统均采用混合式（中能力驼峰）	两个调车系统解编车数均在 4500 车/d 以上，折角车流不超过 15%
12000 以上	根据两个调车系统担任的解编作业量，可采用相同或不同的布置型式，如均采用纵列式	两个调车系统解编量均巨大

资料来源：《现代铁路站场规划设计——编组站篇》

二、问题示例

为了更好地阐释单阶段编组站布局优化问题，本节构建一个包含 6 个车站、6 个区段和 15 个弧段的简单铁路网，具体如图 3-1 所示。

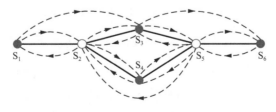

图 3-1　简单铁路网

在图 3-1 中，直达去向由有向细虚线表示，其中细虚线连接列车的始发站和终到站，箭头表示列车开行方向。由于本文假设相邻站之间必有运输需求，故相邻站之间均开行直达列车。此外，实心圆表示无改扩建需求的既有编组站，空心圆表示有改扩建需求的编组站。S_1、S_2、S_3、S_4、S_5、S_6目前均为一级三场编组站。

不妨假定图 3-1 中的服务网络为当前编组站布局下的最优网络。如果 S_1 至 S_6 的车流选择直达去向 $S_1 \rightarrow S_3$ 和 $S_3 \rightarrow S_6$，那么该股车流在始发站 S_1 会和部分存在共同径路的车流合并（例如 S_1 到 S_3 的车流）。当集结的货车数达到编成辆数后，S_1 将会编发 $S_1 \rightarrow S_3$ 的技术直达列车。到达 S_3 后该列车会过峰解体，货车在调车场按去向集结。S_1 至 S_6 的车流将被编入 $S_3 \rightarrow S_6$ 的列车并运抵终到站 S_6。在整个运输过程中，该股车流在编组站 S_1 和 S_3 会产生集结成本，在 S_3 会产生改编成本，在区段 S_1-S_2、S_2-S_3、S_3-S_5 和 S_5-S_6 会产生走行成本。

需要注意的是，车流集结成本与货车集结参数和列车编成辆数有关，而与车流量无关。例如，某编组去向日均车流量为 200 车，编成辆数为 50 车，那么该去向日均编发 4 列货运列车，也即每 6h（24/4）编发一列，每辆货车的平均集结时间为 3h，总集结成本为 600（200×3）车小时，集结参数为 12h（600/50）；若该编组去向日均车流量降至 150 车，编成辆数仍为 50 车，那么该去向每天平均编发 3 列货运列车，即每 8h 编发一列，货车的平均集结时间为 4h，总集结成本仍为 600（150×4）车小时，集结参数保持 12 不变。

由于自动化水平和站型的差异，不同编组站的单位改编成本不尽相同。在铁路生产实践中，部分编组站在改扩建后能够承担更多的车流改编任务，而新建编组站能够为车流的改编作业提供新选择。在这种情况下，部分原本在高单位改编成本的编组站改编的车流将转向改扩建后低单位改编成本的编组站或新建编组站，最优车流改编链也将随着编组站布局的调整而发生改变。由于每一种编组站布局方案都对应着一个车流改编链问题，为简明地阐释单阶段编组站布局优化问题，不妨假定所有布局方案对应的最优车流改编链已知，也即最优列车服务网络已知。事实上，编组站的改编能力和调车线数量作为决定编组站能力的关键因素，在构建列车服务网络、确定车流改编链的过程中将其纳入考虑范围。

S_2 和 S_5 作为有改扩建需求的备选站，假设均有两种方案可供选择：保持当前规模或改扩建为二级四场编组站。显然共有 4 种组合投资方案，分别为：均不改扩建、仅改扩建 S_2、仅改扩建 S_5、均改扩建。上述 4 种组合投资方案对应的编组站布局及最优服务网络如图 3-2 所示。

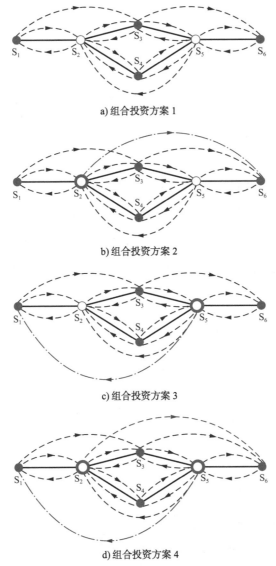

a) 组合投资方案 1

b) 组合投资方案 2

c) 组合投资方案 3

d) 组合投资方案 4

图 3-2 各组合投资方案对应的最优服务网络

组合投资方案 1：没有编组站进行改扩建。此方案的编组站建设投资最少（等于零），但是车流组织成本最高。非相邻站之间只有 3 个直达去向，分别为 $S_1 \to S_3$，$S_3 \to S_6$ 和 $S_5 \to S_2$。

组合投资方案 2：S_2 改扩建为二级四场编组站。由于 S_2 解编能力的提升、调车线数量的增加以及单位改编成本的降低，S_2 能够吸引更多的车流到本站改编，并编发更多去向的列车。此方案中，非相邻站间的直达去向数增长到 4 个，分别为 $S_1 \to S_3$，$S_2 \to S_6$，$S_3 \to S_6$ 和 $S_5 \to S_2$，其中 $S_2 \to S_6$ 为新增直达去向。

组合投资方案 3：S_5 改扩建为二级四场编组站。类似地，S_5 的解编能力和调车线数量增加，单位改编成本降低。该方案中非相邻站间的直达去向包括 $S_1 \to S_3$，$S_3 \to S_6$，$S_5 \to S_2$ 和

$S_5 \to S_1$,其中 $S_5 \to S_1$ 为新增直达去向。

组合投资方案 4:S_2 和 S_5 均改扩建为二级四场编组站。该方案对应的服务网络包含 5 个直达去向,分别为 $S_1 \to S_3$、$S_2 \to S_6$、$S_3 \to S_6$、$S_5 \to S_2$ 和 $S_5 \to S_1$,其中 $S_2 \to S_6$ 和 $S_5 \to S_1$ 为新增直达去向。尽管该方案的建设成本最高,但 6 个编组站的平均单位改编成本最低。

三、问题复杂度分析

编组站的组合投资方案数随着备选站数量的增加呈指数增长。对于一个包含 10 个备选站的铁路网而言,如果每个备选站有 3 种改扩建(或新建)方案,则总的组合投资方案数将高达 59049 个。此外,每一个组合投资方案对应着一个车流改编链问题,该问题同样具有组合爆炸的特征。因此,单阶段编组站布局优化问题具有极高的复杂度。

第三节 数学优化模型

本节构建了单阶段编组站布局优化模型。首先,对模型的基本假设进行说明。其次,介绍了模型中各数学符号的含义。再次,对模型的优化目标和约束条件进行剖析。最后,为便于模型的求解,采用线性化技术将模型线性化,构造了单阶段编组站布局双层规划模型。

一、模型基本假设

(1)规划期内的铁路货运量保持稳定

根据 2016 年修编的《中长期铁路网规划》,到 2020 年,铁路网规模将达到 15 万 km,其中高速铁路 3 万 km;到 2025 年,铁路网规模将达到 17.5 万 km,其中高速铁路 3.8 万 km 左右。随着路网规模的扩大和完善,铁路运能紧张的局面将得到进一步缓解;随着高铁逐步成网,部分铁路客流将从既有线转移至高速铁路,既有线得以释放出部分货运能力;随着运输结构的调整,部分货流将从公路转移至铁路。由于铁路货运量受众多因素的影响,而运量预测需要大量的数据和理论的支撑,因此本节假定规划期内的铁路货运量已知,并且在整个规划期内保持稳定。

(2)相邻技术站之间必开行直通列车

由于在车流归并后,相邻技术站之间常常存在技术车流,不妨假设相邻站之间必开行直通列车。该假设在一定程度上简化了车流改编链问题,避免了确定哪些相邻站之间需要开行直通列车。

（3）备选站不能弱化或移除

备选站不能弱化或移除表示备选站只能保持现有规模或者改扩建（或新建）成规模更大的编组站。在实际作业中，三级三场编组站一般只能改扩建为三级六场等大型编组站，而很少拆解为一级三场编组站或直接关闭。不考虑备选站的弱化与移除在一定程度上降低了问题的复杂度，减少了备选站的可选方案数，从而缩减了组合方案的数量。

（4）编组站的解体能力与编组能力相等

编组站改编能力由驼峰解体能力与尾部编组能力组成，其中解体能力是指在既有技术设备、作业组织方法及调车机车台数条件下，一昼夜能够解体的货物列车数或辆数；编组能力是指在既有技术设备、作业组织方法及调车机车台数条件下，一昼夜能够编组的货物列车数或辆数。一般而言，编组站的改编能力按解体能力和编组能力二者中较小者的两倍计算。为简化分析，不妨假设编组站的解体能力等于编组能力。

（5）单股车流不可拆分及车流径路具有树形结构特征

在铁路生产实践中，为了简化车流组织，单股车流只能选择一条物理径路。此外，在服务网络中，单股车流也只能选择一条改编链。本文仍遵循这一车流组织原则。此外，由于始发站不同而终到站相同的若干股车流在某站合并后被视为一股车流，后续只能选择一条径路，因此铁路网车流径路呈现树形结构特征。本文在建模过程中也将体现这一特征。

二、符号说明

现将单阶段编组站布局优化模型中使用到的集合、参数以及变量分别定义如下：

（1）集合

V——铁路网中的技术站集合，包括有改扩建需求的编组站和新建需求的区段站，以及无改扩建需求的编组站；

$V^{Potential}$——铁路网中的备选站集合，包括有改扩建需求的编组站和新建需求的区段站，$V^{Potential} \subseteq V$；

$V^{Original}$——铁路网中的既有编组站集合，包括有改扩建需求的编组站和无改扩建需求的编组站，$V^{Original} \subseteq V$；

E——铁路网中的区段集合；

$P(k)$——备选站k可选的投资建设方案集合，不包括零投资方案；

$\rho(i,j)$——站i发出的终到站j的车流在途中可能进行改编作业的编组站集合，不包括站i和站j；

$R(i, j)$——站i到站j的直达列车备选径路集。

（2）参数

I_k^p——备选站k选择方案p时所需要的建设资金（元）；

T_k^p——备选站k按照方案p建设后的服务年限，站k的期末残值为零（年）；

B——建设资金预算（元）；

γ——投资折现率（%）；

λ——资金回收系数（%）；

α——车小时成本转化系数（元/车小时）；

μ——车公里成本转化系数（元/车公里）；

c_i——编组站i的货车集结参数（h）；

m_{ij}——站i至站j的列车编成辆数（车）；

N_{ij}——以站i为始发站、站j为终到站的日均车流量（车）；

τ_k——改扩建（或新建）之前，站k的单位改编成本（h）；

τ_k^p——站k按照方案p建设后的单位改编成本（h）；

C_k^{Total}——改扩建（或新建）之前，站k的总解体能力（车）；

C_k^{Local}——改扩建（或新建）之前，站k为本地车流预留的解体能力（车）；

ΔC_k^p——站k按照方案p建设后增加的解体能力（车）；

S_i^{Total}——改扩建（或新建）之前，站i的总调车线数（条）；

S_i^{Local}——改扩建（或新建）之前，站i为终到本站的车流预留的调车线数（车）；

ΔS_i^p——站i按照方案p建设后增加的调车线数（条）；

L_{ij}^l——站i至站j的第l条径路的物理里程（km）；

a_{ij}^{nl}——区段-径路关联参数，若站i至站j的第l条径路包含区段n则取1，否则取0；

C_n^{Link}——区段n的通过能力（车）；

C_n^{Occupied}——旅客列车、快运班列和摘挂列车等占用的区段n的通过能力（车）；

θ_k——站k的可用解体能力系数，由于技术站每天的作业负荷存在波动，为避免高峰时段作业量过饱和，应对解体能力设置一定富余量；

β_n——区段n的可用通过能力系数。

（3）变量

y_k^p——布尔型决策变量，如果站k选择方案p则取值为1，否则为0；

x_{ij}——布尔型决策变量，若提供$i \rightarrow j$的直达去向则取值为1，否则为0；

x_{ij}^k——布尔型决策变量，若站i发出的终到站j的车流以站k为第一前方改编站，则取值为1，否则为0；

ζ_{ij}^l——布尔型决策变量，若站i至站j的列车选择第l条径路则取值为1，否则为0；

δ_{ij}^l——连续型中间变量，表示站i至站j的第l条径路的车流强度（车）；

f_{ij}——连续型中间变量，表示站i发出的终到站j的车流量，其中包括以站i为始发站的车流，以及由站i后方车站发出且以站i为第一前方改编站的车流（车）；

f'_{ij}——连续型中间变量，表示站i发出的直达站j且以站j为终到站的车流量（车）；

f_{ij}^k——连续型中间变量，表示站i发出的以站k为第一前方改编站，且以站j为终到站的车流量（车）；

D_{ij}——连续型中间变量，表示编组去向$i \to j$的车流强度（车）；

F_k——连续型中间变量，表示站k的日均解体作业量（车）。

三、优化目标与约束条件分析

由于本节拟构建单阶段编组站布局双层规划模型，故首先对上、下层规划的目标函数与约束条件分别进行分析。

（1）上层规划的优化目标与约束条件分析

在单阶段编组站布局优化问题中，方案的比选不仅需要考虑各方案的建设成本，还需要考虑编组站布局调整后铁路网车流组织态势的改善程度。故以规划期内编组站的年化建设成本，以及年度车流组织成本之和最小作为上层规划的优化目标。此目标函数的数学表达式为：

$$\min \sum_{k \in V^{\text{Potential}}} \sum_{p \in P(k)} \frac{\gamma(1+\gamma)^{T_k^p}}{(1+\gamma)^{T_k^p}-1} I_k^p y_k^p + 365 \times Z(X) \qquad (3\text{-}1)$$

式(3-1)中的第一项为引入资金回收系数后的年化投资。资金回收系数是指在预定的回收期内，按复利计息的条件下，每年回收额相当于投资额的比率，实质上是一笔投资现值转化成预定期限中每年年金现值的换算系数。资金回收系数在本文中的具体表达式为：

$$\lambda = \frac{\gamma(1+\gamma)^{T_k^p}}{(1+\gamma)^{T_k^p}-1} \quad \forall k \in V^{\text{Potential}}, p \in P(k) \qquad (3\text{-}2)$$

目标函数(3-1)中的第二项为规划期内的年度车流组织成本，其中$Z(X)$为日均车流组织成本，包括车流集结成本、改编成本以及走行成本。

对于备选站k，其可选投资方案集合为$P(k)$。例如，对于一个区段站，可以将其建设为一级三场、二级四场、三级三场乃至三级六场编组站；而对于一个三级三场编组站，其可选的建设方案只能是规模更大的三级六场编组站（只考虑4种典型站型）。在单阶段编组站布局优化问题中，备选站最多从$P(k)$中选择一种建设方案，故有编组站站型选择不相容约束如下：

$$\sum_{p\in P(k)} y_k^p \leqslant 1 \quad \forall k \in \boldsymbol{V}^{\text{Potential}} \tag{3-3}$$

事实上，不进行建设也可看作是特殊的投资方案，可记为方案"0"，其对应的投资为$I_k^0=0$，决策变量用y_k^0表示。因此，式（3-3）中的不等式约束可以转化为更为紧致的等式约束：

$$y_k^0 + \sum_{p\in P(k)} y_k^p = 1 \quad \forall k \in \boldsymbol{V}^{\text{Potential}} \tag{3-4}$$

若定义$|\boldsymbol{P}(k)|$为集合$\boldsymbol{P}(k)$的元素个数，则对于备选站k而言，其所有投资决策变量可用一个向量来表示：$Y_k=\left(y_k^0,y_k^1,\cdots,y_k^{|\boldsymbol{P}(k)|}\right)$。类似地，若定义$|\boldsymbol{V}^{\text{Potential}}|$为备选站的个数，则对于所有备选站而言，其所有投资决策变量同样可以用一个向量来表示：$Y=(Y_1,Y_2,\cdots,Y_k,\cdots,Y_{|\boldsymbol{V}^{\text{Potential}}|})$。此外，编组站建设动辄数十亿元，特别是当有多个备选站有改扩建（或新建）需求时，往往不能够兼顾所有备选站。因此，需要考虑规划期内的建设资金约束，具体形如：

$$\sum_{k\in \boldsymbol{V}^{\text{Potential}}} \sum_{p\in \boldsymbol{P}(k)} I_k^p y_k^p \leqslant B \tag{3-5}$$

显然，若不考虑车流组织成本，则不进行任何投资是上层规划的最优方案，即$y_k^0=1$，$I_k^0=0(\forall k \in \boldsymbol{V}^{\text{Potential}})$。在铁路运输的早期确实没有建设编组站，随着车流量和改编需求的增加，编组站在数量和规模上逐步提升，并在车流组织中扮演至关重要的角色。事实上，受制于编组站的能力，部分根据理论最优改编链应该在某站改编的车流不得不转向其他单位改编成本更高的编组站，导致全路车流组织成本增加。因此在考虑车流组织成本后，不进行投资建设往往并非最优方案。

（2）下层规划的优化目标与约束条件分析

下层规划以铁路网日均车流组织成本最小为优化目标，包括车流的集结成本、改编成本和走行成本。目标函数表达式为：

$$\begin{aligned}\min &\sum_{i\neq j\in \boldsymbol{V}^{\text{Original}}\cup \boldsymbol{V}^{\text{Potential}}} \alpha c_i m_{ij} x_{ij} + \sum_{k\in \boldsymbol{V}^{\text{Original}}\backslash(\boldsymbol{V}^{\text{Potential}}\cap \boldsymbol{V}^{\text{Original}})} \alpha F_k \tau_k + \\ &\sum_{k\in \boldsymbol{V}^{\text{Potential}}} \alpha F_k\left(\sum_{p\in \boldsymbol{P}(k)} \tau_k^p y_k^p + \tau_k y_k^0\right) + \sum_{i\neq j\in \boldsymbol{V}^{\text{Original}}\cup \boldsymbol{V}^{\text{Potential}}} \sum_{l\in \boldsymbol{R}(i,j)} \mu L_{ij}^l \delta_{ij}^l\end{aligned} \tag{3-6}$$

式(3-6)的第一项为车流集结成本，第二项为没有改扩建需求的既有编组站的车流改编成本，第三项为有改扩建（或新建）需求的技术站的车流改编成本，第四项为车流的走行成本。其中F_k为站k的解体作业量，根据第二章的线性化内容可知，其表达式如下：

$$F_k = \sum_{i \neq j \in V^{\text{Original}} \cup V^{\text{Potential}}} f_{ij}^k \quad \forall k \in V^{\text{Original}} \cup V^{\text{Potential}} \tag{3-7}$$

事实上，站i发出的终到站j的车流由两部分构成，一部分是从站i始发且终到站j的原始车流；另一部分是由站i后方站s发出，终到站j且以站i为第一前方改编站的车流。具体形如：

$$f_{ij}' + \sum_{k \in \rho(i,j)} f_{ij}^k = N_{ij} + \sum_{s \in V^{\text{Original}} \cup V^{\text{Potential}}} f_{sj}^i \quad \forall i,j \in V^{\text{Original}} \cup V^{\text{Potential}}, i \neq j \tag{3-8}$$

与第二章类似，当f_{ij}'取值为正时，站i必须提供$i \to j$的直达去向，即$x_{ij} = 1$；当f_{ij}^k取值为正时，站i至站j的车流必以站k为第一前方改编站，即$x_{ij}^k = 1$。因此需要添加变量间的逻辑约束如下：

$$f_{ij}' \leqslant Mx_{ij} \quad \forall i,j \in V^{\text{Original}} \cup V^{\text{Potential}}, i \neq j \tag{3-9}$$

$$f_{ij}^k \leqslant Mx_{ij}^k \quad \forall i,j \in V^{\text{Original}} \cup V^{\text{Potential}}, i \neq j, k \in \rho(i,j) \tag{3-10}$$

由于站i至站j的车流或选择直达去向$i \to j$运抵目的地，或在途中某站进行改编，因此需要添加约束条件如下：

$$x_{ij} + \sum_{k \in \rho(i,j)} x_{ij}^k = 1 \quad \forall i,j \in V^{\text{Original}} \cup V^{\text{Potential}}, i \neq j \tag{3-11}$$

若站i发出的车流以站k为第一前方改编站，则要求$i \to k$的直达去向必然存在，故可添加决策变量之间的另一组逻辑约束如下：

$$x_{ij}^k \leqslant x_{ik} \quad \forall i,j \in V^{\text{Original}} \cup V^{\text{Potential}}, i \neq j, k \in \rho(i,j) \tag{3-12}$$

此外，还需要考虑编组去向与该去向直达列车走行径路之间的关系。某编组去向存在时必然要为该去向的直达列车选择一条走行径路。故可引入决策变量之间的逻辑约束如下：

$$\sum_{l \in R(i,j)} \zeta_{ij}^l = x_{ij} \quad \forall i,j \in V^{\text{Original}} \cup V^{\text{Potential}}, i \neq j \tag{3-13}$$

任意区段上的车流量不应超过该区段的可用通过能力，该约束的线性表达式如下：

$$\sum_{i \neq j \in V^{\text{Original}} \cup V^{\text{Potential}}} \sum_{l \in R(i,j)} \delta_{ij}^l a_{ij}^{nl} \leqslant \beta_n C_n^{\text{Link}} - C_n^{\text{Occupied}} \quad \forall n \in E \tag{3-14}$$

由于站i至站j的第l条径路的车流强度δ_{ij}^l取决于车流强度D_{ij}以及布尔型决策变量ζ_{ij}^l，故需引入另一组变量间的逻辑约束：

$$D_{ij} - (1-\zeta_{ij}^l)M \leqslant \delta_{ij}^l \leqslant D_{ij} + (1-\zeta_{ij}^l)M$$
$$\forall i \neq j \in V^{\text{Original}} \cup V^{\text{Potential}}, l \in R(i,j) \tag{3-15}$$

$$-\zeta_{ij}^l M \leqslant \delta_{ij}^l \leqslant \zeta_{ij}^l M \quad \forall i \neq j \in V^{\text{Original}} \cup V^{\text{Potential}}, l \in R(i,j) \quad (3\text{-}16)$$

其中车流强度 D_{ij} 的线性表达式如下：

$$D_{ij} = f'_{ij} + \sum_{t \in V^{\text{Original}} \cup V^{\text{Potential}}} f_{it}^j \quad \forall i, j \in V^{\text{Original}} \cup V^{\text{Potential}}, i \neq j \quad (3\text{-}17)$$

由式(3-17)可知，车流强度 D_{ij} 包括两部分：由站 i 发出的直达站 j 且以站 j 为终到站的车流量；站 i 发出的直达站 j，且以站 j 的前方站 t 为终到站的车流量。无改扩建需求的编组站的解体能力是有限的，其作业负荷不能超过其解体能力，故可建立约束条件如下：

$$F_k \leqslant \theta_k C_k^{\text{Total}} - C_k^{\text{Local}} \quad \forall k \in V^{\text{Original}} \setminus (V^{\text{Original}} \cap V^{\text{Potential}}) \quad (3\text{-}18)$$

式(3-18)表示编组站 k 的作业负荷不能大于该站的剩余解体能力，剩余解体能力是指该站的可用能力 $\theta_k C_k^{\text{Total}}$ 扣除预留给本地车流的解体能力 C_k^{Local} 后的剩余能力。同样地，备选站的作业负荷不能超过其改扩建（或新建）后的剩余解体能力，可建立约束条件如下：

$$F_k \leqslant \theta_k \left(C_k^{\text{Total}} + \sum_{p \in P(k)} y_k^p \Delta C_k^p \right) - C_k^{\text{Local}} \quad \forall k \in V^{\text{Potential}} \quad (3\text{-}19)$$

式(3-19)中，ΔC_k^p 为备选站 k 按照方案 p 建设后该站增加的解体能力。除了解体能力，调车线数量也是决定编组站作业能力（编组去向数）的另一关键因素。对于无改扩建需求的既有编组站，车流集结占用的调车线数量不能超过调车场的可用调车线数量，因此可建立如下约束条件：

$$\sum_{j \in V^{\text{Original}} \cup V^{\text{Potential}}} \varphi(D_{ij}) \leqslant S_i^{\text{Total}} - S_i^{\text{Local}} \quad \forall i \in V^{\text{Original}} \setminus (V^{\text{Original}} \cap V^{\text{Potential}}) \quad (3\text{-}20)$$

式(3-20)中，S_i^{Total} 为站 i 的总调车线数，S_i^{Local} 为该站预留给终到本站的车流的调车线数量。$\varphi(D_{ij})$ 为编组去向 $i \to j$ 吸引的车流所占用的调车线数量，与该去向的车流强度 D_{ij} 有关，计算公式如下：

$$\varphi(D_{ij}) = \lceil D_{ij}/d \rceil \quad \forall i, j \in V^{\text{Original}} \cup V^{\text{Potential}}, i \neq j \quad (3\text{-}21)$$

其中 d 表示一条调车线最多能容纳的货车辆数，根据《铁路工程设计技术手册——站场及枢纽》，d 的取值为 200 车/条。式(3-21)中的 $\lceil \cdot \rceil$ 表示对 D_{ij}/d 向上取整。例如，若车流强度 $D_{ij} = 300$，则该编组去向占用的调车线数量为 2 条。事实上，一条调车线只能同时停留一个编组去向的货车，即使该调车线上集结的货车没有达到 200 车，也不能将其他编组去向的货车移入该调车线。因此约束条件(3-21)是能准确反映实际作业情况的。

此外，对于有改扩建（或新建）需求的备选站，车流集结所占用的调车线数量不能超过建设后的可用调车线数量，因此可建立如下约束条件：

$$\sum_{j \in V^{\text{Original}} \cup V^{\text{Potential}}} \varphi(D_{ij}) \leqslant S_i^{\text{Total}} + \sum_{p \in P(i)} y_i^p \Delta S_i^p - S_i^{\text{Local}} \quad \forall i \in V^{\text{Potential}} \tag{3-22}$$

其中ΔS_i^p表示站i按照方案p建设后增加的调车线数量。

四、模型的线性化

根据以上对模型目标函数和约束条件的分析，不难发现F_k、f_{ij}和D_{ij}均有线性表达式，下层规划中仅$\varphi(D_{ij})$为非线性项，其展开形式如下：

$$\varphi(D_{ij}) = \begin{cases} 1 & 0 < D_{ij} \leqslant d \\ 2 & d < D_{ij} \leqslant 2d \\ \vdots & \vdots \\ n & (n-1)d < D_{ij} \leqslant nd \end{cases} \quad \forall i, j \in V^{\text{Original}} \cup V^{\text{Potential}}, i \neq j \tag{3-23}$$

引入辅助决策变量z_{ij}，用以表示编组去向$i \to j$的车流所占用的调车线数量，故式(3-23)可线性化为：

$$d(z_{ij} - 1) < D_{ij} \leqslant d z_{ij} \quad \forall i, j \in V^{\text{Original}} \cup V^{\text{Potential}}, i \neq j \tag{3-24}$$

因此，式(3-20)和式(3-22)可分别线性化为：

$$\sum_{j \in V^{\text{Original}} \cup V^{\text{Potential}}} z_{ij} \leqslant S_i^{\text{Total}} - S_i^{\text{Local}} \quad \forall i \in V^{\text{Original}} \setminus (V^{\text{Original}} \cap V^{\text{Potential}}) \tag{3-25}$$

$$\sum_{j \in V^{\text{Original}} \cup V^{\text{Potential}}} z_{ij} \leqslant S_i^{\text{Total}} + \sum_{p \in P(i)} y_i^p \Delta S_i^p - S_i^{\text{Local}} \quad \forall i \in V^{\text{Potential}} \tag{3-26}$$

采用线性化技术将非线性项线性化后，可构建双层规划模型如下：

（MODEL 3-1）

上层规划：

$$\min \sum_{k \in V^{\text{Potential}}} \sum_{p \in P(k)} \frac{\gamma(1+\gamma)^{T_k^p}}{(1+\gamma)^{T_k^p} - 1} I_k^p y_k^p + 365 \times Z(X) \tag{3-27}$$

$$\text{s.t.}$$

$$y_k^0 + \sum_{p \in P(k)} y_k^p = 1 \quad \forall k \in V^{\text{Potential}} \tag{3-28}$$

$$\sum_{k \in V^{\text{Potential}}} \sum_{p \in P(k)} I_k^p y_k^p \leqslant B \tag{3-29}$$

$$y_k^0, y_k^p \in \{1, 0\} \quad \forall k \in V^{\text{Potential}}, p \in P(k) \tag{3-30}$$

下层规划：

$$\min \sum_{i \neq j \in V^{\text{Original}} \cup V^{\text{Potential}}} \alpha c_i m_{ij} x_{ij} + \sum_{k \in V^{\text{Original}} \setminus (V^{\text{Potential}} \cap V^{\text{Original}})} \alpha F_k \tau_k +$$

$$\sum_{k \in V^{\text{Potential}}} \alpha F_k \left(\sum_{p \in P(k)} \tau_k^p y_k^p + \tau_k y_k^0 \right) + \sum_{i \neq j \in V^{\text{Original}} \cup V^{\text{Potential}}} \sum_{l \in R(i,j)} \mu L_{ij}^l \delta_{ij}^l \quad (3\text{-}31)$$

s. t.

$$x_{ij} + \sum_{k \in \rho(i,j)} x_{ij}^k = 1 \quad \forall i,j \in V^{\text{Original}} \cup V^{\text{Potential}}, i \neq j \quad (3\text{-}32)$$

$$x_{ij}^k \leqslant x_{ik} \quad \forall i,j \in V^{\text{Original}} \cup V^{\text{Potential}}, i \neq j, k \in \rho(i,j) \quad (3\text{-}33)$$

$$\sum_{l \in R(i,j)} \zeta_{ij}^l = x_{ij} \quad \forall i,j \in V^{\text{Original}} \cup V^{\text{Potential}}, i \neq j \quad (3\text{-}34)$$

$$f'_{ij} + \sum_{k \in \rho(i,j)} f_{ij}^k = N_{ij} + \sum_{s \in V^{\text{Original}} \cup V^{\text{Potential}}} f_{sj}^i \quad \forall i,j \in V^{\text{Original}} \cup V^{\text{Potential}}, i \neq j \quad (3\text{-}35)$$

$$f'_{ij} \leqslant M x_{ij} \quad \forall i,j \in V^{\text{Original}} \cup V^{\text{Potential}}, i \neq j \quad (3\text{-}36)$$

$$f_{ij}^k \leqslant M x_{ij}^k \quad \forall i,j \in V^{\text{Original}} \cup V^{\text{Potential}}, i \neq j, k \in \rho(i,j) \quad (3\text{-}37)$$

$$F_k = \sum_{i \neq j \in V^{\text{Original}} \cup V^{\text{Potential}}} f_{ij}^k \quad \forall k \in V^{\text{Original}} \cup V^{\text{Potential}} \quad (3\text{-}38)$$

$$F_k \leqslant \theta_k C_k^{\text{Total}} - C_k^{\text{Local}} \quad \forall k \in V^{\text{Original}} \setminus (V^{\text{Original}} \cap V^{\text{Potential}}) \quad (3\text{-}39)$$

$$F_k \leqslant \theta_k \left(C_k^{\text{Total}} + \sum_{p \in P(k)} y_k^p \Delta C_k^p \right) - C_k^{\text{Local}} \quad \forall k \in V^{\text{Potential}} \quad (3\text{-}40)$$

$$D_{ij} = f'_{ij} + \sum_{t \in V^{\text{Original}} \cup V^{\text{Potential}}} f_{it}^j \quad \forall i,j \in V^{\text{Original}} \cup V^{\text{Potential}}, i \neq j \quad (3\text{-}41)$$

$$D_{ij} - (1-\zeta_{ij}^l)M \leqslant \delta_{ij}^l \leqslant D_{ij} + (1-\zeta_{ij}^l)M$$
$$\forall i \neq j \in V^{\text{Original}} \cup V^{\text{Potential}}, l \in R(i,j) \quad (3\text{-}42)$$

$$-\zeta_{ij}^l M \leqslant \delta_{ij}^l \leqslant \zeta_{ij}^l M \quad \forall i \neq j \in V^{\text{Original}} \cup V^{\text{Potential}}, l \in R(i,j) \quad (3\text{-}43)$$

$$\sum_{i \neq j \in V^{\text{Original}} \cup V^{\text{Potential}}} \sum_{l \in R(i,j)} \delta_{ij}^l a_{ij}^{nl} \leqslant \beta_n C_n^{\text{Link}} - C_n^{\text{Occupied}} \quad \forall n \in E \quad (3\text{-}44)$$

$$d(z_{ij}-1) < D_{ij} \leqslant d z_{ij} \quad \forall i,j \in V^{\text{Original}} \cup V^{\text{Potential}}, i \neq j \quad (3\text{-}45)$$

$$\sum_{j \in V^{\text{Original}} \cup V^{\text{Potential}}} z_{ij} \leqslant S_i^{\text{Total}} - S_i^{\text{Local}} \quad \forall i \in V^{\text{Original}} \setminus (V^{\text{Original}} \cap V^{\text{Potential}}) \quad (3\text{-}46)$$

$$\sum_{j \in V^{\text{Original}} \cup V^{\text{Potential}}} z_{ij} \leqslant S_i^{\text{Total}} + \sum_{p \in P(i)} y_i^p \Delta S_i^p - S_i^{\text{Local}} \quad \forall i \in V^{\text{Potential}} \quad (3\text{-}47)$$

$$f'_{ij} \geqslant 0 \quad \forall i,j \in V^{\text{Original}} \cup V^{\text{Potential}}, i \neq j \quad (3\text{-}48)$$

$$f_{ij}^k \geqslant 0 \quad \forall i,j \in V^{\text{Original}} \cup V^{\text{Potential}}, i \neq j, k \in \rho(i,j) \quad (3\text{-}49)$$

$$x_{ij}, x_{ij}^k, \zeta_{ij}^l \in \{1,0\} \quad \forall i,j \in V^{\text{Original}} \cup V^{\text{Potential}}, i \neq j, k \in \rho(i,j), l \in R(i,j) \tag{3-50}$$

$$z_{ij} \in \mathbb{N} \quad \forall i,j \in V^{\text{Original}} \cup V^{\text{Potential}}, i \neq j \tag{3-51}$$

第四节 算 例 分 析

一、基础数据准备

本节仍以第二章构建的小规模铁路网（图2-6）为背景进行算例分析。各站的主要参数（表2-3）、各站间的日均车流量（表2-4），以及各区段的物理里程和通过能力（表2-5）均保持不变。类似地，本节同样只考虑各站间直达列车的最短径路和次短径路，各股车流只能在出发站和终到站间的最短径路或次短径路上的编组站改编。根据第二章的改编负荷分布可知，Y_{05}、Y_{06}和Y_{09}有改扩建需求，不妨选取这3个站为备选站，分别利用Gurobi求解器和模拟退火算法求解模型MODEL 3-1，以期获取考虑资金约束和编组站能力约束的优化改扩建策略。假定这3个备选站均有两种投资建设方案可供选择：不改扩建或改扩建为二级四场编组站。这两种方案下3个备选站的主要参数（包括改扩建成本、规划期年限、集结参数、改扩建前后的单位改编成本、总解体能力、预留解体能力、改扩建后的解体能力增量、总调车线数、预留调车线数、改扩建后的调车线数增量）见表3-3。

两种改扩建方案下各备选站的主要参数　　表3-3

备选站	Y_{05}	Y_{06}	Y_{09}	备选站	Y_{05}	Y_{06}	Y_{09}
I_k^0（亿元）	0	0	0	C_k^{Local}（车）	1063.53	1382.46	1377.03
I_k^1（亿元）	5	5	4	ΔC_k^0（车）	0	0	0
T_k^0（年）	50	50	50	ΔC_k^1（车）	1000	1000	800
T_k^1（年）	50	50	50	S_k^{Total}（条）	10	10	15
c_k（h）	9	9	9.5	S_k^{Local}（条）	3	4	4
τ_k^0（h）	4.5	4.5	4.2	ΔS_k^0（条）	0	0	0
τ_k^1（h）	4	4	3.9	ΔS_k^1（条）	10	10	8
C_k^{Total}（车）	1500	1500	2000				

此外，假设规划期内的资金预算B为11亿元，各编组去向的列车编成辆数m_{ij}均为50车，车小时转化系数α为20元/车小时，车公里转化系数μ为7元/车公里，投资折现率γ为2%，M取值为100000。

二、优化结果分析

3个备选站均有两种投资建设方案,共有8种组合投资方案,对于各可行方案,Gurobi求解器平均经过242s的计算后获得最优车流改编方案。8种组合投资方案的总投资、年化投资、年度车流组织成本和年度总成本见表3-4。

8种组合方案的成本（单位：亿元） 表3-4

组合方案	Y_{05}	Y_{06}	Y_{09}	总投资	年化投资	年度车流组织成本	年度总成本
1	不改扩建	不改扩建	不改扩建	0	0	不可行	不可行
2	不改扩建	不改扩建	二级四场	4	0.12	不可行	不可行
3	不改扩建	二级四场	不改扩建	5	0.15	233.62	233.77
4	不改扩建	二级四场	二级四场	9	0.27	233.61	233.88
5	二级四场	不改扩建	不改扩建	5	0.15	不可行	不可行
6	二级四场	不改扩建	二级四场	9	0.27	不可行	不可行
7	二级四场	二级四场	不改扩建	10	0.30	233.59	233.89
8	二级四场	二级四场	二级四场	14	0.42	233.58	234.00

由表3-4可知,组合方案1的总投资最少,但该方案无法满足车流改编需求。类似地,组合方案2、5、6同样因为没有着力消除铁路网中的瓶颈制约,导致部分货运需求无法被满足;而组合方案8的车流组织成本虽然最低,但其建设投资达到了14亿元,超过了资金预算。因此,组合方案1、2、5、6、8均应舍弃。虽然组合方案7的车流组织成本是余下三种方案中最低的,但考虑年化投资后其年度总成本是三者中最高的,这说明改扩建编组站Y_{05}和Y_{06}对车流组织态势的改善效果并不明显,这可能源于算例中铁路网规模较小,OD流量较少,改扩建后编组站单位改编成本下降惠及的车流量有限。因此,组合方案3是最优方案,即Y_{06}改扩建为二级四场编组站是最佳投资方案,其年化投资为0.15亿元,年度车流组织成本为233.62亿元（其中车流集结成本为2.32亿元,改编成本为1.15亿元,走行成本为230.15亿元）,年度总成本为233.77亿元（年化投资与年度车流组织成本之和）。

事实上,在铁路生产实践中存在编组站超负荷作业的情况,这时需要考虑超负荷作业带来的设备磨损加速和作业效率降低。对某个编组站而言,不妨假设超出其可用解体能力的单位惩罚成本为原单位改编成本的2倍（例如,对于编组站Y_{05}而言,改扩建前其原单位改编成本为4.5h,当其能力利用率超过85%的阈值时,单位惩罚成本为9h）。类似地,当车流占用的股道数超过既有股道数时,需要对超出的股道数施以惩罚成本,不妨设该单位惩罚成本为0.5万元/(条·天)。为计算不进行改扩建时的年度车流组织成本,一种简单的处理方式是先放开编组站的能力限制，得到理想条件下的最优改编方案及车流组织成本，再根据最优改编方案中各编组站的超负荷作业情况计算惩罚成本。根据上述思路，由第二章可知：在不考虑编组站的能力限制时，最优改编方案的日均车流组织成本为 6400.71 万元，其年度车流组织成本为 233.63 亿元。需要注意的是，该方案中编组站 Y_{05} 和 Y_{06} 的解体能力利用率分别为 103.75% 和 104.89%，并且调车线利用率均达到了 120%；编组站 Y_{09} 的能力利用率达到了 94.01%。不难得出该方案的日均惩罚成本为 15.46 万元，年度惩罚成本为 0.56 亿元。由于不进行改扩建时编组站的建设投资为零，故组合方案 1 的年度总成本为 234.19 亿元。同理可以得出考虑惩罚成本后不可行组合方案 2、5、6 的年度总成本分别为 234.17 亿元（年度车流组织成本为 233.61 亿元，年化投资为 0.12 亿元，年度惩罚成本为 0.44 亿元）、234.08 亿元（年度车流组织成本为 233.61 亿元，年化投资为 0.15 亿元，年度惩罚成本为 0.32 亿元）、234.06 亿元（年度车流组织成本为 233.59 亿元，年化投资为 0.27 亿元，年度惩罚成本为 0.20 亿元）。易知考虑不可行方案的惩罚成本时，组合方案 3 仍然是最优方案。

诚然，更为准确的一种处理方式是引入编组站解体能力惩罚参数、股道数量惩罚参数、不可行流决策变量，完善数学模型后再利用 Gurobi 求解器进行精确求解。受篇幅所限，本文不对该方法进行深入讨论。

在组合方案 3 中，铁路网各站的日均作业负荷、解体能力利用率和调车线利用率等指标见表 3-5。

最优方案下各站的日均作业负荷及调车线利用情况 表 3-5

站名	本地负荷（车）	远程有调（车）	总负荷（车）	能力利用率（%）	本地股道（条）	远程股道（条）	总股道（条）	股道利用率（%）
Y_{01}	1282.97	0.00	1282.97	64.15	4	5	9	60.00
Y_{02}	1311.02	580.15	1891.17	42.03	4	8	12	34.29
Y_{03}	1058.02	139.43	1197.45	47.90	3	5	8	40.00
Y_{04}	1222.50	396.41	1618.91	80.95	3	7	10	66.67
Y_{05}	1063.53	200.85	1264.38	84.29	3	7	10	100.00
Y_{06}	1382.46	510.45	1892.91	75.72	4	8	12	60.00
Y_{07}	1213.02	0.00	1213.02	60.65	3	5	8	53.33
Y_{08}	1062.87	596.32	1659.19	66.37	3	10	13	65.00
Y_{09}	1377.03	303.93	1680.96	84.05	4	6	10	66.67
Y_{10}	1035.98	628.15	1664.13	66.57	3	9	12	60.00
Y_{11}	1264.59	134.88	1399.47	69.97	4	7	11	73.33

续上表

站名	本地负荷（车）	远程有调（车）	总负荷（车）	能力利用率（%）	本地股道（条）	远程股道（条）	总股道（条）	股道利用率（%）
Y_{12}	1300.13	0.00	1300.13	52.01	4	5	9	45.00
Y_{13}	1206.06	474.95	1681.01	48.03	3	9	12	40.00

由表 3-5 可知，将 Y_{06} 改扩建为二级四场编组站后，铁路网各编组站的作业负荷均未超过 85%。但是，Y_{05} 的股道利用率达到了 100%，若远期车流量增加，则可以考虑将 Y_{05} 进行改扩建。铁路网各区段的负荷见表 3-6，其中负荷排在前两位的区段为 Y_{08}-Y_{09} 和 Y_{02}-Y_{05}，分别达到日均 1999.78 车和 1999.63 车，能力利用率均达到 85%。而负荷最低的区段为 Y_{07}-Y_{11}，日均仅有 401.92 车，能力利用率为 67.24%。

各区段的日均负荷　　　　　　　　　　　表 3-6

编号	区段	负荷（车）	百分比	编号	区段	负荷（车）	百分比
1	Y_{01}-Y_{02}	1282.97	77.03	10	Y_{09}-Y_{10}	1796.38	82.74
2	Y_{02}-Y_{03}	740.90	71.01	11	Y_{10}-Y_{11}	751.36	71.13
3	Y_{03}-Y_{04}	1060.64	74.56	12	Y_{06}-Y_{09}	1198.99	76.10
4	Y_{04}-Y_{05}	892.73	72.70	13	Y_{07}-Y_{11}	401.92	67.24
5	Y_{02}-Y_{05}	1999.63	85.00	14	Y_{04}-Y_{12}	856.77	72.30
6	Y_{05}-Y_{06}	1319.83	77.44	15	Y_{12}-Y_{13}	971.21	73.57
7	Y_{06}-Y_{07}	811.10	71.79	16	Y_{08}-Y_{12}	403.59	67.26
8	Y_{05}-Y_{08}	1987.28	84.86	17	Y_{10}-Y_{13}	809.24	71.77
9	Y_{08}-Y_{09}	1999.78	85.00	18	Y_{13}-Y_{11}	656.75	70.08

最优方案下共有 65 个直达去向，其中 36 个为相邻站间的直达去向，29 个为非相邻站间的直达去向，服务网络如图 3-3 所示。

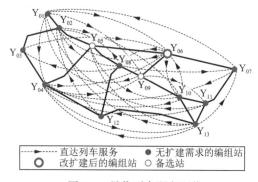

图 3-3　最优列车服务网络

在图 3-3 中，Y_{06} 由一级三场编组站改扩建为二级四场编组站，备选站 Y_{05} 和 Y_{09} 则保持既有规模不变。上述直达去向大部分经由最短径路，只有 $Y_{02} \rightarrow Y_{10}$，$Y_{03} \rightarrow Y_{06}$，$Y_{08} \rightarrow Y_{03}$，$Y_{10} \rightarrow Y_{04}$，$Y_{11} \rightarrow Y_{04}$，$Y_{12} \rightarrow Y_{02}$ 等 6 个直达去向经由次短径路。各直达去向的基本信息，包括始发站、终到站、f'_{ij} 以及 D_{ij} 见表 3-7。

各直达去向的基本信息（单位：车） 表 3-7

始发站	终到站	f'_{ij}	D_{ij}	始发站	终到站	f'_{ij}	D_{ij}
Y_{01}	Y_{02}	86.30	234.18	Y_{06}	Y_{09}	166.00	166.00
Y_{01}	Y_{04}	66.15	85.45	Y_{06}	Y_{10}	54.85	183.48
Y_{01}	Y_{06}	82.33	170.71	Y_{07}	Y_{01}	99.16	99.16
Y_{01}	Y_{09}	93.11	145.21	Y_{07}	Y_{04}	60.75	81.05
Y_{02}	Y_{01}	272.70	272.70	Y_{07}	Y_{06}	38.39	245.59
Y_{02}	Y_{03}	140.84	230.47	Y_{07}	Y_{11}	88.27	191.84
Y_{02}	Y_{05}	137.95	208.69	Y_{08}	Y_{02}	152.84	218.41
Y_{02}	Y_{08}	180.22	188.42	Y_{08}	Y_{03}	94.15	94.15
Y_{02}	Y_{10}	126.18	197.84	Y_{08}	Y_{05}	158.71	201.57
Y_{03}	Y_{02}	131.69	278.10	Y_{08}	Y_{07}	85.23	85.23
Y_{03}	Y_{04}	108.37	345.37	Y_{08}	Y_{09}	176.85	287.32
Y_{03}	Y_{06}	89.43	156.38	Y_{08}	Y_{12}	235.91	235.91
Y_{04}	Y_{03}	182.61	232.41	Y_{09}	Y_{01}	183.28	183.28
Y_{04}	Y_{05}	97.57	137.41	Y_{09}	Y_{06}	100.13	102.43
Y_{04}	Y_{06}	90.81	115.05	Y_{09}	Y_{08}	72.73	387.17
Y_{04}	Y_{09}	164.51	164.51	Y_{09}	Y_{10}	96.36	113.50
Y_{04}	Y_{12}	180.72	180.72	Y_{09}	Y_{11}	194.30	194.30
Y_{04}	Y_{13}	80.75	192.18	Y_{10}	Y_{04}	10.30	20.73
Y_{05}	Y_{02}	21.03	34.96	Y_{10}	Y_{06}	203.71	291.52
Y_{05}	Y_{04}	130.99	144.18	Y_{10}	Y_{09}	99.81	241.17
Y_{05}	Y_{06}	64.36	97.93	Y_{10}	Y_{11}	206.04	237.35
Y_{05}	Y_{08}	123.22	217.16	Y_{10}	Y_{13}	242.50	298.35
Y_{05}	Y_{10}	90.89	236.52	Y_{11}	Y_{01}	92.28	92.28
Y_{06}	Y_{02}	212.71	312.65	Y_{11}	Y_{04}	76.40	119.89
Y_{06}	Y_{05}	41.65	89.06	Y_{11}	Y_{07}	72.24	72.24
Y_{06}	Y_{07}	300.07	300.07	Y_{11}	Y_{10}	57.59	227.43
Y_{06}	Y_{08}	100.72	172.49	Y_{11}	Y_{13}	140.13	256.80

续上表

始发站	终到站	f'_{ij}	D_{ij}	始发站	终到站	f'_{ij}	D_{ij}
Y_{12}	Y_{02}	90.22	146.88	Y_{13}	Y_{05}	97.75	97.75
Y_{12}	Y_{04}	50.52	63.45	Y_{13}	Y_{07}	137.84	137.84
Y_{12}	Y_{08}	59.71	167.68	Y_{13}	Y_{10}	149.14	244.39
Y_{12}	Y_{13}	45.85	236.85	Y_{13}	Y_{11}	142.22	142.22
Y_{13}	Y_{02}	98.26	148.02	Y_{13}	Y_{12}	268.64	268.64
Y_{13}	Y_{04}	93.15	132.92				

由表3-7可知，车流强度最大的直达去向为 $Y_{09} \to Y_{08}$，达到了387.17车，相当于每天编发7.74列直达列车。与之相反，车流强度最小的直达去向为 $Y_{10} \to Y_{04}$，仅为20.73车，相当于每2.4d编发一列。65个直达去向的平均车流强度为182.39车，日均编发3.65列，也即每6.58h（24/3.65）编发一列。出发直达去向数最多的编组站为 Y_{13}（7个）；到达直达去向数最多的编组站为 Y_{04}（8个）；出发直达去向数最少的编组站为 Y_{03}（仅为3个）；到达直达去向数最少的编组站为 Y_{03} 和 Y_{12}（均为3个）。技术站 Y_{06} 改扩建为二级四场编组站后，从该站出发的直达去向有6个，到达该站的直达去向有7个。并非所有车流都直达终到站，部分车流可能需要在途中进行改编作业。各股车流的改编情况见表3-8。

车流大小及第一前方改编站（单位：车） 表3-8

始发站	第一前方改编站	终到站	f^k_{ij}	始发站	第一前方改编站	终到站	f^k_{ij}
Y_{01}	Y_{02}	Y_{03}	29.13	Y_{02}	Y_{10}	Y_{13}	52.42
Y_{01}	Y_{02}	Y_{05}	3.26	Y_{03}	Y_{02}	Y_{01}	35.60
Y_{01}	Y_{06}	Y_{07}	88.38	Y_{03}	Y_{02}	Y_{05}	72.10
Y_{01}	Y_{02}	Y_{08}	85.23	Y_{03}	Y_{06}	Y_{07}	66.95
Y_{01}	Y_{02}	Y_{10}	26.97	Y_{03}	Y_{02}	Y_{08}	38.71
Y_{01}	Y_{09}	Y_{11}	52.10	Y_{03}	Y_{04}	Y_{09}	99.12
Y_{01}	Y_{04}	Y_{12}	19.30	Y_{03}	Y_{04}	Y_{10}	28.70
Y_{01}	Y_{02}	Y_{13}	3.29	Y_{03}	Y_{04}	Y_{11}	10.59
Y_{02}	Y_{03}	Y_{04}	43.88	Y_{03}	Y_{04}	Y_{12}	63.28
Y_{02}	Y_{05}	Y_{06}	44.03	Y_{03}	Y_{04}	Y_{13}	35.31
Y_{02}	Y_{05}	Y_{07}	26.71	Y_{04}	Y_{03}	Y_{01}	13.21
Y_{02}	Y_{08}	Y_{09}	8.20	Y_{04}	Y_{03}	Y_{02}	36.59
Y_{02}	Y_{10}	Y_{11}	19.24	Y_{04}	Y_{06}	Y_{07}	24.24
Y_{02}	Y_{03}	Y_{12}	45.75	Y_{04}	Y_{05}	Y_{08}	39.84

续上表

始发站	第一前方改编站	终到站	f_{ij}^k	始发站	第一前方改编站	终到站	f_{ij}^k
Y_{04}	Y_{13}	Y_{10}	60.95	Y_{09}	Y_{08}	Y_{05}	84.09
Y_{04}	Y_{13}	Y_{11}	50.48	Y_{09}	Y_{06}	Y_{07}	2.30
Y_{05}	Y_{02}	Y_{01}	13.93	Y_{09}	Y_{08}	Y_{12}	80.30
Y_{05}	Y_{04}	Y_{03}	13.19	Y_{09}	Y_{10}	Y_{13}	17.14
Y_{05}	Y_{06}	Y_{07}	33.57	Y_{10}	Y_{09}	Y_{01}	85.06
Y_{05}	Y_{08}	Y_{09}	90.34	Y_{10}	Y_{06}	Y_{02}	81.69
Y_{05}	Y_{10}	Y_{11}	93.96	Y_{10}	Y_{04}	Y_{03}	10.43
Y_{05}	Y_{08}	Y_{12}	3.60	Y_{10}	Y_{06}	Y_{05}	6.12
Y_{05}	Y_{10}	Y_{13}	51.67	Y_{10}	Y_{11}	Y_{07}	31.31
Y_{06}	Y_{02}	Y_{01}	29.64	Y_{10}	Y_{09}	Y_{08}	56.30
Y_{06}	Y_{02}	Y_{03}	70.30	Y_{10}	Y_{13}	Y_{12}	55.85
Y_{06}	Y_{05}	Y_{04}	47.41	Y_{11}	Y_{10}	Y_{02}	1.62
Y_{06}	Y_{10}	Y_{11}	86.29	Y_{11}	Y_{04}	Y_{03}	43.49
Y_{06}	Y_{08}	Y_{12}	71.77	Y_{11}	Y_{10}	Y_{05}	2.58
Y_{06}	Y_{10}	Y_{13}	42.34	Y_{11}	Y_{10}	Y_{06}	93.74
Y_{07}	Y_{06}	Y_{02}	58.72	Y_{11}	Y_{10}	Y_{08}	8.72
Y_{07}	Y_{04}	Y_{03}	20.30	Y_{11}	Y_{10}	Y_{09}	63.18
Y_{07}	Y_{06}	Y_{05}	8.91	Y_{11}	Y_{13}	Y_{12}	116.67
Y_{07}	Y_{06}	Y_{08}	51.07	Y_{12}	Y_{02}	Y_{01}	56.66
Y_{07}	Y_{06}	Y_{09}	88.50	Y_{12}	Y_{04}	Y_{03}	12.93
Y_{07}	Y_{11}	Y_{10}	0.40	Y_{12}	Y_{08}	Y_{05}	11.30
Y_{07}	Y_{11}	Y_{12}	23.56	Y_{12}	Y_{08}	Y_{06}	23.16
Y_{07}	Y_{11}	Y_{13}	79.61	Y_{12}	Y_{13}	Y_{07}	59.06
Y_{08}	Y_{02}	Y_{01}	65.57	Y_{12}	Y_{08}	Y_{09}	73.51
Y_{08}	Y_{05}	Y_{04}	42.86	Y_{12}	Y_{13}	Y_{10}	75.59
Y_{08}	Y_{09}	Y_{06}	57.10	Y_{12}	Y_{13}	Y_{11}	56.35
Y_{08}	Y_{09}	Y_{10}	4.33	Y_{13}	Y_{02}	Y_{01}	49.76
Y_{08}	Y_{09}	Y_{11}	45.27	Y_{13}	Y_{04}	Y_{03}	39.77
Y_{08}	Y_{09}	Y_{13}	3.77	Y_{13}	Y_{10}	Y_{06}	56.40
Y_{09}	Y_{08}	Y_{02}	94.67	Y_{13}	Y_{10}	Y_{08}	12.44
Y_{09}	Y_{08}	Y_{03}	48.13	Y_{13}	Y_{10}	Y_{09}	26.41
Y_{09}	Y_{08}	Y_{04}	7.25				

由表 3-8 可知，该铁路网的日均改编量为 3965.52 车，每车平均改编约 0.50 次

（3965.52/7890.09，铁路网总车流量为7890.09车），日均改编成本为15744.48车小时，平均单位改编成本约为3.97h（15744.48/3965.52）。

模拟退火算法经过约1s的计算后得到近似最优解，两种方法在计算质量和求解效率上的对比分析见表3-9。

表3-9 Gurobi 7.5.2和模拟退火算法的计算结果比较

指标	Gurobi 7.5.2	模拟退火算法
求解时间（s）	242	1
直达去向数	65	63
改扩建编组站	Y_{06}	Y_{06}
改扩建方案	二级四场	二级四场
年化投资（亿元）	0.15	0.15
年度车流集结成本（亿元）	2.32	2.47
年度车流改编成本（亿元）	1.15	1.28
年度车流走行成本（亿元）	230.15	232.03
年度车流组织成本（亿元）	233.62	235.78
年度总成本（亿元）	233.77	235.93
GAP	0.00%	0.92%

由表3-9可知，模拟退火算法所得的优化投资方案也为将Y_{06}改扩建为二级四场编组站，年化投资为0.15亿元，年度车流组织成本为235.78亿元，年度总成本为235.93亿元。就计算质量而言，该解（模拟退火算法得出的年度总成本）与全局最优解的GAP仅为0.92%，解的质量较高。就求解效率而言，Gurobi求解器的计算时间为242s，而模拟退火算法的计算时间仅为1s，后者效率远高于前者。因此，采用模拟退火算法解决实际规模的编组站布局优化问题更为合理。

第四章
多阶段编组站布局优化方法

本章主要研究多阶段编组站布局优化方法。首先对多阶段编组站布局优化问题进行概述,通过问题示例对该问题进行剖析。其次构建双层规划模型,上层规划以整个规划期内的编组站建设成本和车流组织成本最小为优化目标,下层规划以各阶段日均车流组织成本的期初净现值之和最小为优化目标。最后设计了小规模算例验证模型和方法的有效性。

第一节 国内外研究现状

在铁路生产实践当中,编组站并非一步建设到位,而是随着路网规模和运输需求的变化分阶段建设,以避免运输资源的虚靡浪费并提高投资的有效性。多阶段编组站布局优化问题是指将整个规划期细分为多个阶段,在满足各阶段车流改编需求和资金预算的条件下,确定各阶段改扩建(或新建)编组站的数量、位置及规模,使整个规划期的建设成本和车流组织成本最小。

一、多阶段选址问题

目前,国内外鲜有对多阶段编组站布局优化问题的研究,但针对多阶段选址问题的研究成果较为丰富。Wesolowsky(1975年)较早地开展了对此类问题的研究,文章构建了一个混合整数规划模型,并采用动态规划的方法进行求解。Hinojosa(2000年)同样构建了一个混合整数规划模型,以货物运输成本、工厂和仓库的运营成本之和最小为优化目标,考虑各阶段客户的需求、工厂的生产能力和仓库的仓储能力,并且提出了一种拉格朗日松弛算法。Albareda-Sambola(2009年)提出了一个混合整数规划模型并采用拉格朗日松弛算法、次梯度算法等进行求解。类似地,Correia(2012年)为解决目标网络中各阶段应新建哪些枢纽、移除哪些枢纽,以及流量如何分配的问题,提出了一个混合整数线性规划模型和一种基于局部搜索的启发式算法（a local search based heuristic algorithm）。Canel（1999年）以利润最大为优化目标，提出了一种分支定界算法来解决无能力约束的多阶段选址问题。与之相反，Canel（2001年）针对有能力限制的多阶段选址问题提出了一种求解算法，首先利用分支定界算法产生各阶段的备选解（candidate solution），之后利用动态规划算法筛选出整个规划期的最优解序列。类似地，Gourdin（2008年）提出了一个整数线性规划模型和一种精确算法来解决有能力限制的多阶段选址问题。Klibi（2010年）构建了一个面向随机需求多阶段选址问题的随机规划（stochastic programming）模型，并且对比分析了三种邻域搜索策略。Correia（2018年）提出了一个针对随机需求多阶段选址问题的建模框架，并对模型进行了增强，从而可以利用商业软件求解大规模问题。周爱莲（2009年）以规划期内物流成本和成本波动均方差总体最优为目标，建立了随机需求下的物流中心动态选址模型。此外，Gelareh（2015年）以轴辐式网络为背景，以整个规划期内的运输成本、枢纽建设成本、运营和移除成本之和最小为优化目标，建立了多阶段枢纽选址模型，采用Benders分解算法分解模型，并提出一种元启发式算法。Vatsa（2015年）研究了卫生中心的最大覆盖问题，文章假定各阶段内各卫生中心的医生人数是不确定的，并提出了基于Benders分解技术的精确算法。Rajagopalan（2008年）针对救护车的动态调度问题构建了一个集覆盖模型，用以确定不同时段中救护车的最少配备数量及最佳部署位置。Sha（2012年）针对应急供血调度问题构建了一个多阶段选址模型，并采用拉格朗日松弛算法进行求解。丁于思（2014年）对制造/再制造物流网络的动态选址问题进行了研究，以规划期内网络架构总成本最小为目标构建动态选址模型。不难发现，相关学者偏向于构建混合整数规划模型来解决多阶段选址问题，并且随机需求下的多阶段选址问题逐步成为研究热点。

二、枢纽选址问题

事实上，枢纽选址问题（hub location problem）与编组站布局优化问题有不少相似之处。枢纽选址问题不仅需要确定新建枢纽的数量和位置，还需要将各非枢纽站连接至枢纽。根据单个非枢纽站可连接的枢纽数量，还可细分为单分配（single allocation）枢纽选址问题和多分配（multiple allocation）枢纽选址问题。前者限制每个非枢纽站只能连接一个枢纽，后者对非枢纽站连接的枢纽数量无限制。O'kelly（1986年，1987年）指出单枢纽选址问题等价于韦伯问题（Weber problem），提出了二次非线性整数规划模型，然后采用启发式算法求解。Ebery（2000年）和Rodriguez-Martin（2008年）针对有能力限制的枢纽选址问题，构建了混合整数线性规划模型并采用启发式算法求解。Özgün-Kibiroğlu（2019 年）则将能力约束作为惩罚项纳入目标函数，采用粒子群算法求解模型。Mayer（2002 年）针对无能力限制的多分配枢纽选址问题构建了一个混合整数规划模型，以枢纽建设成本和货物运输成本之和最小为目标，采用改进的分支定界算法进行求解。Racunica（2005 年）针对无能力约束的联运枢纽选址问题，构建了混合整数非线性规划模型，利用线性化技术将模型线性化后采用启发式算法进行求解。Rostami（2018 年）研究了考虑突发事故的单分配枢纽选址问题，构建了一个非线性规划模型，并利用 Benders 分解算法和线性化技术对原模型加以改造。Arnold（2004 年）为了探究公铁联运枢纽布局对公铁货运市场份额的影响，构建了 0-1 整数规划模型并通过启发式算法求解，最后以伊比利亚半岛的运输网络为背景进行案例分析。He（2015 年）结合分支定界算法、拉格朗日松弛算法和线性松弛法，提出了一种针对联运枢纽选址问题的启发式算法。不同于一般文章以枢纽的建设数量和位置为优化对象，Campbell（2005 年）从枢纽弧（hub arc）的角度出发，提出了一个混合整数线性规划模型，并采用基于枚举的精确算法进行求解。Taherkhani（2018 年）构建了以利润最大化为优化目标的混合整数线性规划模型，考虑了运输营收、运输成本、枢纽建设成本等收支项，对比分析了单分配、多分配、固定分配数量等原则下的总利润，并且允许非枢纽之间直接相连。

三、既有相关研究总结

通过对国内外既有相关文献的分析和总结，可知：学界对多阶段选址问题和枢纽选址问题的研究较多，而鲜有针对多阶段编组站布局优化问题的研究。既有模型通常以总成本最小或利润最大作为优化目标，构建混合整数规划模型并采用启发式算法加以求解。由于流量能够以百分比的形式分配至不同的枢纽，故往往采用连续型变量来描述；而枢纽是否修建以及修建的数量只能以整数形式体现，故通常引入整型变量来描述。因此，既有文献中构建的模型大部分为混合整数规划模型。然而，铁路运输组织中有单股车流不可拆分的原则，即同一对 OD 间的车流只能选择一条径路，不可分别走行多条径路，需要通过整型变量加以描述。其次，大部分文献没有考虑枢纽的建设规模，更没有涉及相邻周期中枢纽在站型选择上的相关性。事实上，在铁路编组站建设中，有多种站型可供选择，如一级三场、二级四场、三级三场、三级六场等；并且不同站型间可能存在不相容的情况，如通常不会将三级三场编组站改建为二级四场编组站，而是会将三级六场选为远期发展的站型。而这些情况均没有在既有模型中得到体现。再次，大部分模型以轴辐式网络为背景，不允许非枢纽站之间直接相连，必须通过枢纽站进行中转。而在铁路运输中可以编发从始发站到终到站的直达列车，若强制规定必须中转则可能无法获得全局最优解，这也是既有模型不适用于编组站布局优化的另一个重要原因。因此，有必要立足于铁路运输的特点构建多阶段编组站布局优化模型，为整个规划期内的编组站投资建设决策提供有力的支撑。

第二节 问题描述

一、问题概述

由于设施设备的维修保养和更新换代，编组站建成后几乎能一直发挥改编车流的作用，直至被关闭移除。在其服务年限中，编组站通常会根据运量增长规律和铁路线建设情况，进行多次扩能改造，以满足车流改编需求并使点线能力协调。例如，丰台西站1956年正式投产时只有一个车场，1959年改建为三级四场编组站，1975年进一步对到达场、调车场和出发场进行扩能改造，1991年扩建成三级八场编组站。再如，1956年郑州北站第一期工程竣工，建成为有21条股道的横列式编组站，1959年下行系统竣工，1985年上行系统竣工，郑州北站建成为三级六场编组站。由此可见，在铁路生产实践中，编组站的建设并不是一蹴而就，而是分阶段推进的。需要注意的是，在编组站的改扩建和新建过程中存在规模经济效益，即分阶段建设的成本往往高于一步建设到位的成本。由于编组站建设动辄数十亿元，各阶段又存在资金约束，通常难以在一个阶段中将所有备选站建设为大型编组站，即使在经济上可行，也需要评估是否会造成改编能力的虚靡浪费。因此，多阶段编组站布局优化问题可表述为：在满足各阶段车流改编需求和建设资金约束的条件下，确定各阶段改扩建（或新建）编组站的数量、位置和规模，使整个规划期的建设投资和车流组织成本之和最小。其投资决策不应局限于单个阶段的最优，而应从整个规划期着眼。

二、问题示例

为了更好地阐释多阶段编组站布局优化问题，本节仍以第三章中图3-1所示的铁路网为例进行说明。不妨将整个规划期划分为两个阶段，备选站 S_2 和 S_5 均可选择在任意阶段改扩建为二级四场编组站或者保持既有规模不变。显然，共有9种组合投资方案，具体如图4-1所示。

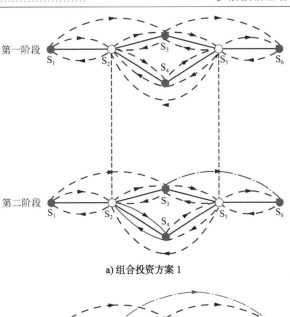

a) 组合投资方案 1

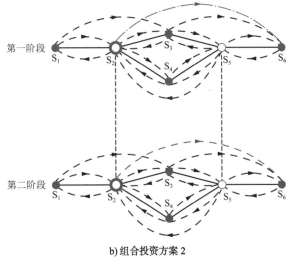

b) 组合投资方案 2

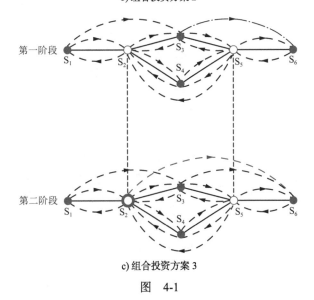

c) 组合投资方案 3

图 4-1

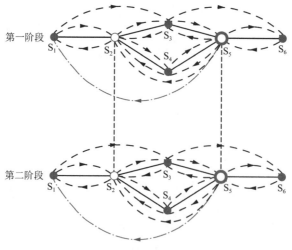

d) 组合投资方案 4

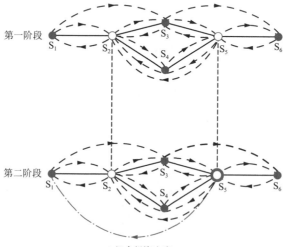

e) 组合投资方案 5

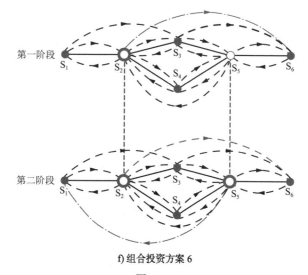

f) 组合投资方案 6

图 4-1

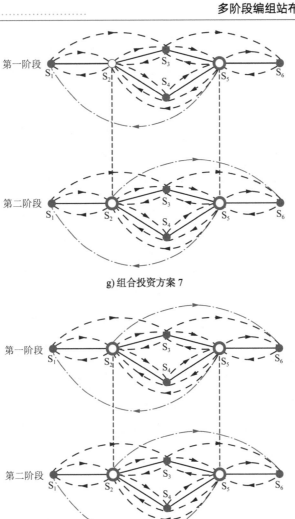

g) 组合投资方案 7

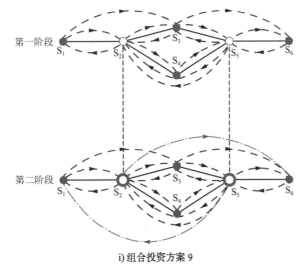

h) 组合投资方案 8

i) 组合投资方案 9

图 4-1 各组合投资方案在两个阶段的最优服务网络

组合投资方案 1：整个规划期内没有编组站进行改扩建，该方案的投资成本最少（等于零），但车流组织成本最高。非相邻站间仅有 3 个直达去向，分别为 $S_1 \to S_3$，$S_3 \to S_6$ 和 $S_5 \to S_2$。

组合投资方案 2：S_2 在第一阶段改扩建为二级四场编组站，并在第二阶段保持为二级四场编组站。S_4 在整个规划期内不进行投资建设。此方案中，非相邻站间的直达去向达到 4 个，分别为 $S_1 \to S_3$，$S_2 \to S_6$，$S_3 \to S_6$ 和 $S_5 \to S_2$。

组合投资方案 3：S_2 在第一阶段保持原有规模，在第二阶段改扩建为二级四场编组站。S_4 在整个规划期内不进行投资建设。第二阶段中，非相邻站间的直达去向达到 4 个，分别为 $S_1 \to S_3$，$S_2 \to S_6$，$S_3 \to S_6$ 和 $S_5 \to S_2$，第二阶段的车流组织成本低于第一阶段。该方案所需的建设资金与方案 2 相等，但方案 2 中 S_2 早在第一阶段就已改扩建为二级四场编组站，整个规划期内的平均单位改编成本更低，因此方案 2 要优于方案 3。

组合投资方案 4：S_4 在第一阶段改扩建为二级四场编组站，并在第二阶段保持为二级四场编组站。S_2 在整个规划期内不进行投资建设。此方案中，非相邻站间的直达去向达到 4 个，分别为 $S_1 \to S_3$，$S_3 \to S_6$，$S_5 \to S_2$ 和 $S_5 \to S_1$。

组合投资方案 5：S_4 在第一阶段保持原有规模，在第二阶段改扩建为二级四场编组站。S_2 在整个规划期内不进行投资建设。第二阶段中，非相邻站间的直达去向达到 4 个，分别为 $S_1 \to S_3$，$S_3 \to S_6$，$S_5 \to S_2$ 和 $S_5 \to S_1$。该方案所需的建设资金与方案 4 相等，但方案 4 中 S_4 早在第一阶段就已改扩建为二级四场编组站，在整个规划期内的平均单位改编成本更低，因此方案 4 要优于方案 5。

组合投资方案 6：S_2 在第一阶段改扩建为二级四场编组站，并在第二阶段保持为二级四场编组站。S_4 在第一阶段保持原有规模，在第二阶段改扩建为二级四场编组站。第一阶段中，非相邻站间的直达去向达到 4 个，分别为 $S_1 \to S_3$，$S_2 \to S_6$，$S_3 \to S_6$ 和 $S_5 \to S_2$。第二阶段中，非相邻站间的直达去向达到 5 个，分别为 $S_1 \to S_3$，$S_2 \to S_6$，$S_3 \to S_6$，$S_5 \to S_2$ 和 $S_5 \to S_1$。

组合投资方案 7：S_4 在第一阶段改扩建为二级四场编组站，并在第二阶段保持为二级四场编组站。S_2 在第一阶段保持原有规模，在第二阶段改扩建为二级四场编组站。第一阶段中，非相邻站间的直达去向达到 4 个，分别为 $S_1 \to S_3$，$S_3 \to S_6$，$S_5 \to S_2$ 和 $S_5 \to S_1$。第二阶段中，非相邻站间的直达去向达到 5 个，分别为 $S_1 \to S_3$，$S_2 \to S_6$，$S_3 \to S_6$，$S_5 \to S_2$ 和 $S_5 \to S_1$。

组合投资方案 8：S_2 和 S_4 均在第一阶段改扩建为二级四场编组站，并在第二阶段保持为二级四场编组站。在整个规划期中，非相邻站间的直达去向达到 5 个，分别为 $S_1 \to S_3$，$S_2 \to S_6$，$S_3 \to S_6$，$S_5 \to S_2$ 和 $S_5 \to S_1$。

组合投资方案 9：S_2 和 S_4 均在第一阶段保持既有规模，并在第二阶段改扩建为二级四场编组站。在第二阶段中，非相邻站间的直达去向达到 5 个，分别为 $S_1 \rightarrow S_3$，$S_2 \rightarrow S_6$，$S_3 \rightarrow S_6$，$S_5 \rightarrow S_2$ 和 $S_5 \rightarrow S_1$。该方案所需的建设资金与方案 8 相等，但方案 8 中 S_2 和 S_4 早在第一阶段就已改扩建为二级四场编组站，因此方案 8 在整个规划期内的车流组织成本要低于方案 9。

三、问题复杂度分析

在多阶段编组站布局优化问题中，组合投资方案数随着备选站和阶段数的增加而呈指数增长。例如，对于一个包含 5 个备选站的铁路网，如果每一个备选站在每个阶段都有 3 种可选建设方案，则考虑一个阶段时总组合方案数将达到 243 个，考虑两个阶段时总组合方案数将达到 59049 个，考虑三个阶段时总组合方案数将达到 14348907 个，考虑四个阶段时总的组合方案数将超过 34 亿个。此外，每个组合投资方案均对应着一个车流改编链问题，这同样是一个组合爆炸问题。因此，多阶段编组站布局优化问题具有相当高的复杂度。

第三节 数学优化模型

本节构建了多阶段编组站布局优化模型。首先，对模型的基本假设进行说明。其次，介绍了模型中各数学符号的含义。再次，对模型的优化目标和约束条件进行剖析。最后，构造了多阶段编组站布局双层规划模型。

一、模型基本假设

多阶段编组站布局优化模型的假设基本类似于单阶段编组站布局优化模型，例如相邻站间必开行直通列车、备选站不能弱化或移除、编组站解体能力等于编组能力、单股车流不可拆分及车流径路具有树形结构特征等。不同之处在于，多阶段编组站布局优化问题中各阶段的货运量不一定相同，但在同一阶段保持稳定。

二、符号说明

现将多阶段编组站布局优化模型中使用到的集合、参数以及变量分别定义如下：
（1）集合

  V——铁路网中的技术站集合，包括有改扩建需求的编组站和新建需求的区段站，以及无改扩建需求的编组站；

$V^{Potential}$——铁路网中的备选站集合，包括有改扩建需求的编组站和新建需求的区段站，$V^{Potential} \subseteq V$；

$V^{Original}$——铁路网中的既有编组站集合，包括有改扩建需求的编组站和无改扩建需求的编组站，$V^{Original} \subseteq V$；

E——铁路网中的区段集合；

H——由整个规划期细分而成的子阶段集合；

$P(k)$——备选站k可选的投资建设方案集合，不包括零投资方案；

$\rho(i, j)$——站i发出的终到站j的车流在途中可能进行改编作业的编组站集合，不包括站i和站j；

$R(i, j)$——站i到站j的直达列车备选径路集。

（2）参数

$I_k^{p_a \to p_b}$——对备选站k而言，方案p_b比方案p_a多耗费的建设资金（元），$p_a, p_b \in P(k)$；

$p_k^{Original}$——备选站k的初始站型；

T_h——阶段h的时间跨度（年）；

B_h——阶段h的建设资金预算（元）；

γ——投资折现率（%）；

η_h——阶段h的净现值转化系数（%）；

α——车小时成本转化系数（元/车小时）；

μ——车公里成本转化系数（元/车公里）；

c_i——编组站i的货车集结参数（h）；

m_{ij}——站i至站j的列车编成辆数（车）；

N_{ij}^h——在阶段h中，以站i为始发站、站j为终到站的日均车流量（车）；

τ_k——改扩建（或新建）之前，站k的单位改编成本（h）；

$\tau_k^{p_b}$——站k按照方案p_b建设后的单位改编成本（h）；

C_k^{Total}——改扩建（或新建）之前，站k的总解体能力（车）；

C_{kh}^{Local}——在阶段h中，站k为本地车流预留的解体能力（车）；

$\Delta C_k^{p_b}$——站k按照方案p_b建设后增加的解体能力（车）；

S_i^{Total}——改扩建（或新建）之前，站i的总调车线数（条）；

S_{ih}^{Local}——在阶段h中，站i为终到站的车流预留的调车线数（条）；

$\Delta S_i^{p_b}$——站i按照方案p_b建设后增加的调车线数（条）；

L_{ij}^l——站i至站j的第l条径路的物理里程（km）；

a_{ij}^{nl}——区段-径路关联参数，若站i至站j的第l条径路包含区段n则取1，否则取0；

C_n^{Link}——区段n的通过能力（车）；

C_n^{Occupied}——旅客列车、快运班列和摘挂列车等占用的区段n的通过能力（车）；

θ_k——站k的可用解体能力系数；

β_n——区段n的可用通过能力系数。

（3）变量

$y_{kh}^{p_a \to p_b}$——布尔型决策变量，如果站k在阶段h选择方案p_b且在阶段$h-1$选择方案p_a则取值为1，否则为0，$p_a = p_b$表示站k在阶段h保持既有规模不变；

x_{ij}^h——布尔型决策变量，在阶段h中，若提供$i \to j$的直达去向则取值为1，否则为0；

x_{ij}^{kh}——布尔型决策变量，在阶段h中，若站i发出的终到站j的车流以站k为第一前方改编站，则取值为1，否则为0；

ζ_{ij}^{lh}——布尔型决策变量，在阶段h中，若站i至站j的列车选择第l条径路则取值为1，否则为0；

δ_{ij}^{lh}——连续型中间变量，表示站i至站j的第l条径路在阶段h的车流强度（车）；

f_{ij}^{h}——连续型中间变量，表示在阶段h中，站i发出的直达站j且以站j为终到站的车流量（车）；

f_{ij}^{kh}——连续型中间变量，表示在阶段h中，站i发出的以站k为第一前方改编站，且以站j为终到站的车流量（车）；

D_{ij}^h——连续型中间变量，表示在阶段h中，编组去向$i \to j$的车流强度（车）；

F_k^h——连续型中间变量，表示在阶段h中，站k的日均解体作业量（车）；

z_{ij}^h——离散型中间变量，表示在阶段h中，站i为编发$i \to j$的直达列车所占用的调车线数量。

三、优化目标与约束条件分析

由于本节拟构建多阶段编组站布局双层规划模型，故首先对上、下层规划的目标函数与约束条件分别进行分析。

（1）上层规划的优化目标与约束条件分析

多阶段编组站布局优化问题应从整个规划期着眼，故应以各阶段的建设投资和车流组织成本之和最小为优化目标，具体表达式为：

$$\min \sum_{k \in V^{\text{Potential}}} \sum_{p_a, p_b \in P(k)} \sum_{h \in H} I_k^{p_a \to p_b} y_{kh}^{p_a \to p_b} + 365 \times \sum_{h \in H} \frac{(1+\gamma)^{T_h} - 1}{\gamma(1+\gamma)^{\sum_{u=1}^{h} T_u}} Z(X, h) \quad (4\text{-}1)$$

式(4-1)中第一项为整个规划期的建设投资，第二项为各阶段车流组织成本在整个规划期期初的净现值。其中，T_u 表示第 u 个阶段的时间跨度（如 5 年），$Z(X, h)$ 表示第 h 阶段的日均车流组织成本。为便于计算各组合投资方案的总成本，应将各阶段的车流组织成本转化为规划期期初的净现值，故引入净现值转化系数 η_h，其计算公式如下：

$$\eta_h = \frac{(1+\gamma)^{T_h} - 1}{\gamma(1+\gamma)^{\sum_{u=1}^{h} T_u}} \quad \forall h \in H \quad (4\text{-}2)$$

需要注意的是，对备选站 k 而言，在第一阶段中若 $p_a \neq p_k^{\text{Original}}$，则 $y_{kh}^{p_a \to p_b} = 0$。另外，根据"备选站不能弱化或移除"的基本假设，若方案 p_b 对应的编组站规模小于方案 p_a 对应的规模，则同样有 $y_{kh}^{p_a \to p_b} = 0$。在每一个阶段中，单个备选站只能选择一种建设方案，因此可构建编组站站型选择不相容约束：

$$\sum_{p_a, p_b \in P(k)} y_{kh}^{p_a \to p_b} = 1 \quad \forall k \in V^{\text{Potential}}, h \in H \quad (4\text{-}3)$$

需要注意的是，同一个编组站在当前阶段选择的建设方案 p_b 也是下一个阶段的初始方案 p_a，因此有相邻阶段间的站型延续性约束：

$$\sum_{p_a \in P(k)} y_{kh}^{p_a \to p_b} = \sum_{p_t \in P(k)} y_{k(h+1)}^{p_b \to p_t} \quad \forall k \in V^{\text{Potential}}, p_b \in P(k), h, h+1 \in H \quad (4\text{-}4)$$

此外，各阶段均有建设资金上限，各阶段中备选站的建设投资之和不能超过该阶段的预算，因此可构建资金约束如下：

$$\sum_{k \in V^{\text{Potential}}} \sum_{p_a, p_b \in P(k)} I_k^{p_a \to p_b} y_{kh}^{p_a \to p_b} \leqslant B_h \quad \forall h \in H \quad (4\text{-}5)$$

事实上，在整个规划期内不对任何备选站进行改扩建（或新建）能使建设成本最小，但可能无法满足某阶段的车流改编需求，即使能满足需求，其车流组织成本也将高于改扩建部分备选站后的车流组织成本。反之，若在第一阶段就将所有备选站建设为规模最大、单位改编成本最低的编组站，则整个规划期的车流组织成本将达到最低，但该方案所需的建设资金是所有方案中最高的，并且往往超过了第一阶段的资金预算。多阶段编组站布局优化问题就是在上述两种极端情况中寻找平衡点，在满足各阶段车流改编需求和建设资金约束的条件下，使总成本最小。

（2）下层规划的优化目标与约束条件分析

下层规划以各阶段日均车流组织成本的期初净现值最小为优化目标，包括车流的集结成本、改编成本和走行成本。目标函数的数学表达式如下：

$$\min \sum_{h \in H} \frac{(1+\gamma)^{T_h}-1}{\gamma(1+\gamma)^{\sum\limits_{u=1}^{h} T_u}} \Bigg[\sum_{i \neq j \in V^{\text{Original}} \cup V^{\text{Potential}}} \alpha c_i m_{ij} x_{ij}^h + \\ \sum_{k \in V^{\text{Original}} \setminus (V^{\text{Potential}} \cap V^{\text{Original}})} \alpha F_k^h \tau_k + \sum_{k \in V^{\text{Potential}}} \sum_{p_a, p_b \in P(k)} \alpha F_k^{p_b} \tau_k y_{kh}^{p_a \to p_b} + \\ \sum_{i \neq j \in V^{\text{Original}} \cup V^{\text{Potential}}} \sum_{l \in R(i,j)} \mu L_{ij}^l \delta_{ij}^{lh} \Bigg] \quad (4\text{-}6)$$

式(4-6)中括号内的第一项为车流集结成本，第二项为无改扩建需求的既有编组站的车流改编成本，第三项为备选站的车流改编成本，第四项为车流走行成本。其中 F_k^h 为技术站 k 在阶段 h 的解体作业量，其计算公式如下：

$$F_k^h = \sum_{i \neq j \in V^{\text{Original}} \cup V^{\text{Potential}}} f_{ij}^{kh} \quad \forall k \in V^{\text{Original}} \cup V^{\text{Potential}}, h \in H \quad (4\text{-}7)$$

各阶段中，站 i 发出的终到站 j 的车流由两部分构成，一部分是以站 i 为始发站、站 j 为终到站的原始车流；另一部分是由站 i 的后方站 s 发出，终到站 j 且以站 i 为第一前方改编站的车流。两者之间存在如下关系：

$$f_{ij}^{\prime h} + \sum_{k \in \rho(i,j)} f_{ij}^{kh} = N_{ij}^h + \sum_{s \in V^{\text{Original}} \cup V^{\text{Potential}}} f_{sj}^{ih} \\ \forall i, j \in V^{\text{Original}} \cup V^{\text{Potential}}, i \neq j, h \in H \quad (4\text{-}8)$$

在阶段 h 中，当 $f_{ij}^{\prime h}$ 取值为正时，站 i 必须提供 $i \to j$ 的直达去向，即变量 x_{ij}^h 的取值必为 1；当 f_{ij}^{kh} 取值为正时，站 i 至站 j 的车流必以站 k 为第一前方改编站，即变量 x_{ij}^{kh} 的取值必为 1。因此需要添加变量间的逻辑约束如下：

$$f_{ij}^{\prime h} \leq M x_{ij}^h \quad \forall i, j \in V^{\text{Original}} \cup V^{\text{Potential}}, i \neq j, h \in H \quad (4\text{-}9)$$

$$f_{ij}^{kh} \leq M x_{ij}^{kh} \quad \forall i, j \in V^{\text{Original}} \cup V^{\text{Potential}}, i \neq j, k \in \rho(i,j), h \in H \quad (4\text{-}10)$$

对各阶段而言，由于站 i 至站 j 的车流或选择直达去向 $i \to j$ 运抵目的地，或在途中某站进行改编，因此需要添加一组变量间的逻辑约束条件如下：

$$x_{ij}^h + \sum_{k \in \rho(i,j)} x_{ij}^{kh} = 1 \quad \forall i, j \in V^{\text{Original}} \cup V^{\text{Potential}}, i \neq j, h \in H \quad (4\text{-}11)$$

若站 i 发出的车流以站 k 为第一前方改编站，则要求 $i \to k$ 的直达去向必然存在，故可添加决策变量之间的另一组逻辑约束如下：

$$x_{ij}^{kh} \leq x_{ik}^h \quad \forall i, j \in V^{\text{Original}} \cup V^{\text{Potential}}, i \neq j, k \in \rho(i,j), h \in H \quad (4\text{-}12)$$

此外，还需要考虑编组去向与该方向直达列车走行径路之间的关系。在阶段h中，若某编组去向存在则需要为该去向的直达列车选择一条走行径路。故可引入决策变量之间的又一组逻辑约束如下：

$$\sum_{l \in R(i,j)} \zeta_{ij}^{lh} = x_{ij}^{h} \quad \forall i,j \in V^{\text{Original}} \cup V^{\text{Potential}}, i \neq j, h \in H \tag{4-13}$$

在各阶段中，任意区段上的车流量不应超过该区段的可用通过能力，该约束可表示如下：

$$\sum_{i \neq j \in V^{\text{Original}} \cup V^{\text{Potential}}} \sum_{l \in R(i,j)} \delta_{ij}^{lh} a_{ij}^{nl} \leqslant \beta_n C_n^{\text{Link}} - C_n^{\text{Occupied}} \quad \forall n \in E, h \in H \tag{4-14}$$

由于两站间第l条径路的车流强度δ_{ij}^{lh}取决于车流强度D_{ij}^{h}以及列流径路决策变量ζ_{ij}^{lh}，故需要引入另一组变量间的逻辑约束：

$$D_{ij}^{h} - (1 - \zeta_{ij}^{lh})M \leqslant \delta_{ij}^{lh} \leqslant D_{ij}^{h} + (1 - \zeta_{ij}^{lh})M$$
$$\forall i \neq j \in V^{\text{Original}} \cup V^{\text{Potential}}, l \in R(i,j), h \in H \tag{4-15}$$

$$-\zeta_{ij}^{lh}M \leqslant \delta_{ij}^{lh} \leqslant \zeta_{ij}^{lh}M \quad \forall i \neq j \in V^{\text{Original}} \cup V^{\text{Potential}}, l \in R(i,j), h \in H \tag{4-16}$$

其中车流强度D_{ij}^{h}的数学表达式如下：

$$D_{ij}^{h} = f_{ij}^{\prime h} + \sum_{t \in V^{\text{Original}} \cup V^{\text{Potential}}} f_{it}^{jh} \quad \forall i,j \in V^{\text{Original}} \cup V^{\text{Potential}}, i \neq j, h \in H \tag{4-17}$$

无改扩建需求的编组站的解体能力是有限的，其作业负荷不能超过其解体能力，故可建立约束条件如下：

$$F_k^h \leqslant \theta_k C_k^{\text{Total}} - C_{kh}^{\text{Local}} \quad \forall k \in V^{\text{Original}} \setminus (V^{\text{Original}} \cap V^{\text{Potential}}), h \in H \tag{4-18}$$

同样地，在各阶段中，备选站的作业负荷不能超过其改扩建（或新建）后的剩余解体能力，可建立约束条件如下：

$$F_k^h \leqslant \theta_k \left(C_k^{\text{Total}} + \sum_{p_a,p_b \in P(k)} y_{kh}^{p_a \to p_b} \Delta C_k^{p_b} \right) - C_{kh}^{\text{Local}} \quad \forall k \in V^{\text{Potential}}, h \in H \tag{4-19}$$

调车线数量也是决定编组站作业能力的另一关键因素。在阶段h中，站i编发直达列车占用的调车线数量，不能超过扣除预留给终到站的车流的调车线后剩余的调车线数量，其数学表达式如下：

$$\sum_{j \in V^{\text{Original}} \cup V^{\text{Potential}}} z_{ij}^h \leqslant S_i^{\text{Total}} - S_{ih}^{\text{Local}}$$
$$\forall i \in V^{\text{Original}} \setminus (V^{\text{Original}} \cap V^{\text{Potential}}), h \in H \tag{4-20}$$

$$\sum_{j \in V^{\text{Original}} \cup V^{\text{Potential}}} z_{ij}^h \leqslant S_i^{\text{Total}} + \sum_{p_a, p_b \in P(i)} y_{ih}^{p_a \to p_b} \Delta S_i^{p_b} - S_{ih}^{\text{Local}}$$

$$\forall i \in V^{\text{Potential}}, h \in H \tag{4-21}$$

此外，某编组去向吸引的车流所占用的调车线数量与该方向的车流强度存在如下关系：

$$d(z_{ij}^h - 1) < D_{ij}^h \leqslant dz_{ij}^h \quad \forall i, j \in V^{\text{Original}} \cup V^{\text{Potential}}, i \neq j, h \in H \tag{4-22}$$

前已述及，d 为常系数，通常取值为 200 车/条。

综上所述，可构建多阶段编组站布局双层规划模型如下：

（MODEL 4-1）

上层规划：

$$\min \sum_{k \in V^{\text{Potential}}} \sum_{p_a, p_b \in P(k)} \sum_{h \in H} I_k^{p_a \to p_b} y_{kh}^{p_a \to p_b} + 365 \times \sum_{h \in H} \frac{(1+\gamma)^{T_h} - 1}{\gamma(1+\gamma)^{\sum_{u=1}^{h} T_u}} Z(X, h) \tag{4-23}$$

$$\sum_{p_a, p_b \in P(k)} y_{kh}^{p_a \to p_b} = 1 \quad \forall k \in V^{\text{Potential}}, h \in H \tag{4-24}$$

$$\sum_{p_a \in P(k)} y_{kh}^{p_a \to p_b} = \sum_{p_t \in P(k)} y_{k(h+1)}^{p_b \to p_t} \quad \forall k \in V^{\text{Potential}}, p_b \in P(k), h, h+1 \in H \tag{4-25}$$

$$\sum_{k \in V^{\text{Potential}}} \sum_{p_a, p_b \in P(k)} I_k^{p_a \to p_b} y_{kh}^{p_a \to p_b} \leqslant B_h \quad \forall h \in H \tag{4-26}$$

$$y_{kh}^{p_a \to p_b} \in \{1, 0\} \quad \forall k \in V^{\text{Potential}}, p_a, p_b \in P(k), h \in H \tag{4-27}$$

下层规划：

$$\min \sum_{h \in H} \frac{(1+\gamma)^{T_h} - 1}{\gamma(1+\gamma)^{\sum_{u=1}^{h} T_u}} \Bigg[\sum_{i \neq j \in V^{\text{Original}} \cup V^{\text{Potential}}} \alpha c_i m_{ij} x_{ij}^h +$$
$$\sum_{k \in V^{\text{Original}} \setminus (V^{\text{Potential}} \cap V^{\text{Original}})} \alpha F_k^h \tau_k + \sum_{k \in V^{\text{Potential}}} \sum_{p_a, p_b \in P(k)} \alpha F_k^h \tau_k^{p_b} y_{kh}^{p_a \to p_b} +$$
$$\sum_{i \neq j \in V^{\text{Original}} \cup V^{\text{Potential}}} \sum_{l \in R(i,j)} \mu L_{ij}^l \delta_{ij}^{lh} \Bigg] \tag{4-28}$$

$$x_{ij}^h + \sum_{k \in \rho(i,j)} x_{ij}^{kh} = 1 \quad \forall i, j \in V^{\text{Original}} \cup V^{\text{Potential}}, i \neq j, h \in H \tag{4-29}$$

$$x_{ij}^{kh} \leqslant x_{ik}^h \quad \forall i, j \in V^{\text{Original}} \cup V^{\text{Potential}}, i \neq j, k \in \rho(i,j), h \in H \tag{4-30}$$

$$\sum_{l \in R(i,j)} \zeta_{ij}^{lh} = x_{ij}^h \quad \forall i, j \in V^{\text{Original}} \cup V^{\text{Potential}}, i \neq j, h \in H \tag{4-31}$$

$$f_{ij}^{\prime h} + \sum_{k\in\rho(i,j)} f_{ij}^{kh} = N_{ij}^h + \sum_{s\in V^{\text{Original}}\cup V^{\text{Potential}}} f_{sj}^{ih}$$
$$\forall i,j \in V^{\text{Original}} \cup V^{\text{Potential}}, i\neq j, h\in H \tag{4-32}$$

$$f_{ij}^{\prime h} \leqslant Mx_{ij}^h \quad \forall i,j \in V^{\text{Original}} \cup V^{\text{Potential}}, i\neq j, h\in H \tag{4-33}$$

$$f_{ij}^{kh} \leqslant Mx_{ij}^{kh} \quad \forall i,j \in V^{\text{Original}} \cup V^{\text{Potential}}, i\neq j, k\in\rho(i,j), h\in H \tag{4-34}$$

$$F_k^h = \sum_{i\neq j\in V^{\text{Original}}\cup V^{\text{Potential}}} f_{ij}^{kh} \quad \forall k \in V^{\text{Original}} \cup V^{\text{Potential}}, h\in H \tag{4-35}$$

$$F_k^h \leqslant \theta_k C_k^{\text{Total}} - C_{kh}^{\text{Local}} \quad \forall k \in V^{\text{Original}} \setminus (V^{\text{Original}} \cap V^{\text{Potential}}), h\in H \tag{4-36}$$

$$F_k^h \leqslant \theta_k \left(C_k^{\text{Total}} + \sum_{p_a,p_b\in P(k)} y_{kh}^{p_a\to p_b} \Delta C_k^{p_b} \right) - C_{kh}^{\text{Local}} \quad \forall k \in V^{\text{Potential}}, h\in H \tag{4-37}$$

$$D_{ij}^h = f_{ij}^{\prime h} + \sum_{t\in V^{\text{Original}}\cup V^{\text{Potential}}} f_{it}^{jh} \quad \forall i,j \in V^{\text{Original}} \cup V^{\text{Potential}}, i\neq j, h\in H \tag{4-38}$$

$$D_{ij}^h - (1-\zeta_{ij}^{lh})M \leqslant \delta_{ij}^{lh} \leqslant D_{ij}^h + (1-\zeta_{ij}^{lh})M$$
$$\forall i\neq j \in V^{\text{Original}} \cup V^{\text{Potential}}, l\in R(i,j), h\in H \tag{4-39}$$

$$-\zeta_{ij}^{lh}M \leqslant \delta_{ij}^{lh} \leqslant \zeta_{ij}^{lh}M \quad \forall i\neq j \in V^{\text{Original}} \cup V^{\text{Potential}}, l\in R(i,j), h\in H \tag{4-40}$$

$$\sum_{i\neq j\in V^{\text{Original}}\cup V^{\text{Potential}}} \sum_{l\in R(i,j)} \delta_{ij}^{lh} a_{ij}^{nl} \leqslant \beta_n C_n^{\text{Link}} - C_n^{\text{Occupied}} \quad \forall n\in E, h\in H \tag{4-41}$$

$$d(z_{ij}^h - 1) < D_{ij}^h \leqslant dz_{ij}^h \quad \forall i,j \in V^{\text{Original}} \cup V^{\text{Potential}}, i\neq j, h\in H \tag{4-42}$$

$$\sum_{j\in V^{\text{Original}}\cup V^{\text{Potential}}} z_{ij}^h \leqslant S_i^{\text{Total}} - S_{ih}^{\text{Local}}$$
$$\forall i \in V^{\text{Original}} \setminus (V^{\text{Original}} \cap V^{\text{Potential}}), h\in H \tag{4-43}$$

$$\sum_{j\in V^{\text{Original}}\cup V^{\text{Potential}}} z_{ij}^h \leqslant S_i^{\text{Total}} + \sum_{p_a,p_b\in P(i)} y_{ih}^{p_a\to p_b} \Delta S_i^{p_b} - S_{ih}^{\text{Local}}$$
$$\forall i \in V^{\text{Potential}}, h\in H \tag{4-44}$$

$$f_{ij}^{\prime h} \geqslant 0 \quad \forall i,j \in V^{\text{Original}} \cup V^{\text{Potential}}, i\neq j, h\in H \tag{4-45}$$

$$f_{ij}^{kh} \geqslant 0 \quad \forall i,j \in V^{\text{Original}} \cup V^{\text{Potential}}, i\neq j, k\in\rho(i,j), h\in H \tag{4-46}$$

$$x_{ij}^h, x_{ij}^{kh}, \zeta_{ij}^{lh} \in \{1,0\} \quad \forall i,j \in V^{\text{Original}} \cup V^{\text{Potential}}, i\neq j, k\in\rho(i,j), h\in H \tag{4-47}$$

$$z_{ij}^h \in N \quad \forall i,j \in V^{\text{Original}} \cup V^{\text{Potential}}, i\neq j, h\in H \tag{4-48}$$

第四节 算例分析

一、基础数据准备

本节仍以第二章构建的小规模铁路网为背景来验证模型和方法的有效性。各站的主要参数（表 2-3）以及各区段的物理里程和通过能力（表 2-5）均保持不变。类似地，本节同样只考虑各站间直达列车的最短径路和次短径路，各股车流只能在出发站和终到站间的最短径路或次短径路上的编组站进行改编作业。仍以 Y_{05}、Y_{06} 和 Y_{09} 为备选站，均有两种投资方案可供选择：保持既有规模不变（即不进行投资）或改扩建为二级四场编组站。3 个备选站在不同投资方案下的主要参数见表 3-3。此外，仍假设列车编成辆数 m_{ij} 均为 50 车，车小时转化系数 α 为 20 元/车小时，车公里转化系数 μ 为 7 元/车公里，投资折现率 γ 取值为 2%，M 取值为 100000。将整个规划期划分为两个阶段，每个阶段的时间跨度 T_h 设为 5 年。整个规划期的资金预算为 21 亿元，各阶段的建设资金分配已基本确定，其中第一阶段为 11 亿元，第二阶段为 10 亿元。第一阶段的 OD 数据见表 2-4，第二阶段的 OD 数据在第一阶段的基础上增加 5%。需要注意的是，备选站一旦在第一阶段改扩建为二级四场编组站，则在第二阶段只能保持既有规模，不可以弱化或移除。易知共有 27 种组合投资方案，具体见表 4-1。

备选站的各组合投资方案 表 4-1

组合方案	Y_{05}		Y_{06}		Y_{09}	
	第一阶段	第二阶段	第一阶段	第二阶段	第一阶段	第二阶段
1	不改扩建	不改扩建	不改扩建	不改扩建	不改扩建	不改扩建
2	不改扩建	不改扩建	不改扩建	不改扩建	不改扩建	二级四场
3	不改扩建	不改扩建	不改扩建	不改扩建	二级四场	不改扩建
4	不改扩建	不改扩建	不改扩建	二级四场	不改扩建	不改扩建
5	不改扩建	不改扩建	不改扩建	二级四场	不改扩建	二级四场
6	不改扩建	不改扩建	不改扩建	二级四场	二级四场	不改扩建
7	不改扩建	不改扩建	二级四场	不改扩建	不改扩建	不改扩建
8	不改扩建	不改扩建	二级四场	不改扩建	不改扩建	二级四场
9	不改扩建	不改扩建	二级四场	不改扩建	二级四场	不改扩建
10	不改扩建	二级四场	不改扩建	不改扩建	不改扩建	不改扩建
11	不改扩建	二级四场	不改扩建	不改扩建	不改扩建	二级四场
12	不改扩建	二级四场	不改扩建	二级四场	不改扩建	不改扩建

续上表

组合方案	Y_{05}		Y_{06}		Y_{09}	
	第一阶段	第二阶段	第一阶段	第二阶段	第一阶段	第二阶段
13	不改扩建	二级四场	不改扩建	二级四场	不改扩建	不改扩建
14	不改扩建	二级四场	不改扩建	二级四场	不改扩建	二级四场
15	不改扩建	二级四场	不改扩建	二级四场	二级四场	不改扩建
16	不改扩建	二级四场	二级四场	不改扩建	不改扩建	不改扩建
17	不改扩建	二级四场	二级四场	不改扩建	不改扩建	二级四场
18	不改扩建	二级四场	二级四场	不改扩建	二级四场	不改扩建
19	二级四场	不改扩建	不改扩建	不改扩建	不改扩建	不改扩建
20	二级四场	不改扩建	不改扩建	不改扩建	不改扩建	二级四场
21	二级四场	不改扩建	不改扩建	不改扩建	二级四场	不改扩建
22	二级四场	不改扩建	不改扩建	二级四场	不改扩建	不改扩建
23	二级四场	不改扩建	不改扩建	二级四场	不改扩建	二级四场
24	二级四场	不改扩建	不改扩建	二级四场	二级四场	不改扩建
25	二级四场	不改扩建	二级四场	不改扩建	不改扩建	不改扩建
26	二级四场	不改扩建	二级四场	不改扩建	不改扩建	二级四场
27	二级四场	不改扩建	二级四场	不改扩建	二级四场	不改扩建

二、优化结果分析

对于各可行方案，Gurobi 求解器平均经过 323s 的计算后获得最优车流改编方案。各组合投资方案的建设成本、车流组织成本和总成本见表 4-2。

各组合投资方案的成本（单位：亿元） 表 4-2

组合方案	第一阶段建设成本	第二阶段建设成本	第一阶段车流组织成本	第二阶段车流组织成本	总成本
1	0.00	0.00	不可行	不可行	不可行
2	0.00	4.00	不可行	不可行	不可行
3	4.00	0.00	不可行	不可行	不可行
4	0.00	5.00	不可行	1054.90	不可行
5	0.00	9.00	不可行	1054.82	不可行
6	4.00	5.00	不可行	1054.82	不可行
7	5.00	0.00	1100.35	1054.90	2160.25
8	5.00	4.00	1100.35	1054.82	2164.17
9	9.00	0.00	1100.30	1054.82	2164.12

续上表

组合方案	第一阶段建设成本	第二阶段建设成本	第一阶段车流组织成本	第二阶段车流组织成本	总成本
10	0.00	5.00	不可行	不可行	不可行
11	0.00	9.00	不可行	不可行	不可行
12	4.00	5.00	不可行	不可行	不可行
13	0.00	10.00	不可行	1054.82	不可行
14	0.00	14.00	不可行	1054.73	不可行
15	4.00	10.00	不可行	1054.73	不可行
16	5.00	5.00	1100.35	1054.82	2165.17
17	5.00	9.00	1100.35	1054.73	2169.08
18	9.00	5.00	1100.30	1054.73	2169.03
19	5.00	0.00	不可行	不可行	不可行
20	5.00	4.00	不可行	不可行	不可行
21	9.00	0.00	不可行	不可行	不可行
22	5.00	5.00	不可行	1054.82	不可行
23	5.00	9.00	不可行	1054.73	不可行
24	9.00	5.00	不可行	1054.73	不可行
25	10.00	0.00	1100.21	1054.82	2165.03
26	10.00	4.00	1100.21	1054.73	2168.94
27	14.00	0.00	1100.16	1054.73	2168.89

由表 4-2 可知，组合方案 1 的总投资最少，但在两个阶段中均无法满足车流改编需求，应舍弃该方案。同样地，组合方案 2~6、方案 10~15、方案 19~24 等由于无法满足一个或两个阶段的车流改编需求，也不应纳入考虑范围。此外，尽管方案 27 在整个规划期的车流组织成本最小，仅为 2154.89 亿元，但该方案在第一阶段的建设成本高达到 14 亿元，超过了资金预算，也应舍弃。虽然组合方案 7 在整个规划期的车流组织成本最高，达到了 2155.25 亿元（其中第一阶段的年度车流集结成本为 2.32 亿元，年度车流改编成本为 1.15 亿元，年度车流走行成本为 230.15 亿元；第二阶段的年度车流集结成本为 2.39 亿元，年度车流改编成本为 1.16 亿元，年度车流走行成本为 243.50 亿元），但其总建设资金仅为 5 亿元，因此其总成本最低，仅为 2160.25 亿元，故为最优方案。在该方案下，技术站 Y_{06} 在第一阶段被改扩建为二级四场编组站，并在第二阶段不进行投资，保持二级四场站型不变。

根据第三章对编组站超负荷作业的分析，对于不可行组合方案 1~6、方案 10~15、方案 19~24，可引入编组站解体能力单位惩罚成本（原单位改编成本的 2 倍）和股道数量单位惩罚成本［0.5万元/(条·天)］进行可行化处理。先放开编组站的能力限制，得到理想条件下的最优改编方案及车流组织成本，再根据最优改编方案中各编组站的超负荷作业情况计算惩罚成本。依据此步骤进行计算，可得不可行组合方案1～6的总成本分别为2218.96亿元、2222.15亿元、2221.49亿元、2162.93亿元、2166.85亿元、2166.20亿元；方案10～15的总成本分别为2222.85亿元、2225.74亿元、2225.08亿元、2167.85亿元、2171.76亿元、2171.11亿元；方案19～24的总成本分别为2221.62亿元、2224.51亿元、2223.85亿元、2166.63亿元、2170.54亿元、2169.88亿元。不难发现，在考虑惩罚成本的情况下，组合方案7仍然是最优方案。事实上，更为准确的一种处理方式是引入编组站解体能力惩罚参数、股道数量惩罚参数、不可行流决策变量，完善数学模型后再利用Gurobi求解器进行精确求解。受篇幅所限，本章不对此方法进行深入讨论。

前已述及，第一阶段的基础数据与第三章算例中的基础数据相同，并且最优方案均为将Y_{06}改扩建为二级四场编组站，故各站在第一阶段中的作业负荷及调车线利用情况见表3-5，各区段负荷见表3-6，最优列车服务网络如图3-3所示，各直达去向的基本信息见表3-7，各股车流的改编情况见表3-8。第二阶段的OD在第一阶段的基础上增加了5%，导致部分编组站的负荷发生变化，最优方案下各站在第二阶段的本地负荷、远程有调车数、总负荷、解体能力利用率、本地股道数、远程股道数、总股道数以及股道利用率等指标见表4-3。

第二阶段各站的日均作业负荷及调车线利用情况　　　　　　　　表4-3

站名	本地负荷（车）	远程有调（车）	总负荷（车）	能力利用率（%）	本地股道（条）	远程股道（条）	总股道（条）	股道利用率（%）
Y_{01}	1347.14	0.00	1347.14	67.36	4	6	10	66.67
Y_{02}	1376.58	605.18	1981.76	44.04	5	8	13	37.14
Y_{03}	1110.97	146.40	1257.37	50.29	3	6	9	45.00
Y_{04}	1283.63	412.79	1696.42	84.82	4	8	12	80.00
Y_{05}	1116.73	104.09	1220.82	81.39	3	6	9	90.00
Y_{06}	1451.6	631.76	2083.36	83.33	4	11	15	75.00
Y_{07}	1273.70	0.00	1273.70	63.69	4	5	9	60.00
Y_{08}	1116.02	491.93	1607.95	64.32	3	9	12	60.00
Y_{09}	1445.91	233.28	1679.19	83.96	4	8	12	80.00
Y_{10}	1087.79	756.45	1844.24	73.77	4	9	13	65.00
Y_{11}	1327.83	141.63	1469.46	73.47	4	6	10	66.67
Y_{12}	1365.18	0.00	1365.18	54.61	4	5	9	45.00
Y_{13}	1266.38	498.70	1765.08	50.43	3	9	12	40.00

由表 4-3 可知，即使第二阶段的 OD 增加了 5%，铁路网各编组站的作业负荷均未超过 85%，其中解体能力利用率最高的编组站为 Y_{04}，达到了 84.82%；解体能力利用率最低的编组站为 Y_{02}，仅为 44.04%。值得注意的是，Y_{04} 的能力利用率已达到 84.82%，Y_{05} 的能力利用率已达到 81.39%，Y_{06} 的能力利用率已达到 83.33%，Y_{09} 的能力利用率已达到 83.96%，而 Y_{05} 的股道利用率甚至达到了 90%。若车流量进一步增加，则可以考虑将 Y_{04}、Y_{05}、Y_{06}、Y_{09} 进行改扩建。在第二阶段中，铁路网各区段的负荷见表 4-4。

第二阶段各区段的日均负荷 表 4-4

编号	区段	负荷（车）	百分比	编号	区段	负荷（车）	百分比
1	Y_{01}-Y_{02}	1347.13	77.75	10	Y_{09}-Y_{10}	1886.20	83.74
2	Y_{02}-Y_{03}	677.34	70.30	11	Y_{10}-Y_{11}	788.94	71.54
3	Y_{03}-Y_{04}	1214.30	76.27	12	Y_{06}-Y_{09}	1358.96	77.88
4	Y_{04}-Y_{05}	1037.99	74.31	13	Y_{07}-Y_{11}	422.02	67.47
5	Y_{02}-Y_{05}	1999.00	84.99	14	Y_{04}-Y_{12}	899.63	72.77
6	Y_{05}-Y_{06}	1485.86	79.29	15	Y_{12}-Y_{13}	1019.78	74.11
7	Y_{06}-Y_{07}	851.67	72.24	16	Y_{08}-Y_{12}	423.78	67.49
8	Y_{05}-Y_{08}	1986.63	84.85	17	Y_{10}-Y_{13}	849.71	72.22
9	Y_{08}-Y_{09}	1999.75	85.00	18	Y_{13}-Y_{11}	689.59	70.44

由表 4-4 可知，负荷在前两位的区段为 Y_{08}-Y_{09} 和 Y_{02}-Y_{05}，分别达到日均 1999.75 车和 1999 车，能力利用率分别为 85% 和 84.99%；而负荷在后两位的区段为 Y_{07}-Y_{11} 和 Y_{08}-Y_{12}，仅为日均 422.02 车和 423.78 车，能力利用率分别为 67.47% 和 67.49%。第二阶段的最优改编方案中共有 67 个直达去向，其中 36 个为相邻站间的直达去向，31 个为非相邻站间的直达去向，服务网络如图 4-2 所示。

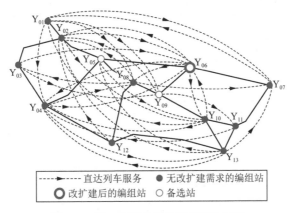

图 4-2 第二阶段的最优列车服务网络

上述直达去向大部分经由最短径路，只有 $Y_{02} \to Y_{10}$，$Y_{03} \to Y_{06}$，$Y_{03} \to Y_{09}$，$Y_{08} \to Y_{03}$，$Y_{10} \to Y_{04}$，$Y_{11} \to Y_{04}$，$Y_{12} \to Y_{02}$ 等 7 个直达去向经由次短径路。第二阶段各直达去向的始发站、终到站、日均直达流量大小 $f_{ij}^{\prime 2}$ 及车流强度 D_{ij}^{2} 见表 4-5。

第二阶段各直达去向的基本信息（单位：车）　　　　表 4-5

始发站	终到站	$f_{ij}^{\prime 2}$	D_{ij}^{2}	始发站	终到站	$f_{ij}^{\prime 2}$	D_{ij}^{2}
Y_{01}	Y_{02}	90.61	239.39	Y_{06}	Y_{07}	222.28	222.28
Y_{01}	Y_{04}	69.46	89.73	Y_{06}	Y_{08}	105.75	181.11
Y_{01}	Y_{07}	92.80	92.80	Y_{06}	Y_{09}	277.77	277.77
Y_{01}	Y_{08}	89.49	89.49	Y_{06}	Y_{10}	57.59	192.65
Y_{01}	Y_{09}	97.77	155.93	Y_{07}	Y_{01}	104.12	104.12
Y_{02}	Y_{01}	389.47	389.47	Y_{07}	Y_{06}	40.31	342.98
Y_{02}	Y_{03}	87.92	182.03	Y_{07}	Y_{11}	92.68	201.43
Y_{02}	Y_{05}	144.84	203.93	Y_{08}	Y_{02}	61.08	129.93
Y_{02}	Y_{06}	132.68	169.34	Y_{08}	Y_{03}	98.86	98.86
Y_{02}	Y_{10}	132.49	204.28	Y_{08}	Y_{05}	166.65	211.65
Y_{03}	Y_{02}	138.28	251.36	Y_{08}	Y_{07}	89.49	89.49
Y_{03}	Y_{04}	113.78	299.22	Y_{08}	Y_{09}	150.89	266.89
Y_{03}	Y_{06}	93.90	164.20	Y_{08}	Y_{12}	247.70	247.70
Y_{03}	Y_{09}	104.08	104.08	Y_{09}	Y_{02}	99.40	202.53
Y_{04}	Y_{03}	251.70	303.99	Y_{09}	Y_{06}	105.14	107.56
Y_{04}	Y_{05}	102.45	102.45	Y_{09}	Y_{08}	76.37	307.12
Y_{04}	Y_{06}	95.35	120.80	Y_{09}	Y_{10}	101.18	122.63
Y_{04}	Y_{08}	82.48	151.14	Y_{09}	Y_{11}	204.02	204.02
Y_{04}	Y_{12}	189.77	189.77	Y_{10}	Y_{01}	186.20	186.20
Y_{04}	Y_{13}	84.79	201.79	Y_{10}	Y_{04}	10.82	21.77
Y_{05}	Y_{02}	22.08	50.56	Y_{10}	Y_{06}	213.90	306.10
Y_{05}	Y_{04}	87.76	87.76	Y_{10}	Y_{09}	104.80	163.92
Y_{05}	Y_{06}	21.35	123.41	Y_{10}	Y_{11}	216.34	249.22
Y_{05}	Y_{08}	146.64	150.42	Y_{10}	Y_{13}	254.63	313.27
Y_{05}	Y_{10}	95.43	248.34	Y_{11}	Y_{04}	80.22	125.88
Y_{06}	Y_{02}	223.35	254.47	Y_{11}	Y_{07}	75.86	75.86
Y_{06}	Y_{04}	113.57	208.70	Y_{11}	Y_{10}	60.47	335.70
Y_{06}	Y_{05}	43.74	43.74	Y_{11}	Y_{13}	147.14	269.65

续上表

始发站	终到站	f'^2_{ij}	D^2_{ij}	始发站	终到站	f'^2_{ij}	D^2_{ij}
Y_{12}	Y_{02}	94.73	154.22	Y_{13}	Y_{05}	102.64	102.64
Y_{12}	Y_{04}	53.05	66.63	Y_{13}	Y_{07}	144.73	144.73
Y_{12}	Y_{08}	62.70	176.08	Y_{13}	Y_{10}	156.60	256.61
Y_{12}	Y_{13}	48.14	248.69	Y_{13}	Y_{11}	149.33	149.33
Y_{13}	Y_{02}	103.17	155.42	Y_{13}	Y_{12}	282.08	282.08
Y_{13}	Y_{04}	97.81	139.57				

由表4-5可知，第二阶段中车流强度最大的直达去向为$Y_{02} \rightarrow Y_{01}$，达到了389.47车，相当于每天编发7.79列。与之相反，车流强度最小的直达去向为$Y_{10} \rightarrow Y_{04}$，仅为21.77车，相当于每2.30天编发一列。67个直达去向的平均车流强度为183.68车，日均编发3.67列。出发直达去向数最多的编组站为Y_{06}和Y_{13}，达到了7个；到达直达去向数最多的编组站为Y_{02}和Y_{04}，达到了8个；出发直达去向数最少的编组站为Y_{07}，仅为3个；到达直达去向数最少的编组站为Y_{01}、Y_{03}和Y_{12}，均为3个。各股车流的在第二阶段的改编情况见表4-6。

车流大小及第一前方改编站（单位：车） 表4-6

始发站	第一前方改编站	终到站	f^k_{ij}	始发站	第一前方改编站	终到站	f^k_{ij}
Y_{01}	Y_{02}	Y_{03}	30.59	Y_{03}	Y_{04}	Y_{08}	40.65
Y_{01}	Y_{02}	Y_{05}	3.42	Y_{03}	Y_{04}	Y_{10}	30.14
Y_{01}	Y_{02}	Y_{06}	86.45	Y_{03}	Y_{04}	Y_{11}	11.12
Y_{01}	Y_{02}	Y_{10}	28.32	Y_{03}	Y_{04}	Y_{12}	66.45
Y_{01}	Y_{09}	Y_{11}	54.71	Y_{03}	Y_{04}	Y_{13}	37.08
Y_{01}	Y_{04}	Y_{12}	20.27	Y_{04}	Y_{03}	Y_{01}	13.87
Y_{01}	Y_{09}	Y_{13}	3.45	Y_{04}	Y_{03}	Y_{02}	38.42
Y_{02}	Y_{03}	Y_{04}	46.07	Y_{04}	Y_{06}	Y_{07}	25.45
Y_{02}	Y_{06}	Y_{07}	28.05	Y_{04}	Y_{08}	Y_{09}	68.66
Y_{02}	Y_{05}	Y_{08}	59.09	Y_{04}	Y_{13}	Y_{10}	64.00
Y_{02}	Y_{06}	Y_{09}	8.61	Y_{04}	Y_{13}	Y_{11}	53.00
Y_{02}	Y_{10}	Y_{11}	20.20	Y_{05}	Y_{02}	Y_{01}	14.63
Y_{02}	Y_{03}	Y_{12}	48.04	Y_{05}	Y_{02}	Y_{03}	13.85
Y_{02}	Y_{10}	Y_{13}	51.59	Y_{05}	Y_{06}	Y_{07}	7.20
Y_{03}	Y_{02}	Y_{01}	37.38	Y_{05}	Y_{06}	Y_{09}	94.86
Y_{03}	Y_{02}	Y_{05}	75.70	Y_{05}	Y_{10}	Y_{11}	98.66
Y_{03}	Y_{06}	Y_{07}	70.30	Y_{05}	Y_{08}	Y_{12}	3.78

续上表

始发站	第一前方改编站	终到站	f_{ij}^k	始发站	第一前方改编站	终到站	f_{ij}^k
Y_{05}	Y_{10}	Y_{13}	54.25	Y_{10}	Y_{06}	Y_{02}	85.77
Y_{06}	Y_{02}	Y_{01}	31.12	Y_{10}	Y_{04}	Y_{03}	10.95
Y_{06}	Y_{04}	Y_{03}	95.13	Y_{10}	Y_{06}	Y_{05}	6.43
Y_{06}	Y_{10}	Y_{11}	90.60	Y_{10}	Y_{11}	Y_{07}	32.88
Y_{06}	Y_{08}	Y_{12}	75.36	Y_{10}	Y_{09}	Y_{08}	59.12
Y_{06}	Y_{10}	Y_{13}	44.46	Y_{10}	Y_{13}	Y_{12}	58.64
Y_{07}	Y_{06}	Y_{02}	61.66	Y_{11}	Y_{10}	Y_{01}	96.89
Y_{07}	Y_{06}	Y_{03}	21.32	Y_{11}	Y_{10}	Y_{02}	1.70
Y_{07}	Y_{06}	Y_{04}	63.79	Y_{11}	Y_{04}	Y_{03}	45.66
Y_{07}	Y_{06}	Y_{05}	9.36	Y_{11}	Y_{10}	Y_{05}	2.71
Y_{07}	Y_{06}	Y_{08}	53.62	Y_{11}	Y_{10}	Y_{06}	98.43
Y_{07}	Y_{06}	Y_{09}	92.92	Y_{11}	Y_{10}	Y_{08}	9.16
Y_{07}	Y_{11}	Y_{10}	0.42	Y_{11}	Y_{10}	Y_{09}	66.34
Y_{07}	Y_{11}	Y_{12}	24.74	Y_{11}	Y_{13}	Y_{12}	122.51
Y_{07}	Y_{11}	Y_{13}	83.59	Y_{12}	Y_{02}	Y_{01}	59.49
Y_{08}	Y_{02}	Y_{01}	68.85	Y_{12}	Y_{04}	Y_{03}	13.58
Y_{08}	Y_{05}	Y_{04}	45.00	Y_{12}	Y_{08}	Y_{05}	11.87
Y_{08}	Y_{09}	Y_{06}	59.96	Y_{12}	Y_{08}	Y_{06}	24.32
Y_{08}	Y_{09}	Y_{10}	4.55	Y_{12}	Y_{13}	Y_{07}	62.01
Y_{08}	Y_{09}	Y_{11}	47.53	Y_{12}	Y_{08}	Y_{09}	77.19
Y_{08}	Y_{09}	Y_{13}	3.96	Y_{12}	Y_{13}	Y_{10}	79.37
Y_{09}	Y_{02}	Y_{01}	103.13	Y_{12}	Y_{13}	Y_{11}	59.17
Y_{09}	Y_{08}	Y_{03}	50.54	Y_{13}	Y_{02}	Y_{01}	52.25
Y_{09}	Y_{08}	Y_{04}	7.61	Y_{13}	Y_{04}	Y_{03}	41.76
Y_{09}	Y_{08}	Y_{05}	88.29	Y_{13}	Y_{10}	Y_{06}	59.22
Y_{09}	Y_{06}	Y_{07}	2.42	Y_{13}	Y_{10}	Y_{08}	13.06
Y_{09}	Y_{08}	Y_{12}	84.31	Y_{13}	Y_{10}	Y_{09}	27.73
Y_{09}	Y_{10}	Y_{13}	21.45				

由表 4-6 可知，该铁路网的日均改编量为 4022.21 车次，平均每车约改编 0.49 次（4022.21/8284.73，第二阶段铁路网总车流量为 8284.73 车），日均改编成本为 15896.10 车小时，平均单位改编成本约为 3.95h（15896.10/4022.21）。

模拟退火算法经过约 3s 的计算后得到近似最优解，两种方法在计算质量和求解效率上的对比分析见表 4-7。

表 4-7　Gurobi 7.5.2 和模拟退火算法的计算结果比较

指标	Gurobi 7.5.2	模拟退火算法
求解时间（s）	323	3
改扩建编组站	Y_{06}	Y_{06}
改扩建方案	第一阶段二级四场 第二阶段保持规模	第一阶段二级四场 第二阶段保持规模
总投资（亿元）	5.00	5.00
总车流集结成本（亿元）	21.13	21.80
总车流改编成本（亿元）	10.37	12.26
总车流走行成本（亿元）	2123.75	2143.15
总车流组织成本（亿元）	2155.25	2177.21
总成本（亿元）	2160.25	2182.21
GAP	0.00%	1.02%

由表 4-7 可知，模拟退火算法所得的优化投资方案也为在第一阶段将 Y_{06} 改扩建为二级四场编组站，并在第二阶段保持二级四场站型不变。就计算质量而言，该解（模拟退火算法得出总成本）与全局最优解的 GAP 仅为 1.02%，解的质量较高。就求解效率而言，Gurobi 求解器的计算时间为 323s，而模拟退火算法的计算时间仅为 3s，后者效率远高于前者。因此，采用模拟退火算法解决实际规模的编组站布局优化问题更为合理。

第五章

基于模拟退火算法的编组站布局优化实证研究

基于铁路车流改编链的编组站布局优化问题是一个典型的组合优化问题。虽然本文第二章～第四章构建的数学规划模型均已线性化,可采用 Gurobi 求解器解决小规模问题,但对于实际规模的编组站布局优化问题,Gurobi 求解器则较为乏力,需采用启发式算法进行高效求解。故本章采用模拟退火算法求解第三章构建的数学模型 MODEL 3-1,并以我国铁路网为背景进行实证研究。

第一节 基础数据准备

一、支点网络构建

本章以我国铁路网为背景,对单阶段编组站布局优化问题进行实证研究,其基本流程如图 5-1 所示。

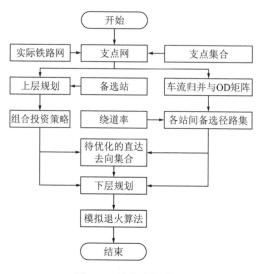

图 5-1 基本求解流程

为构建支点铁路网，不妨从实际铁路网中选取部分车站作为支点站。确定支点的主要原则包括：①总体支点数量应该适当，支点过多易导致运算时间过长，支点过少易导致计算结果粗糙；②支点应能够代表路网结构的主要特征，衔接较多的干支线铁路；③支点应具有一定规模的技术设备，以适应车流集结、改编的要求；④支点应具有较大的货物发送量和到达量；⑤一个枢纽一般只设立一个支点；⑥大型装车站、卸车站和港口站等也可考虑确定为支点。根据上述原则，最终确定了 127 个支点，构建的支点网如图 5-2 所示。

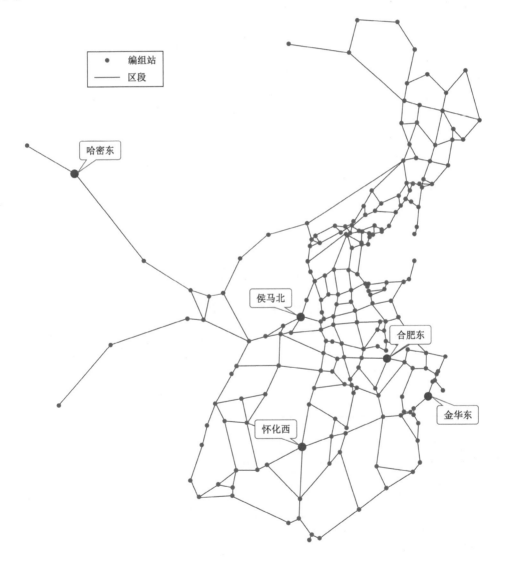

图 5-2　支点网

实际铁路网中共有约 52 万股 OD，近一半 OD（约 40%）日均集结 25 车以上，对于这部分 OD 应编发始发直达列车。此外，约 1% 的 OD 属于高附加值货物，一般通过快运班列运输。对于剩下的 OD（约 59%），若其始发站或终到站不包括在 127 个支点中，则需要将其归并至合适的支点，归并方法如下：对于始发站不在 127 个支点之列的车流，将其始发站替换为其最短径路上距离原始发站最近的支点站，并将该部分车流视为新始发站的原始车流；类似地，对于终到站不在 127 个支点之列的车流，将其终到站替换为其最短径路上距离原终到站最近的支点站，并将该部分车流视为新终到站的终到车流。这样一来，OD 数量便从 52 万股缩减至 14440 股。

二、备选站选取

为简化处理，仅选取合肥东站、侯马北站、怀化西站、金华东站和哈密东站为备选站。根据相关文献资料可知，合肥东、侯马北和怀化西为二级四场编组站，金华东和哈密东为一级三场编组站。不妨假设这 5 个备选站均有两种投资建设方案，具体见表 5-1。

各备选站的投资建设方案　　　　　　　　　　　　　　　　表 5-1

备选站	合肥东	侯马北	怀化西	金华东	哈密东
方案 0	不改扩建	不改扩建	不改扩建	不改扩建	不改扩建
方案 1	三级六场	三级六场	三级六场	二级四场	二级四场

在不同改扩建方案下，各备选站的主要参数见表 5-2。

不同改扩建方案下备选站的主要参数　　　　　　　　　　　表 5-2

备选站	合肥东	侯马北	怀化西	金华东	哈密东
c_i（h）	11.3	11.5	11.4	11.2	11.0
τ_k（h）	3.5	3.5	3.6	4.1	4.2
τ_k^1（h）	2.4	2.5	2.5	3.4	3.3
I_k^1（亿元）	19	17	18	5	9
C_k^{Total}（车）	2600	4500	3500	2700	1800
C_k^{Local}（车）	1256	3366	921	2044	1140
ΔC_k^1（车）	4750	3800	4000	1000	1500
S_i^{Total}（条）	25	29	26	21	16
S_i^{Local}（条）	3	9	3	5	4
ΔS_i^1（条）	30	28	29	5	8

表 5-2 中 I_k^1 表示将备选站 k 按方案 1 改扩建所需的建设资金，例如将合肥东改扩建为三级六场编组站需要 19 亿元，而将金华东改扩建为二级四场编组站仅需 5 亿元。不妨假

设备方案下备选站的服务年限均为 50 年，即 $T_k^p = 50$；投资折现率设为 2%，即 $\gamma = 2\%$；车小时转化系数设为 20 元/车小时，即 $\alpha = 20$；车公里转化系数设为 7 元/车公里，即 $\mu = 7$；建设资金预算设为 40 亿元，即 $B = 40$；编成辆数设为 50 车，即 $m_{ij} = 50$。为获取各站间直达列车的备选径路集，将绕道率（绕行径路里程/最短径路里程）设为 1.1，即对某直达列车而言，其可选径路包括最短径路，以及物理里程是其最短径路里程 1.1 倍及其以内的径路。前已述及，相邻站之间必开行直达列车，满足绝对条件的 OD 也经由直达列车运输。与之相反，如果站 i 至站 j 的理论最大车流强度 $D_{ij}^{\max}$ 满足如下不等式，则必不提供 $i \to j$ 的直达去向：

$$D_{ij}^{\max} \sum_{k \in \rho(i,j)} \tau_k \leqslant c_i m_{ij} \quad \forall i, j \in V^{\text{Oiiginal}} \cup V^{\text{Potential}}, i \neq j \tag{5-1}$$

式(5-1)表示站 i 至站 j 的理论最大车流在途中每一个编组站进行改编作业的成本之和不大于其在站 i 的集结成本。这样一来，满足上述不等式的直达去向将从待优化的直达去向集合中移除，达到了预优化的目的。

第二节　优化结果分析

一、组合投资方案比选

易知共有 32 种（2×2×2×2×2）组合投资方案，使用模拟退火算法进行优化求解，算法平均求解时长为 493s。各组合投资方案的年化投资、年度车流组织成本和年度总成本见表 5-3。

各组合投资方案的成本（单位：亿元） 表 5-3

组合方案	合肥东	侯马北	怀化西	金华东	哈密东	年化投资	年度组织成本	年度总成本
1	不改扩建	不改扩建	不改扩建	不改扩建	不改扩建	0.00	2360.94	2360.94
2	不改扩建	不改扩建	不改扩建	不改扩建	二级四场	0.27	2360.92	2361.19
3	不改扩建	不改扩建	不改扩建	二级四场	不改扩建	0.15	2361.04	2361.19
4	不改扩建	不改扩建	不改扩建	二级四场	二级四场	0.42	2360.95	2361.37
5	不改扩建	不改扩建	三级六场	不改扩建	不改扩建	0.54	2360.87	2361.41
6	不改扩建	不改扩建	三级六场	不改扩建	二级四场	0.81	2360.84	2361.65
7	不改扩建	不改扩建	三级六场	二级四场	不改扩建	0.69	2360.82	2361.51
8	不改扩建	不改扩建	三级六场	二级四场	二级四场	0.96	2360.88	2361.84
9	不改扩建	三级六场	不改扩建	不改扩建	不改扩建	0.51	2360.96	2361.47

续上表

组合方案	合肥东	侯马北	怀化西	金华东	哈密东	年化投资	年度组织成本	年度总成本
10	不改扩建	三级六场	不改扩建	不改扩建	二级四场	0.78	2360.96	2361.74
11	不改扩建	三级六场	不改扩建	二级四场	不改扩建	0.66	2360.94	2361.60
12	不改扩建	三级六场	不改扩建	二级四场	二级四场	0.93	2360.84	2361.77
13	不改扩建	三级六场	三级六场	不改扩建	不改扩建	1.05	2360.86	2361.91
14	不改扩建	三级六场	三级六场	不改扩建	二级四场	1.32	2360.80	2362.12
15	不改扩建	三级六场	三级六场	二级四场	不改扩建	1.20	2360.74	2361.94
16	不改扩建	三级六场	三级六场	二级四场	二级四场	1.47	2360.75	2362.22
17	三级六场	不改扩建	不改扩建	不改扩建	不改扩建	0.57	2360.18	2360.75
18	三级六场	不改扩建	不改扩建	不改扩建	二级四场	0.84	2360.40	2361.24
19	三级六场	不改扩建	不改扩建	二级四场	不改扩建	0.72	2360.25	2360.97
20	三级六场	不改扩建	不改扩建	二级四场	二级四场	0.99	2360.16	2361.15
21	三级六场	不改扩建	三级六场	不改扩建	不改扩建	1.11	2360.10	2361.21
22	三级六场	不改扩建	三级六场	不改扩建	二级四场	1.38	2360.12	2361.50
23	三级六场	不改扩建	三级六场	二级四场	不改扩建	1.26	2360.14	2361.40
24	三级六场	不改扩建	三级六场	二级四场	二级四场	1.53	2360.21	2361.74
25	三级六场	三级六场	不改扩建	不改扩建	不改扩建	1.08	2360.15	2361.23
26	三级六场	三级六场	不改扩建	不改扩建	二级四场	1.35	2360.17	2361.52
27	三级六场	三级六场	不改扩建	二级四场	不改扩建	1.23	2360.11	2361.34
28	三级六场	三级六场	不改扩建	二级四场	二级四场	1.50	2360.07	2361.57
29	三级六场	三级六场	三级六场	不改扩建	不改扩建	1.62	2360.05	2361.67
30	三级六场	三级六场	三级六场	不改扩建	二级四场	1.89	2360.04	2361.93
31	三级六场	三级六场	三级六场	二级四场	不改扩建	1.77	2359.95	2361.72
32	三级六场	三级六场	三级六场	二级四场	二级四场	2.04	2360.16	2362.20

由表 5-3 可知，方案 17 的年度总成本最低，即将合肥东改扩建为三级六场编组站为最佳方案。该方案的总投资为 19 亿元，年化投资为 0.57 亿元；年度车流组织成本为 2360.18 亿元，其中车流集结成本为 34.92 亿元，改编成本为 20.18 亿元，走行成本为 2305.08 亿元；年度总投资为 2360.75 亿元（0.57 + 2305.08）。需要注意的是，方案 1 的建设成本最低，但其年度车流组织成本并非最高（方案 3 的年度车流组织成本最高）；类似地，方案 32 的建设成本最高，但其年度车流组织成本并非最低（方案 31 的年度车流组织成本最低）。这可能是由于模拟退火算法获得的解并不一定是全局最优解。从整体来看，高建设成本方案对

应的车流组织成本还是普遍少于低建设成本方案对应的车流组织成本，例如方案 17 之于方案 1，方案 18 之于方案 2，方案 19 之于方案 3。5 个备选站的作业负荷、解体能力利用率、调车线利用率等指标见表 5-4。

最优方案下备选站的作业负荷及调车线利用情况　　　　表 5-4

站名	本地负荷（车）	远程有调（车）	总负荷（车）	能力利用率（%）	本地股道（条）	远程股道（条）	总股道（条）	股道利用率（%）
合肥东	1256	4540	5796	78.86	3	38	41	74.55
侯马北	3366	375	3741	83.13	9	17	26	89.66
怀化西	921	1503	2424	69.26	3	14	17	65.38
金华东	2044	194	2238	82.89	5	12	17	80.95
哈密东	1140	70	1210	67.22	4	5	9	56.25

由表 5-4 可知，5 个备选站的解体能力利用率分别为 76.77%、83.13%、69.26%、82.89%、67.22%；股道利用率分别为 74.55%、89.66%、65.38%、80.95%、56.25%；利用率均较为合理，运输资源得到有效利用。5 个备选站的发、到直达去向如图 5-3 所示。

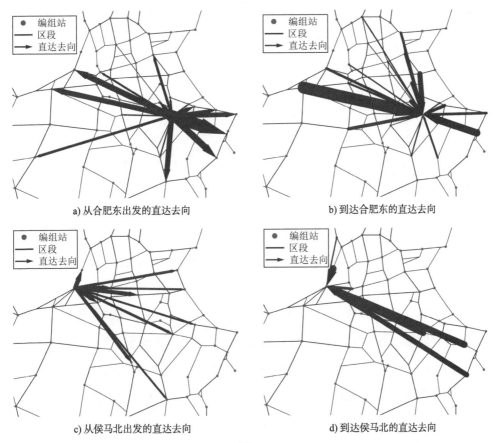

a) 从合肥东出发的直达去向　　　　b) 到达合肥东的直达去向

c) 从侯马北出发的直达去向　　　　d) 到达侯马北的直达去向

图 5-3

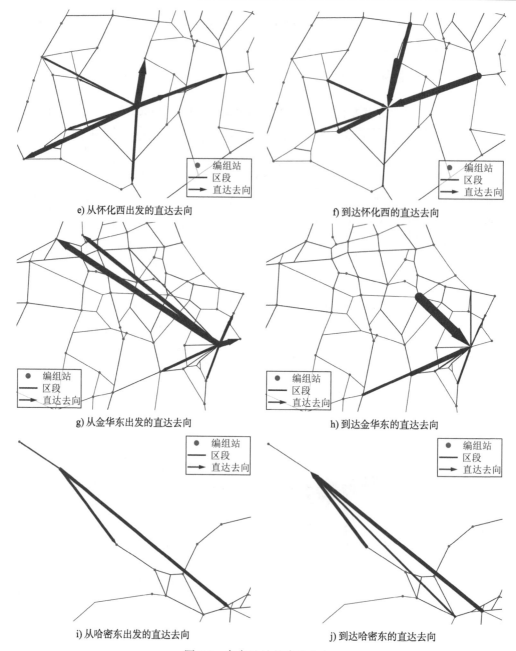

图 5-3　各备选站的直达去向

如图 5-3 所示，备选站的发、到直达去向由实线和箭头表示。实线越粗则车流强度越大，箭头指向终到站。图 5-3a）和 b）分别表示合肥东的发、到直达去向。具体来说，平均每天有 21 个直达去向（107.3 列）从合肥东发出，24 个直达去向（101.4 列）终到合肥东。出发直达去向中车流强度最大的为合肥东→芜湖东，日均编发 14.8 列；到达直达去向中车流量最大的为新丰镇→芜湖东，日均到达 14.03 列。图 5-3c）和 d）分别表示侯马北的发、到直达去向。平均每天有 12 个从侯马北出发的直达去向（42.2 列），9 个到达侯马北的直达去向（40.1 列）。出发直达去向中车流强度最大的为侯马北→介休，日均编发 5.57 列；到达直达去向中车流强度最大的为介休→侯马北，日均编发 11.91 列。图 5-3e）和 f）分别表示怀化西的发、到直达去向。平均每天有 10 个从怀化西出发的直达去向（39.9 列），10 个到达怀化西的直达去向（39.3 列）。出发直达去向中车流强度最大的为怀化西→石门县北，日均编发 7.72 列；到达直达去向中车流强度最大的为向塘西→怀化西，日均编发 6.98 列。图 5-3g）和 h）分别表示金华东站的发、到直达去向。平均每天有 10 个从金华东出发的直达去向（26.3 列），10 个到达金华东的直达去向（22.7 列）。出发直达去向中车流强度最大的为金华东→侯马北，日均编发 5.86 列；到达直达去向中车流强度最大的为合肥东→金华东，日均编发 8.33 列。图 5-3i）和 j）分别表示哈密东的发、到直达去向。平均每天有 3 个从哈密东出发的直达去向（11.8 列），4 个到达哈密东的直达去向（13.9 列）。出发直达去向中车流强度最大的为哈密东→嘉峪关，日均编发 4.99 列；到达直达去向中车流强度最大的为新丰镇→哈密东，日均编发 5.81 列。

  事实上，该优化方案中共有 852 个直达去向，每个编组去向的平均车流强度为 208.68 车，编发频率为 4.21，即每 5.70h（24/4.21）编发一列货物列车。127 个支点站的日均改编车数达 75851 车，每股 OD 的平均改编次数为 0.74 次，平均单位改编成本为 3.64h。5 个备选站的出度、入度、出强度、入强度等复杂网络分析指标见表 5-5。

改扩建前后各备选站的复杂网络分析指标　　　　　　　　表 5-5

	备选站	出度	入度	出强度	入强度	编发列车	到达列车
改扩建前	合肥东	18	17	2112	1819	42.60	36.80
	侯马北	13	10	2115	2011	42.40	40.20
	怀化西	10	11	1988	1936	39.80	39.30
	金华东	11	12	1307	1130	26.30	22.70
	哈密东	3	4	587	693	11.80	13.90
	网络平均	7.3	7.3	1462	1462	29.23	29.23
改扩建后	合肥东	21	24	5319	5026	107.30	101.40
	侯马北	12	9	2110	2006	42.20	40.10
	怀化西	10	10	1990	1937	39.90	39.30
	金华东	10	10	1305	1128	26.30	22.70
	哈密东	3	4	587	693	11.80	13.90
	网络平均	7.2	7.2	1462	1462	29.23	29.23

根据表 5-5 可知，得益于改扩建后解体能力的提高和调车线数量的增加，合肥东能够改编更多的车流并编发更多的列车。合肥东的出度（出发直达去向数）由 18 增加至 21，入度（到达直达去向数）由 17 增加至 24；其出强度（出发直达去向的总车数）由 2112 增加至 5319，入强度（到达直达去向的总车数）由 1819 增加至 5026。此外，改扩建后合肥东的日均到、发列车数均超过了 100 列，这体现出合肥东在中国铁路网中的重要性。相反，侯马北、怀化西和金华东的部分指标略微下降，这证明了改扩建某个编组站确实会影响相关编组站的作业负荷。由于哈密东位于中国西北边陲，距其他备选站较远，故合肥东的改扩建对该站几乎没有影响，各项指标在改扩建前后保持不变。字段"网络平均"的出度是指该铁路网中每一个支点站的平均出发直达去向数，同理可知入度、出强度等指标的含义，在此不再赘述。

二、参数灵敏度分析

此外，为分析参数的变化对优化结果的影响，本节对部分关键参数进行灵敏度分析，具体包括合肥东改扩建为三级六场编组站后的单位改编成本 τ_k^1，改扩建后增加的解体能力 ΔC_k^1，改扩建后增加的调车线数量 ΔS_k^1，模拟退火算法的降温速率 ω，以及绕道率 ε。针对每个参数分别进行 8 次计算试验，上述参数的标准值及变化步长见表 5-6。

部分关键参数的标准值及变化步长　　　　表 5-6

参数	标准值	变化步长	计算试验中的取值
τ_k^1	2.4	0.1	2.2, 2.3, 2.4, 2.5, 2.6, 2.7, 2.8, 2.9
ΔC_k^1	4750	500	1750, 2250, 2750, 3250, 3750, 4250, 4750, 5250
ΔS_k^1	30	4	6, 10, 14, 18, 22, 26, 30, 34
ω	0.95	0.1	0.91, 0.92, 0.93, 0.94, 0.95, 0.96, 0.97, 0.98
ε	1.1	0.05	1.00, 1.05, 1.10, 1.15, 1.20, 1.25, 1.30, 1.35

表 5-6 中，字段"标准值"指组合投资方案 17 对应的相关参数取值。由于编组站单位改编成本的变化范围为 2.2~4.5，故将 τ_k^1 的变化步长设为 0.1。由于在扩能改造中编组站的解体能力呈阶跃式变化，故将 ΔC_k^1 的变化步长设为 500。类似地，调车线数量通常以线束为单位增加，每个线束包含多条调车线，故将 ΔS_k^1 的变化步长设为 4。由于模拟退火算法在低温时需要温度缓慢下降以确保有足够的时间寻找基态，因此为提高求解质量，将 ω 的变化步

长设为 0.1。绕道率 $\varepsilon = 1.00$ 表示列车走行最短径路，$\varepsilon = 1.35$ 表示列车可以走行比最短路里程长 0～35%的径路，由此可知 ε 的最小取值为 1.00。同时为避免过度绕行，不妨将变化步长设为 0.05。各关键参数在不同取值下的年度车流组织成本变化曲线和迭代次数变化曲线如图 5-4 所示。

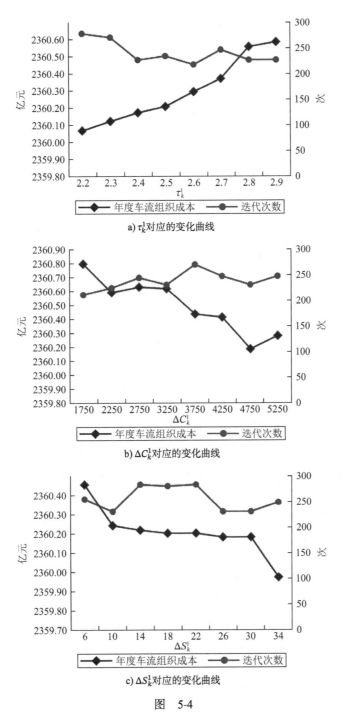

a) τ_k^1 对应的变化曲线

b) ΔC_k^1 对应的变化曲线

c) ΔS_k^1 对应的变化曲线

图 5-4

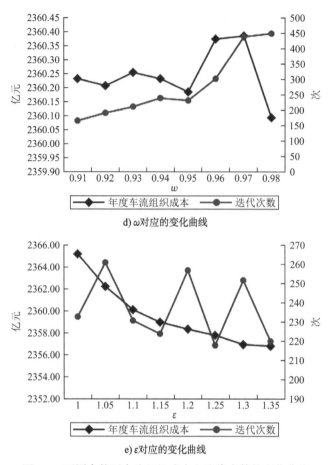

d) ω 对应的变化曲线

e) ε 对应的变化曲线

图 5-4　不同参数下车流组织成本和迭代次数的变化曲线

如图 5-4a）所示，年度车流组织成本对 τ_k^1 的变化较为敏感，随着 τ_k^1 的增大而增大。例如当 $\tau_k^1 = 2.2$ 时，年度车流组织成本为 2360.08 亿元；当 $\tau_k^1 = 2.9$ 时，年度车流组织成本增加至 2360.60 亿元。原因在于合肥东单位改编成本的增加，使整个路网的平均单位改编成本增加，从而导致车流组织总成本上升。然而，模拟退火算法的迭代次数似乎对 τ_k^1 的变化不敏感，未呈现出明显的规律性。

与之相反的是，如图 5-4b）所示，年度车流组织成本大致上随着 ΔC_k^1 的增加而减小。例如当 $\Delta C_k^1 = 1750$ 时，年度车流组织成本为 2360.79 亿元；当 $\Delta C_k^1 = 5250$ 时，年度车流组织成本减小至 2360.28 亿元。这主要是因为合肥东改扩建后，其单位改编成本由 3.5 降至 2.4，部分原本在高单位改编成本的编组站改编的车流转移至合肥东站改编，能够减小车流改编成本。因此，合肥东站的解体能力越大，能够改编的车流就越多，也即能够减小更多车流的改编成本。随着 ΔC_k^1 的增加，迭代次数基本保持稳定。

类似地，如图 5-4c）所示，年度车流组织成本随着 ΔS_k^1 的增加而减小。例如当 $\Delta S_k^1 = 6$

时，年度车流组织成本为 2360.45 亿元；当 $\Delta S_k^1 = 34$ 时，年度车流组织成本减小至 2359.97 亿元。这一方面是因为合肥东改扩建后其单位改编成本降低，能够削减部分车流的改编成本；另一方面是因为合肥东调车线数量的增加为开行更多的直达去向和直达列车提供支撑。低单位改编成本的编组站改编的车流越多则铁路网车流组织成本的下降幅度就越大。然而，随着 ΔS_k^1 的增加，迭代次数基本保持稳定。

如图 5-4d）所示，迭代次数随着 ω 的增加而增加，呈现正相关关系。例如当 $\omega = 0.91$ 时，迭代次数为 166 次；当 $\omega = 0.98$ 时，迭代次数为 447 次。这主要是因为温度更新系数 ω 越大，则每一次迭代的温度下降幅度越小，降低至相同温度所需的迭代次数就越多。然而，随着 ω 的增加，年度车流组织成本上下波动，并未体现出明显的趋势，似乎随着计算时间的增加，解的质量并不一定上升。这可能是因为计算试验次数和迭代次数均不够多（本文仅针对 ω 做了 8 次计算试验，最多迭代 447 次）。若增加计算试验次数和迭代次数，年度车流组织成本可能呈现出明显的变化趋势。

如图 5-4e）所示，随着绕道率的增加，年度车流组织成本稳步下降，二者呈现负相关关系。例如当 $\varepsilon = 1.00$ 时，年度车流组织成本为 2365.19 亿元；当 $\varepsilon = 1.35$ 时，年度车流组织成本为 2356.84 亿元。这主要是因为绕道率的增加使直达列车的可选径路增多，使获取更高质量的车流改编链成为可能。迭代次数似乎对绕道率的变化不敏感，随着绕道率的增加而上下波动。

第三节　创新点和研究展望

一、主要创新点

（1）为解决无能力约束的编组站改编负荷问题，理论篇将车流径路与改编链进行一体优化。不同于预先固定车流走行径路，可能开行的直达列车可从备选径路集中选择走行径路，这使得获取更高质量的车流改编链成为可能。此外，通过布尔型变量刻画编组站布局优化问题中的一些关键决策因素，例如两站之间是否开行直达去向、直达列车是否经由第 l 条径路、两站之间的车流是否在站 k 改编等，这使得数学表达式简洁明了。为获取理想状态下的编组站作业负荷分布，模型放开编组站的能力约束，包括解体能力约束和调车线数量约束，并引入辅助决策变量和"M"将模型线性化，使利用商业软件获取全局最优解成为可能。

（2）为解决单阶段编组站布局优化问题，理论篇构建了双层规划模型。上层规划以年化投资和年度车流组织成本最小为优化目标，将不进行改扩建作为特殊的投资方案，同时引入资金回收系数用以年化项目投资。下层规划以日均车流组织成本最小为优化目标，包括车流集结成本、改编成本以及走行成本。考虑到同一编组站每天的作业负荷可能出现波动，引入编组站可用解体能力系数，将各编组站的日均作业量限制在一个合理的水平，避免改编高峰时段编组站能力过饱和。通过引入辅助决策变量将分段函数线性化，将下层规划转化为标准的整数线性规划模型。

（3）为解决多阶段编组站布局优化问题，理论篇将整个规划期细分为多个子规划期，构建了编组站分阶段建设的双层规划模型。上层规划以整个规划期内的编组站建设成本和铁路网车流组织成本最小化为优化目标，巧妙地设置了编组站多阶段投资决策变量，并考虑了相邻阶段的站型延续性约束。为便于计算各组合投资方案的总成本，引入净现值转化系数将各阶段的车流组织成本转化为规划期期初的净现值。在此基础上，下层规划以各阶段日均车流组织成本的期初净现值最小为优化目标，考虑各阶段改扩建（或新建）后的编组站解体能力约束、调车线数量约束、各区段的通过能力约束以及决策变量之间的逻辑约束。

二、未来研究展望

（1）理论篇已将构建的模型全部转化为线性模型，小规模问题可采用商业软件进行精确求解，大规模问题可采用模拟退火算法求得近似最优解。由于编组站建设动辄数十亿元，占地上千亩，投资决策部门往往希望获得全局最优解，因此在未来的研究中可针对大规模编组站布局优化问题设计精确算法。

（2）在理论篇中，为简化处理，算例基本上只考虑了各站间直达列车的最短径路和次短径路，车流的潜在改编站仅限于最短径路和次短径路上的编组站；并且当编组站的能力无法满足所有车流的改编需求时，直接将方案判定为不可行方案。为进一步提高车流改编链的质量，在未来的研究中可扩充备选径路集和潜在改编站；并且可通过引入惩罚系数来测算不可行流造成的损失，对模型加以拓展和深化。

（3）随着高附加值货物运输需求的增加，快运班列的编发数量呈增长态势。不同于传统的货物列车，快运班列讲求时效性，并且途中往往不需要解编，仅需换挂作业。为满足快运班列的作业需求，可考虑对既有编组站进行相应的改扩建，例如增设辅助调车场或箭翎线。此外，还可将走行时间纳入考虑范围，将车流走行成本拓展为广义走行成本。因此，考虑快运班列编发比重的编组站布局优化问题是未来的另一个研究方向。

实践篇

PRACTICE PART

第六章

国外编组站建设的经验借鉴

纵观国外铁路编组站的发展历程,发达国家编组站总体上先后经历了大规模建设时期、改造合并时期、现代化发展时期。既有部分国家积极推动编组站改扩建和现代化发展,也有部分国家完全废除编组站系统转而大力发展直达运输。充分借鉴国外编组站建设的有益经验,对于明确我国编组站的建设重点、研判未来发展方向大有裨益。

第一节 国外编组站建设的阶段划分

一、大规模建设时期

19世纪末到20世纪20年代是国外大规模建设编组站的阶段。据统计,在该阶段,美国、英国、德国、法国、俄国(后于1917年演变为苏维埃俄国)、日本等国家先后建成了约3000个编组站。其中,美国约1200个,俄国约500个,英国约300个,日本约200个,法国和德国约100个。编组站数量虽多,但采用的设备、平纵断面设计、车站作业组织等都比较落后,解编能力和到发能力均较低,解编作业量超过2000车/d的编组站占比仅30%左右。其中,美国约350个,俄国约200个,英国约100个,法国约80个,德国约60个,日本约40个。由于铁路公司间的无序竞争,部分铁路枢纽城市设有10多个分属于不同公司的编组站,导致列车大量重复解编,运输时间明显增加。从站型来看,各国主要采用双向站型。其中,英国的双向编组站约占70%,德国占65%,日本占50%,法国占36%,美国占24%以上。

二、缩减合并时期

20世纪30年代到60年代,随着公路、民航、管道等运输方式的快速发展,铁路行业受到巨大冲击。铁路运输由于作业效率较低、货物在途时间较长,在与其他运输方式的竞争中"败下阵来",客货运输市场份额大幅减少,这迫使相关国家调整铁路生产力布局。为了提高铁路竞争力,相关国家一方面大量拆除运量少、标准低、成本高、效益差的铁路线路和站场,另一方面依靠科技赋能,优化铁路运输组织模式,大力发展直达运输、集装箱运输、铁公水联运,优化完善铁路编组站的空间布局和任务分工。在最大限度地集中调车作业和减少编组站数量的战略思想指导下,以美国、法国、德国等为代表的国家大量关闭小型编组站,各铁路公司间积极开展协作,减少和关闭作业低效、功能重复的编组站。日本更是于1984年起实行"面向市场的基地站间的直达运输",在全国范围内取消和关闭了所有编组站。目前,日本铁路货运以直达运输为主。

三、现代化发展时期

20世纪70年代以来,随着计算机、信息技术的广泛应用,编组站自动化程度越来越高,催生出了众多综合自动化编组站,如美国北普拉特的贝利(Bailey)编组站、堪萨斯城的阿格汀(Argentine)编组站以及德国汉堡的马胜(Maschen)编组站等,编组站的作业能力和效率明显提高。随着信息管理技术和控制技术的不断发展,以美国的Pro Yard-PHC系统和德国的CM500系统为代表,国外编组站的综合自动化技术日趋成熟,基本实现运输信息及控制信息的共享。这些编组站的共性主要体现在以下两个方面:一是实现驼峰自动化,驼峰采用双溜放作业,增加调车场、到发场股道数量,同时实现调车场尾部编组的自动化。二是编组站不断朝着综合自动化的方向发展,更广泛地应用新技术、新设备,作业效率、作业安全、作业条件等均得到进一步提高和改善。

专栏6-1

国外铁路编组站的站型发展规律

国外铁路编组站采用的站型虽然各具特点,但也有共性规律。

20世纪30年代以前,美、德、日等国家的铁路编组站,凡解编作业量超过6000车/d的编组站,一般采用双向站型。例如,德国建成的62个主要编组站中,采用双向站型的29个,占比约47%。

20世纪50年代以来,随着驼峰实现机械化、自动化,编组站的解编能力大幅提升(一般在30%以上),单向编组站能解编8000~10000车/d(配设有单溜放自动化驼峰)作业,最高可达14000~16000车/d(配设有双溜放自动化驼峰)。考虑到规模作业的经济性和设备集中管理的需要,相关国家逐步以单向站型作为新建和改建编组站的发展方向。例如,美国20世纪50年代以来改建和新建的编组站，90%以上采用单向站型。联邦德国认为，单向编组站的解编能力可达10000车/d，而在其建设的28个双向编组站中，仅5个编组站的解编作业量超过10000车/d，7个编组站的解编作业量在6000～10000车/d，因此联邦德国考虑将其中19个双向编组站改建为单向编组站。法国改建和新建的10余个编组站也全部采用单向站型。

事实上，单向编组站也有2种不同的发展趋势。开行长、大、重货物列车的国家，如美国、加拿大等，一般采用二级混合式站型（到达场和调车场纵列，出发场和调车场横列）和一级横列式站型（到发场和调车场横列）；开行短、小、轻货物列车的国家，如英国、法国、日本等，一般采用三级纵列式站型（到达场、调车场、出发场纵列）。总体而言，国外铁路编组站无论采用二级式或是三级式站型，都主要从技术经济角度出发，而非从作业能力出发。在作业能力足够的前提下，建设成本能省即省，不片面追求作业的流水性。

国外铁路编组站各车场的股道数量通常较多且具有以下特点：一是到达场股道数量一般为8～14条（个别达到20条），出发场股道数量一般比到达场多1～2条。二是调车场的股道有效长通常比到发场股道有效长多10%左右。开行长、大、重货物列车的国家，调车场股道有效长平均在1000m；开行短、小、轻货物列车的国家，调车场股道有效长在500～800m。

第二节 典型国家的编组站建设情况

一、美国编组站建设情况

美国是世界上铁路营业里程最长的国家，1830年建成本国第一条铁路后便持续推动铁路基础设施建设，1916年铁路营业里程高达41万km，达到历史峰值，拥有铁路枢纽2000多个，各类私营铁路公司2000多家。此后，随着公路、水路、民航的快速发展，铁路运输市场受到极大挤压，铁路公司开始相互兼并以降低运营成本、提高经济效益、增强市场竞争力，合并后的新铁路公司大量拆除不必要的平行铁路和经济效益差的铁路。从20世纪30年代开始，美国铁路营业里程逐年减少，在短短20年内就拆除了约20万km铁路，一级铁路公司到20世纪末合并为6家。

美国既有编组站的布局基本上是由各铁路公司根据自身发展需要独立建设形成的。大中型编组站主要设于东部地区的纽约、费城、华盛顿、巴尔的摩、波士顿等城市,中部地区的芝加哥、圣保罗、底特律、堪萨斯城、克利夫兰等城市,西部太平洋沿岸地区的波特兰、西雅图、埃弗雷特、萨克拉门托、奥克兰等城市。美国编组站大部分采用单向站型,以到达场、调车场纵列布局的二级式居多;少部分采用双向站型,以到达场、调车场、出发场纵列的三级式居多。美国既有编组站往往根据地形和购地条件布设有多个到发场,每场设到发线 8～14 条(个别达到 20 条),出发场股道数量较到达场通常多 1～2 条;调车场的调车线一般在 30～40 条,少部分在 60～70 条,个别达到 90 条。美国是重载铁路运输发达的国家,编组站在建设中也考虑了这种运输模式。到发线一般能容纳 100～150 车(长 1500～2300m)。部分编组站到发线能容纳 200 车左右(长 2500～2750m)。但调车线较短,有效长一般在 400～900m。

值得注意的是,由于坑口电站的建设、水电与核电的开发、清洁能源的使用,美国编组站的煤炭作业量逐步减少,目前已基本没有煤运列车的解体作业。由于森林保护力度的加大,原木的采伐量逐年减少,加之原木大部分被就地加工为成品或半成品,美国编组站的原木作业量也不断下滑,现在几乎已经看不到装原木的铁路车辆。美国铁路曾大量运输的原油现在已基本转向输油管道,编组站的原油作业量锐减。多因素叠加导致美国编组站的有调作业量比重逐年下降。

(1)贝利(Bailey)编组站

美国最大的编组站是位于内布拉斯加州西南部北普拉特的贝利编组站(图 6-1),隶属于联合太平洋铁路公司(Union Pacific Railroad),是世界上规模最大、占地最广的编组站,全长约 13km,最宽处达 3km,占地面积 11.5km²。站型为双向纵列式三级十场,其中到发场 8 个。该编组站其中一套作业系统采用混合式二级六场站型,双推双溜驼峰调车场有调车线 52 条;另一套作业系统采用纵列式三级四场站型,双推双溜驼峰调车场有调车线 64 条。两套作业系统的驼峰为同向设置,均为自西向东。整个车站约有 200 条股道,铺轨 507km,道岔 985 组。该编组站解编作业量为 14000 车/d、139 列/d。

图 6-1 美国贝利编组站

资料来源:https://www.reddit.com/r/trains/comments/6dnqhs/i_see_your_up_bailey_yard_and_i_raise_you_hamburg/?rdt=59501

（2）克利尔林（Clearing）编组站

克利尔林编组站（图 6-2）位于伊利诺伊州东北部芝加哥市，隶属于 BRC 铁路公司（The Belt Railway Company of Chicago），全长达 8.85km，占地面积 3.18km^2，铺轨约 400km，解编作业量 8400 车/d。该编组站采用双向纵列式三级六场站型，上行解编系统的到达场、调车场、出发场股道数量分别为 25 条、36 条、25 条，下行解编系统的到达场、调车场、出发场股道数量分别为 25 条、54 条、15 条。紧邻编组站的南侧设有大型集装箱办理站。

图 6-2　美国克利尔林编组站

资料来源：https://www.nicksuydam.com/image/I00006Zqu7Pjf0ew

二、俄罗斯编组站建设情况

苏联时期，随着经济社会的快速发展，铁路枢纽建设明显加快。截至 20 世纪 50 年代，苏联已经建成铁路枢纽 450 多个，其中主要铁路枢纽 175 个，位于俄罗斯的编组站占苏联全部编组站的 60%。苏联解体前，铁路营业里程达 14.75 万 km，基本构成了覆盖全国的四通八达的铁路网。苏联解体后，俄罗斯铁路新线建设基本停滞。目前，俄罗斯铁路营业里程约 8.6 万 km，轨距为 1520mm，属于宽轨铁路，设有铁路枢纽 270 处，其中主要铁路枢纽约 100 处，分布呈欧洲区多、亚洲区少的特点。

（1）伊斯卡亚（Inskaya）编组站

伊斯卡亚编组站是俄罗斯最大的编组站之一（图 6-3），位于新西伯利亚市东南侧的佩尔沃梅斯基区，是主要的路网性编组站，负责解编来自库兹涅茨克、乌拉尔、中亚等 5 个方向的车流，解编作业量超过 27000 车/d。编组站采用双向纵列式三级六场站型，上行系统到达场、调车场、出发场股道数量分别为 14 条、36 条、12 条，驼峰为双推双溜自动化驼峰；下行系统到达场、调车场、出发场股道数量分别为 7 条、28 条、9 条，驼峰为双推单溜自动化驼峰。车站东端设有两系统间的环到环发线。

图 6-3　俄罗斯伊斯卡亚编组站

资料来源：https://www.imago-images.com/st/0757130049

（2）伊尔库茨克（Pl. Kompressor Naya）编组站

俄罗斯伊尔库茨克编组站（图 6-4）位于伊尔库茨克市西部，采用双向纵列式三级六场站型，上行系统到达场、调车场、出发场股道数量分别为 9 条、18 条、8 条；下行系统到达场、调车场、出发场股道数量分别为 8 条、25 条、9 条。该编组站采用俄罗斯国内最先进的微机通信信号设备和中国铁路驼峰调速系统，是目前俄罗斯现代化程度较高的编组站之一。

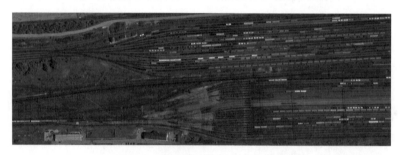

图 6-4　俄罗斯伊尔库茨克编组站

资料来源：
https://earth.google.com/web/search/%e4%bf%84%e7%bd%97%e6%96%af%e4%bc%8a%e5%b0%94%e5%ba%93%e8%8c%a8%e5%85%8b%e5%b7%9e/@52.35990786,104.1852848,439.48008575a,2115.92513607d,35.0008751y,49.00097267h,0t,0r/data=CokBGlsSVQokMHg1YzU4NzllNmZhMzFiYzlmOjB4MTAzYzZhZjUyNDU5NjcwGck2cAfqEExAIcDKoUW2_FlAKhvkv4TnvZfmlq_kvIrlsJTlupPojKjlhYvlt54YASABIiYKJAnccVdanUlOQBGm99kkmoJEQBlkj2oeDsxWQCE-TnCPuZkowEICCAE6AwoBMA

三、德国编组站建设情况

二战前，德国铁路营业里程达到 6.1 万 km 的峰值。二战中，40% 的铁路遭到破坏，德国分裂为联邦德国和民主德国。1990 年两德统一前，联邦德国的铁路营业里程约为 2.7 万 km，民主德国的铁路营业里程约为 1.4 万 km。两德统一后，拆除了部分低效铁路，2000 年全国铁路营业里程约为 3.7 万 km，为历史峰值的 60%。德国铁路枢纽最多时有 80 多个，大都是 20 世纪 40 年代前后建成的，到 20 世纪末减少到 18 个，如柏林、汉诺威、科隆、纽伦堡、慕尼黑、法兰克福、斯图加特等。

（1）马胜（Maschen）编组站

马胜编组站既是德国最大的编组站（图6-5），也是欧洲最大的编组站，位于汉堡南部的马胜地区，全长约7km，最宽处达700m，面积超过3km²，铺轨长度达300km，建设规模仅次于美国的贝利编组站，解编能力达11000车/d。该编组站采用双向纵列式二级四场站型，上、下行系统均为二级二场布局，上行系统到发场有到发线17条，调车场有调车线（兼发车线）64条；下行系统到发场有到发线17条，调车场有调车线（兼发车线）48条。

图6-5 德国马胜编组站

资料来源：https://www.alamy.com/stock-photo-aerial-view-maschen-marshalling-yard-maschen-lower-saxony-germany-75273074.html

（2）慕尼黑北（Munich North）编组站

慕尼黑北编组站是欧洲现代化程度较高的大型编组站（图6-6），于1991年完成现代化改造，车站全长5km，面积2.5km²，铺轨长度达120km，道岔356个。该站采用单向纵列式三级三场站型，到达场、调车场、出发场股道数量分别为13条、40条、13条，股道有效长850m。由于该站衔接的铁路线白天主要开行旅客列车，货物列车主要在夜间开行，因此编组站夜间作业比较繁忙，解编作业量超过4000车/d。

图6-6 德国慕尼黑北编组站

资料来源：https://www.dreamstime.com/munich-germany-july-panoramic-view-munich-north-rail-classification-yard-many-many-loaded-wagons-pending-delivery-image157632333

四、法国编组站建设情况

法国铁路营业里程于 1938 年达到 6.4 万 km 的峰值,二战期间铁路网络遭到严重破坏,导致 1944 年巴黎解放时,法国铁路营业里程仅 1.8 万 km。二战后,法国开始重建铁路网络,1950 年恢复到 4.2 万 km。此后,由于铁路运输的衰落,法国开启了拆除过程,目前铁路营业里程已减少到 3 万 km 左右,主要铁路枢纽减少至 12 个,如巴黎、里昂、马赛、波尔多、图卢兹等。法国铁路的货物运输可大致分为"普运"和"快运"两大体系,"普运"编组站和"快运"编组站分别办理"普通货物运输"和"快速货物运输"。其中,"普运"编组站一般采用二级式或三级式站型,"快运"编组站一般采用一级式或二级式站型。当前,法国铁路网共有编组站 92 个,其中"普运"编组站 67 个,"快运"编组站 14 个,其他编组站 11 个,解编作业量在 2000 车/d 以上的有 4 个,1600~2000 车/d 的有 3 个。

沃伊皮(Woippy)编组站位于法国东北部的摩泽尔省(图 6-7),长约 5km,最宽处达 370m,占地约 1km²,铺轨长度达 160km。2023 年,该编组站作业能力降为原来的 75%,部分铁路设施设备因缺乏维修或更换而停止运行,目前计划投资 8000 万欧元用于基础设施的改造。20 世纪 90 年代,该编组站有近 300 名铁路工人,目前仅剩 140 人左右。

图 6-7　法国沃伊皮编组站

资料来源:https://www.google.com.hk/search?q=Woippy+triage+hump+yard+picture&sca_esv=a81b7800547df590&sca_upv=1&udm=2&biw=1707&bih=898&ei=Ys3bZqOkJeWSvr0Ps5--6Ak&ved=0ahUKEwij3bfV9q-IAxVlia8BHbOPD50Q4dUDCBE&uact=5&oq=Woippy+triage+hump+yard+picture&gs_lp=Egxnd3Mtd2l6LXNlcnAiH1dvaXBweSB0cmlhZ2UgaHVtcCB5YXJkIHBpY3R1cmVImClQzhNY7SZwAXgkAEAmAGNAqAB5wqqAQUwLjMuNLgB8gPIBAPgBAGYAgKgAgngAgGAJgKI4AWqI/HAKAH5QI&sclient=gws-wiz-serp#vhid=C1wVgsBA15sIBM&vssid=mosaic

五、日本编组站建设情况

日本原有编组站 198 个,其中设有驼峰的编组站 15 个,包括 6 个自动化驼峰编组站、5 个机械化驼峰编组站、4 个非机械化驼峰编组站。日本的编组站自动化以新建编组站为主,6 个自动化驼峰编组站中,除高崎站以外均是新建驼峰编组站。日本原有驼峰编组站的作业能力情况见表6-1（司马舸，1984年）。

日本原有驼峰编组站的作业能力情况　　　表6-1

自动化驼峰	郡山	武藏野	高崎	盐滨	北上	新南阳
解编能力（车/d）	3400	4400	2600	1800	2000	1200
机械化驼峰	吹田	新鹤见	大宫	稻沢	东静冈	
解编能力（车/d）	6500	5600	5300	4300	2800	
非机械化驼峰	门司	田端	富山	乌栖		
解编能力（车/d）	3700	2800	2500	2400		

日本在发展自动化驼峰编组站的过程中，开始以引进为主，之后结合本国国情积极发展新设备、新制式。例如，日本首个自动化驼峰编组站——郡山编组站就是仿照美国利用电子计算机辅助解编；第二个自动化驼峰编组站——高崎编组站则直接从英国引进道蒂（Dowty）液压减速顶。然而，这两种方案与日本铁路的实际情况不完全吻合。其中，日本铁路车辆的安全连挂速度为7km/h，低于美国的安全连挂速度，导致打靶效果不如美国；减速顶则需要有一定的坡度作为前提，这对于国土资源有限的日本又较难实现。因此，日本在引进、消化、吸收的基础上，积极研制适配本国情况的新型技术设备，如直线电机加减速小车、箭翎线以及绳索式货车推送装置等，并于1973年成立了编组站作业系统标准化研究小组，大大缩短了设计和施工周期。

日本推动编组站自动化的主要目的是减少定员、保障作业安全、提高作业效率，其中又以减少定员最为优先。日本铁路职工的工资在编组站运营支出中占比接近50%，实现自动化后能大量节省定员。例如，武藏野编组站原本需要定员900人，实现自动化后可减少约500人，节省的开支足以抵消设备的维修、折旧费用，在经济上是可行的。此外，根据日本国铁1980年的统计数据，年龄在50岁以上的职工占全员的31%，80年代约有20万铁路职工退休，而编组站制动员的工作劳动强度大、危险系数高，大量补充青年工人困难较大，这也促使日本积极推动编组站自动化发展。此后，日本逐步认识到原来的以编组站为中心的运输组织模式存在诸多弊端，如成本高、时间长、准时性差等，因此逐步废除既有编组站系统，转而采用直达运输。

六、其他国家编组站建设情况

（1）加拿大埃利斯（Alyth）编组站

埃利斯编组站（图6-8）位于加拿大西部艾伯塔省卡尔加里城郊，隶属于加拿大太平洋堪萨斯城铁路公司（Canadian Pacific Kansas City Limited）。该编组站面积为0.7km²，采用单向一级三场站型，东到发场有到发线13条，西到发场有到发线18条，调车场有调车线48条，调车驼峰为单推单溜自动化驼峰，其解编能力为6000车/d。

图 6-8　加拿大埃利斯编组站

资料来源：https://www.stockaerialphotos.com/media/ecd71098-ab74-4acd-aa07-e45b1a634d20-cpr-alyth-yard-calgary

（2）奥地利维也纳克莱德林（Wien Kledering）编组站

维也纳克莱德林编组站是奥地利最大的编组站（图6-9），位于维也纳南部，采用单向纵列式三级四场站型，车站全长 8km，到达场、调车场、出发场股道数量分别为 15 条、48 条、12 条，直通场设有到发线 4 条。该站配备了先进的调车作业技术设备，所有道岔都由计算机控制，主驼峰使用"半连续速度控制"系统，解编能力为 6100 车/d、120 列/d。

图 6-9　维也纳克莱德林编组站

资料来源：https://www.wikidata.org/wiki/Q190856#/media/File:Kledering_Zentralverschiebebahnhof_in_2011.jpg

第三节　主要经验启示

一、统筹谋划，避免盲目无序发展

铁路车流组织牵一发而动全身，编组站作为铁路车流组织的核心枢纽，其作业能力、空间布局等对全路车流态势具有重大影响。编组站规模过大、能力过强容易造成运能虚糜浪费、投资低效无效；编组站规模过小、能力过低则容易出现超负荷作业、形成瓶颈制约。编组站数量过多、分布过密容易导致重复解编，并难以形成规模经济效益；编组站数量过少、分布过散则容易造成无法有效截流，始发地不同而目的地相同的车流难以有效整合为同方向列流。纵观美、德、日等典型国家的编组站建设历程，不难发现，这些国家均经历了大规模建设到大范围精缩的转变，编组站数量尤其是小型编组站数量大幅减少，解编作业日益向大型编组站集中，整体布局已进入相对稳定的阶段。鉴于此，编组站的建设不能就点论点，要从全路网的视角出发，空间布局要统筹谋划，站型选择要因地制宜，避免过度超前、盲目攀比，实质性增强编组站的有效投资。

二、科技赋能，推进现代化发展

科技是第一生产力。纵观人类文明的发展史，科学技术的每一次重大突破，都会带来生产力的深刻变革和人类社会的巨大进步。就铁路编组站而言，从平面调车到驼峰调车，从机械化到自动化再到综合自动化，编组站的作业效率和安全水平均得到了大幅提升，推进编组站的自动化已经成为国外铁路发展的重要方向。编组站的作业能力大小虽然与站型有关，但起决定作用的不是站型而是调车设备和自动化程度。一级三场或一级四场的编组站在实现自动化后，其作业能力往往大于三级三场的非自动化编组站。例如，美国的英格伍德（Inglewood）自动化编组站（一级三场，共81股道，解编能力为9000车/d），其作业能力比雷德诺尔（Rednor）机械化编组站（三级三场，共91股道，解编能力为6000车/d）多三分之一。因此，国外在提高编组站的作业能力时，首先考虑的是使用一些先进的调车设备，通过电子计算机对调车作业进行自动化控制，至于站型是采用一级式、二级式还是三级式则是次要的。目前，除了美国、德国、法国等典型国家以外，意大利、奥地利、比利时、瑞士、瑞典等国家都在大力推动编组站的自动化发展，埃及、印度等国家也建有自动化编组站。鉴此，我国要积极推动5G、物联网、人工智能等新一代信息技术在编组站的应用，充分释放科学技术的生产力，推动编组站作业能力迈上新台阶。

三、以人为本，重视专业人才培养

众所周知，创新驱动实质上是人才驱动，综合国力竞争归根到底是人才竞争。谁拥有人才上的优势，谁就会拥有创新实力上的优势。编组站作业效率的高低，不仅取决于设施设备的自动化水平，也取决于作业人员的技术水平和熟练程度。换言之，一个高效的编组站背后必然有一支强大的专业人才队伍。例如，日本十分重视铁路专业人才的培养。郡山编组站作为日本首个自动化驼峰编组站，其贡献之一就是为日本培养了大批铁路专业人才。日本从事铁路软件设计工作的人员基本都参加过郡山编组站的设计。在郡山编组站建成投运后，日本便集聚系统设计的各方面人才成立了系统工事开发局，专门从事编组站自动化系统的研究和设计任务，有效促进了日本编组站的自动化发展。值得注意的是，在专业人才的培养中还应注重专业深度和知识广度的结合，深度与广度兼备的"T形"人才是编组站综合自动化系统设计中不可或缺的，而只有深度没有广度的"I形"人才或面广而不深的"一形"人才，在编组站系统开发设计中往往会留下缺陷和疏漏。

第七章

我国编组站建设的现实基础

新中国成立以来，我国编组站建设取得巨大成效，驼峰更是在较短的时间内实现了"平面调车→简易驼峰→机械化驼峰→半自动和自动化驼峰"的3次飞跃。当前，我国编组站布局总体呈现紧缩精编的态势，编组站综合自动化成为重要的发展方向。但编组站空间布局不完善、点线能力不协调、运输组织待优化、智能化水平不高、安全管理有短板等问题仍需加快解决。

第一节 发展历程

一、编组站布局的发展历程

我国编组站大部分建于20世纪50年代到90年代。"一五"至"四五"期间，随着路网的建设，同步兴建了苏家屯、丰台西、郑州北、株洲北等编组站，"五五"至"七五"期间，路网规模扩大，编组站建设有了较大发展，基本形成了以主要编组站为截流点的编组站体系。"八五"和"九五"是铁路建设的高潮阶段，编组站建设取得了显著成绩，其间建成了哈尔滨南、阜阳北、迎水桥、乔司等编组站，扩建改造了株洲北、衡阳北、广州北（今江村）、向塘西、青岛西（今蓝村西）、南翔等编组站。

从数量上看，1974年以前，铁道部掌握的编组站共86个。1981年，铁道部对全路编组站进行了调整，根据车流结构和路网结构的特点，取消了阳泉、江岸、柳树屯、骆驼营等编组站，增加了济南西、武昌东、艮山门、吉林北等编组站，仍然为86个编组站。其中，铁道部重点掌握的有38个。1986年，铁道部将全路编组站调整为38个。无论是1974年的86个还是1986年的38个，其确定方法都缺乏正式的技术标准依据。1989年，根据当时车站技术管理的需要，铁道部编制下发了编组站技术条件标准，即《铁路编组站、区段站技术分类条件》（TB 2107—

89），并于 1990 年 7 月 1 日实行。该标准根据编组站的作用将其分为路网性编组站、区域性编组站和地方性编组站三个档次。根据这个标准，核定全路编组站 46 个（其中，路网性编组站 13 个，区域性编组站 17 个，地方性编组站 16 个）。1997 年 10 月 1 日，全路编组站调整为 49 个（其中，路网性编组站 15 个、区域性编组站 17 个、地方性编组站 17 个）。2001 年 7 月 1 日，根据铁路运输组织和车站分工的变化，在保持编组站总数 49 个不变的情况下，增加了南岔站，取消了哈尔滨站。2008 年，铁道部再次对编组站布局进行了调整，全路编组站由 49 个缩减为 40 个，具体包括：哈尔滨南、三间房、四平、沈阳西、苏家屯、山海关、通辽、丰台西、南仓、石家庄南、大同、包头西、郑州北、武汉北、武昌南、襄阳北、宝鸡东、新丰镇、安康东、济西、徐州北、南京东、南翔、阜阳北、乔司、芜湖东、鹰潭、向塘西、江村、衡阳北、株洲北、怀化西、柳州南、昆明东、成都北、贵阳南、兴隆场、兰州北、迎水桥、乌鲁木齐西。经铁路生产力布局及编组计划优化后，2010 年经铁道部核定的全路编组站进一步缩减为 38 个。其中，路网性编组站 12 个，区域性编组站 14 个，地方性编组站 12 个。据不完全统计，我国现有各类铁路编组站（不含企业、厂矿、港口的专用编组站）86 个，其中等级编组站 38 个，其余编组站 48 个。不难发现，我国编组站布局总体呈现紧缩精编的态势。

二、编组站站型的发展历程

（1）一级式站型的推广应用

20 世纪 50 年代以前，我国虽然也修建了部分编组站，但大多数为横列式区段站型，牵引动力单一、机车交路短、股道少且有效长短，基本采用平面调车、人工扳道、手闸和铁鞋制动的作业方式，作业效率低、安全性差、定员较多、劳动强度大、运营成本高。鉴于此，铁路部门根据全路的编组计划以及各编组站的作业任务，陆续将梅河口、乔司、湖东等编组站由区段站型改建为一级三场站型。

（2）二级式站型的推广应用

20 世纪 80—90 年代，铁路建设反对"贪大求洋"，部分编组站在建设过程中因地制宜地采用了单向混合式二级三场、二级四场站型。例如，宝鸡东、包头西、太原北、怀化南（今怀化西）、新余家湾站（今武昌南）、南翔、成都东（今八里）、西安东等编组站先后采用了单向混合式二级四场站型。

（3）单向纵列式站型的推广应用

1959 年，丰台西编组站完成了单向纵列式改造，是我国首个按照车列作业流线建设的大型编组站。此后，单向纵列式站型先后在襄樊北（今襄阳北）、柳州南、鹰潭、兰州西、南京东等编组站应用。

（4）双向纵列式站型的推广应用

改革开放后，为适应国民经济的快速发展需要，铁路编组站加快改扩建步伐。1985年，郑州北编组站全面建成，标志着我国编组站进入双向纵列式三级六场的建设运营阶段。此后，丰台西、苏家屯、南翔、南仓等一批路网性、区域性编组站先后由单向系统向双向系统改扩建。进入21世纪后，随着高速铁路的建设和路网结构的调整，铁路部门对全路编组站进行了新一轮的规划建设，一次性新建了成都北、武汉北、兴隆场、兰州北等双向纵列式三级六场特大型编组站，徐州北、新丰镇、襄阳北、向塘西、柳州南、贵阳南、昆明东等既有编组站也由单向系统改扩建为双向系统。

三、编组站驼峰的发展历程

从20世纪50年代后期开始，我国编组站驼峰在较短的时间内实现了3次飞跃。

1958年，丰台西编组站建成了我国第一个简易驼峰（也称"土驼峰"），在之后的两年多时间内，全国修建起了150多处简易驼峰，标志着我国编组站调车模式由平面调车转向驼峰调车，完成了我国编组站调车作业技术的第一次飞跃。

1960年，苏家屯编组站建成了我国第一个机械化驼峰，首次成功使用了车辆减速器（设2～3个制动位，编组场内用铁鞋制动），大大减轻了制动员的劳动强度，提高了作业效率和安全性。20世纪60年代至70年代中期，车辆减速器作为编组站的一种标准调速模式，在我国部分路网性编组站推广应用，我国编组站调车作业技术迎来了第二次飞跃。

1978年，为取消机械化驼峰大量使用的铁鞋制动，实现驼峰作业高效安全的目标，丰台西编组站首先建成了驼峰半自动调速系统。1979年，铁道部通过了驼峰半自动调速系统技术鉴定，系统的可靠性不断提高。同年，哈尔滨南编组站下行驼峰采用的"减速器+减速顶"的调速系统建成投产。1985年，我国编组站半自动和自动化调速系统基本上形成了以丰台西站、南翔等编组站为代表的点式调速，以哈尔滨南站、西安东等编组站为代表的点连式调速，以广州北（今江村）、艮山门等编组站为代表的连续式调速共同发展的"百花齐放"局面。从机械化调速向半自动和自动化调速的发展，是我国编组站调车作业技术的第三次飞跃。

在完成"平面调车→简易驼峰→机械化驼峰→半自动和自动化驼峰"的3次飞跃后，我国编组站调车作业技术持续发展演进，驼峰自动化发展步伐不断加快。

1989年，郑州北编组站建成了驼峰自动化控制系统（包括溜放车辆速度微机分布式点连式自动化控制系统、驼峰溜放进路微机自动化控制系统、驼峰推峰机车无线遥控系统、峰尾微机联锁控制系统、编组站现车管理信息系统等），成为我国第一个调车作业自动化的编组站。在编组站调车作业自动化的研究探索中，我国依靠自主首创的"减速器＋减速顶"的点连式调速制式，为编组站现代化建设探索出了一条新路径，并在一次性新建的成都北、武汉北、兴隆场、兰州北等双向纵列式三级六场特大型编组站，以及编组站改扩建中广泛运用。

20世纪末至21世纪初，我国编组站调车作业技术得到迅速发展，多种型号的驼峰自动化控制系统在全国大量推广应用，包括中国铁道科学研究院通信信号所研制的TBZK系列驼峰自动化控制系统、TXJK型微机分线控制系统，北京全路通信信号研究设计院研制的TW系列驼峰自动化控制系统、FTK系列驼峰自动化控制系统、TYWK型驼峰信号计算机一体化控制系统等。我国还曾引进美国的DDC型驼峰自动化控制系统，应用于徐州北、向塘西、阜阳北编组站。驼峰自动化控制系统的研制、引进和应用，对提高驼峰作业效率、保障溜放作业安全起到了决定性的作用。

四、编组站综合自动化的发展历程

长期以来，编组站的自动化发展往往是从单项自动化起步的，在不同时期开发应用了现车管理、车号识别、调车灯显、驼峰自动化、调机自动化等单项技术，这些技术在不同生产环节发挥各自的作用。例如，我国编组站同时配设有管理信息系统、过程控制系统（驼峰自动化控制、推峰机车遥控、峰尾平面溜放联锁、电气集中联锁）、调度监督系统、车辆实时跟踪系统、车辆车号自动识别系统、机车车号自动识别系统、车辆超偏载检测系统、车辆限界检测系统、红外轴温探测系统、无线车次号校核系统等不同用途的子系统，但基本上都是独立开发、自成体系。由于各子系统软硬件的异构性、信息的多样性、控制管理的非实时性等系列问题，各系统间的兼容性和互操作性较差，限制了编组站效率效益的进一步提高。

进入21世纪，我国新建和改建了一大批编组站。随着铁路货运从规模速度型向质量效益型转变，对编组站作业和管理的精细化、自动化要求大幅提升，如何实现编组站各子系统的协调联动，消除信息不共享、标准不统一、操作不兼容等问题，已成为编组站建设过程中迫切需要解决的难点、痛点。2007年成都北编组站的综合集成自动化系统（Computer Integrated Process System，简称CIPS系统）与2008年新丰镇编组站的编组站综合自动化系统（Synthrtic Automation of Marshalling Yard，简称SAM系统）相继建成投产，开启了编组站综合自动化的新篇章。上述系统以信息共享为核心，以编组站管控一体化、决策智能化、指挥数字化、执行自动化等为目标，推动编组站传统作业方式向综合自动化转变，使我国编组站整体技术水平跻身世界先进行列。

第二节 发展现状

一、空间布局现状

我国现有 38 个主要编组站（表 7-1）。从类别看，路网性编组站 12 个，占比 31.6%；区域性编组站 14 个，占比 36.8%；地方性编组站 12 个，占比 31.6%。从站型看，已有 23 个编组站采用双向系统，15 个编组站采用单向系统。其中，双向纵列式三级六场编组站数量最多，达到 15 个，占比高达 39.5%；单向混合式二级四场编组站紧随其后，有 9 个，占比为 23.7%；双向混合式三级七场、双向混合式二级七场、双向混合式二级四场、双向纵列式三级五场、单向纵列式三级三场编组站数量最少，均只有 1 个。从路局看，中国铁路上海局集团有限公司（简称上海铁路局，以此类推）管辖的编组站最多，达到 6 个；其次为北京铁路局、成都铁路局、西安铁路局、沈阳铁路局、哈尔滨铁路局、广州铁路局，各管辖 3 个编组站；最少的为郑州铁路局、南宁铁路局、昆明铁路局、呼和浩特铁路局，各管辖 1 个编组站。从区域看，由于我国经济、产业、人口、铁路主要分布在东部地区，大部分编组站也分布在这个区域，总体呈现东密西疏的特点。其中，东部地区有 14 个编组站，占比 36.8%；中部地区有 7 个编组站，占比 18.4%；西部地区有 11 个编组站，占比 29.0%；东北地区有 6 个编组站，占比 15.8%。

我国主要编组站的空间分布　　　　表 7-1

序号	编组站	类别	站型	所在城市	所在路局	所在地区
1	哈尔滨南	路网性	双向纵列式三级六场	哈尔滨	哈尔滨	东北
2	沈阳西	路网性	双向混合式二级六场	沈阳	沈阳	东北
3	丰台西	路网性	双向纵列式三级六场	北京	北京	东部
4	济南西	路网性	双向混合式二级六场	济南	济南	东部
5	阜阳北	路网性	单向纵列式三级四场	阜阳	上海	东部
6	南京东	路网性	单向纵列式三级五场	南京	上海	东部
7	郑州北	路网性	双向纵列式三级六场	郑州	郑州	中部
8	株洲北	路网性	双向纵列式三级六场	株洲	广州	东部
9	武汉北	路网性	双向纵列式三级六场	武汉	武汉	中部
10	新丰镇	路网性	双向纵列式三级六场	西安	西安	西部
11	成都北	路网性	双向纵列式三级六场	成都	成都	西部
12	向塘西	路网性	双向混合式三级六场	南昌	南昌	中部

续上表

序号	编组站	类别	站型	所在城市	所在路局	所在地区
13	山海关	区域性	双向混合式二级七场	秦皇岛	沈阳	东北
14	大同西	区域性	单向混合式二级四场	大同	太原	中部
15	兰州北	区域性	双向纵列式三级六场	兰州	兰州	西部
16	襄阳北	区域性	双向纵列式三级六场	襄阳	武汉	中部
17	兴隆场	区域性	双向纵列式三级六场	重庆	成都	西部
18	昆明东	区域性	双向纵列式三级六场	昆明	昆明	西部
19	贵阳南	区域性	双向纵列式三级六场	贵阳	成都	西部
20	柳州南	区域性	双向纵列式三级六场	柳州	南宁	西部
21	江村	区域性	双向纵列式三级六场	广州	广州	东部
22	鹰潭	区域性	单向纵列式三级三场	鹰潭	南昌	中部
23	淮南西	区域性	单向混合式二级四场	淮南	上海	东部
24	徐州北	区域性	双向纵列式三级六场	徐州	济南	东部
25	石家庄南	区域性	单向混合式二级四场	石家庄	北京	东部
26	南仓	区域性	双向混合式三级六场	天津	北京	东部
27	牡丹江	地方性	双向混合式二级四场	牡丹江	哈尔滨	东北
28	三间房	地方性	单向混合式二级四场	齐齐哈尔	哈尔滨	东北
29	太原北	地方性	单向混合式二级四场	太原	太原	中部
30	迎水桥	地方性	单向混合式二级四场	中卫	兰州	西部
31	宝鸡东	地方性	单向混合式二级四场	宝鸡	西安	西部
32	安康东	地方性	单向纵列式三级五场	安康	西安	西部
33	通辽南	地方性	单向纵列式三级四场	通辽	沈阳	东北
34	乔司	地方性	单向纵列式三级五场	杭州	上海	东部
35	怀化南	地方性	单向混合式二级四场	怀化	广州	东部
36	包头西	地方性	双向混合式三级七场	包头	呼和浩特	西部
37	芜湖东	地方性	单向混合式二级四场	芜湖	上海	东部
38	南翔	地方性	双向纵列式三级五场	上海	上海	东部

二、综合自动化现状

编组站综合自动化系统是将编组站管理信息系统、车站联锁系统、驼峰自动化系统、驼峰尾部停车器控制系统、调机综合安全控制系统、安全监测系统等诸多子系统，通过信息集成与整合，叠加智能决策模块，在编组站范围内全面实现计算机管理和作业自动化控制的高度自动化系统。作为我国编组站技术装备和运营理念全面创新的核心成果，编组站综合自动化是我国铁路货运减员、增效、保安全的关键技术，开创性地在铁路编组站实现了管控一体化，打破了管理与控制的信息壁垒。实现综合自动化的编组站，其解编能力能够提高 20%～25%，信号、外勤车号等岗位作业人员能够精简 70% 以上，大幅提升作业能力、有效保障作业安全。

当前，我国编组站综合自动化产品主要是北京全路通信信号研究设计院集团有限公司研发的编组站综合集成自动化系统（CIPS 系统）和中国铁道科学研究院集团有限公司研发的编组站综合自动化系统（SAM 系统）。其中，CIPS 系统主要包括综合管理系统和综合控制系统。通过综合管理系统可实现全站的集中管理，包括调度决策指挥自动化、计划编制数字化、计划执行自动化，以及信息流与车流同步、数据信息整合、信息资源共享等。综合控制系统在综合管理系统的统筹下，实现编组站内各到达场、出发场、调车场的自动控制。SAM 系统以信息的整合共享为核心，在计算机联锁、驼峰控制、编组站调车机车综合控制等成熟系统的基础上，建立统一的综合管理与集中控制平台，实现了列车到达、解体、集结、编组、出发等各作业环节的无缝衔接和自动化执行。目前，成都北、武汉北、贵阳南、兴隆场、苏家屯等编组站采用 CIPS 系统，新丰镇、兰州北、柳州南、昆明东、株洲北等编组站采用 SAM 系统。此外，随着以人工智能为代表的新一轮科技革命风起云涌，编组站也开始向智能化转型升级。例如，江村编组站通过应用 5G、北斗定位、边缘计算等新技术探索打造智慧编组站。

专栏7-1

广铁集团的智慧编组站建设

中国铁路广州局集团有限公司（简称"广铁集团"）自 2020 年开始启动"智慧广铁"规划建设工作，提出将江村编组站打造为"安全、高效、智慧"的全路一流编组站目标，通过新技术的应用探索推动智慧编组站建设。广铁集团重点围绕江村编组站接发列车、调车、客货运等生产作业及养护维修工作，利用 5G、北斗高精度定位、地理信息系统（GIS）、可视化调度等先进技术，打造智慧编组站体系架构。具体可划分为 3 个阶段：

一是起步建设阶段（2021 年）。搭建江村编组站运营商 5G 网络，建成铁路边缘计算平台，基于 5G 网络实现调机自动化，通过北斗高精度定位和 GIS 实现可视化调度、移动作业、实时监控等。

二是融合完善阶段（2022 年）。提升江村编组站运营商 5G 网络质量，完善铁路边缘计算平台功能，围绕调度指挥、养护维修、安全保障等进一步开展机房智能巡检、作业卡控、调车通信等智慧应用。

三是深化提升阶段（2023 年）。结合中国国家铁路集团有限公司（简称"国铁集团"）

5G-R 专网部署，开展"专网＋公网"联合应用规划部署，不断完善铁路边缘计算平台功能，深挖数据价值，基于 5G 网络进一步提供跨专业、综合类智慧服务。

三、典型编组站概述

（1）郑州北编组站

郑州北编组站（图 7-1）位于河南省郑州市北部，地处全路最繁忙的京广、陇海两大干线交会点，是我国特大型路网性编组站之一。1955 年，郑州北编组站按照分步推进、逐步配套的原则启动建设，1956 年一期工程竣工投产，1985 年全面形成作业能力，曾担负全路 1/7 货运列车的编解任务，素有"中原铁路网心脏"之称。该站南北长逾 6000m、东西宽逾 800m，占地 5.3km^2，竣工时是亚洲规模最大、解编作业能力最强的编组站。同时，该站也是我国第一个采用双向纵列式三级六场站型的编组站，上行、下行系统均为纵列式三级三场，两系统间设有环到环发线。其中，上行到达场有股道 13 条，调车场有股道 39 条（调车线 36 条、牵出线 3 条），出发场有股道 15 条；下行到达场有股道 14 条，调车场有股道 41 条（调车线 37 条、牵出线 4 条），出发场有股道 14 条。驼峰为四推双溜、"减速器＋减速顶"的点连式自动化驼峰。郑州北编组站办理车辆数超过 27000 车/d，2003 年 6 月 5 日创造了 31722 车的最高纪录。该站是我国编组站向作业集中流水化、规模大型化、管理自动化探索转型的先锋，被誉为铁路新技术的"试验田""孵化器""训练场"，引领了我国编组站的规划设计和运营管理。

图 7-1　郑州北编组站

资料来源：https://www.zhengzhou.gov.cn/news7/7718944.jhtml

（2）成都北编组站

成都北编组站（图7-2）地处成都市北部，位于宝成、成渝、成昆、沪汉蓉铁路的交会点。该站是我国"十一五"期间实施西部大开发的工程项目，是成都实现客内货外、客货分线运输的重点工程，是21世纪一次性建成的首个特大型编组站，也是国内首次采用编组站综合集成自动化系统（CIPS系统）的全路示范性编组站。该站于2003年开工建设，2007年竣工投产，总投资约20亿元，占地5000余亩。该站采用双向纵列式三级六场站型，纵向长度达6km、横向最宽处达500m，占地面积超过2km²。上行、下行系统股道数量均为到达场12条、调车场32条、出发场14条，两系统间设有环到环发线。驼峰为双推单溜、点连式调速的自动化驼峰。成都北编组站解编能力约20000车/d，站内设机务段、机务折返段及车辆段各1处。

图 7-2　成都北编组站

资料来源：https://baike.baidu.com/pic/%E6%88%90%E9%83%BD%E5%8C%97%E7%AB%99/6578566/0/cefc1e178a82b9014a9044564bc7be773912b31b4109?fr=lemma&fromModule=lemma_content-image#aid=0&pic=cefc1e178a82b9014a9044564bc7be773912b31b4109

（3）武汉北编组站

武汉北编组站（图7-3）地处武汉市北部，位于京广、汉丹、合武、武九铁路的交会点，是编组站整合的重点工程，整合了原江岸西、武昌南编组站的大部分功能。该站是我国一次建成的特大型路网性编组站，于2006年开工建设，2009年竣工投产，总投资约30亿元，采用编组站综合集成自动化系统（CIPS系统）。该站采用双向纵列式三级六场站型，纵深约5km，最宽处约1km，占地面积约5km²。上行系统到达场、调车场、出发场分别有股道12条、36条、13条，下行系统到达场、调车场、出发场分别有股道11条、36条、15条。驼峰为四推双溜、点连式调速的自动化驼峰。2022年9月29日，武汉北编组站实现日办理车辆 27306 车,刷新历史纪录。

图 7-3　武汉北编组站

资料来源:https://www.wuhan.gov.cn/sy/whyw/202401/t20240122_2347777.shtml

(4)兰州北编组站

兰州北编组站(图 7-4)地处兰州市黄河北岸,位于陇海、兰新、兰渝、兰青、包兰铁路的交会点。该站是我国"十一五"期间实施西部大开发的兰渝铁路的重点配套工程,也是兰州实现客内货外、客货分线运输的重点工程,替代了原兰州西编组站功能(原兰州西站改为动车段)。作为我国一次性建成的特大型编组站,兰州北编组站被誉为"西北路网锁钥"。该站于 2009 年开工建设,2012 年竣工投产,总投资约 20 亿元,东西长 6.5km,南北宽 600 米 m,占地 5100 余亩。该站采用双向纵列式三级六场站型,上行、下行系统股道数量均为到达场 12 条、调车场 32 条、出发场 15 条,驼峰为双推单溜、点连式调速的自动化驼峰,解编能力约 20000 车/d,站内设机务段、机务折返段及车辆段各 1 处。

图 7-4　兰州北编组站

资料来源:http://www.china-railway.com.cn/xwzx/zhxw/202310/t20231016_130867.html

（5）兴隆场编组站

兴隆场编组站（图7-5）位于重庆市沙坪坝区，是襄渝、成渝、川黔、渝怀、遂渝、兰渝铁路的交会点，主要承担西北、华中、西南方向的车流中转作业。兴隆场编组站是我国在复杂艰险的山区地形条件下，一次性建成的大型铁路编组站。该站于2009年开工建设，2013年竣工投产，占地5000余亩，投资约24亿元。编组站站型为双向纵列式三级六场，上行、下行系统均采用纵列式三级三场布局，两系统间设有环到环发线，股道数量均为到达场12条、调车场39条、出发场15条。驼峰为点连式双推双溜自动化驼峰（预留四推双溜条件），采用编组站综合集成自动化（CIPS）系统，设计解编能力为24000车/d，站内设机务段、机务折返段及车辆段各1处。

图7-5　兴隆场编组站

资料来源：https://app.cqrb.cn/economic/2023-06-01/1401829_pc.html

（6）新丰镇编组站

新丰镇编组站（图7-6）位于西安市东部，衔接陇海、宁西、西康、包西铁路，原为陇海线上的四等站。"七五"期间，为缓解西安东编组站的作业压力，提高陇海铁路的运输能力，按照分步建设的原则规划建设新丰镇编组站。经过逐年扩建，2008年初步建成双向纵列式三级六场编组站，2013年至2014年完成上行系统的扩能改造，完全取代西安东编组站的功能（原西安东编组改为动车运用所）。新丰镇编组站东西长10km，横向宽1km，占地面积约14km²，在我国西北地区的铁路货物运输中发挥着极其重要的作用，有西部大开发"桥头堡"之称。该站上行、下行系统均采用纵列式三级三场布局，两系统间设环到环发线。上行系统股道数量为：到达场15条、调车场48条、出发场18条；下行系统股道数量为：到达场12条、调车场36条、出发场15条。驼峰为点连式双推双溜自动化驼峰

（预留四推双溜条件），采用 SAM 系统，解编能力超 30000 车/d，站内设机务段、机务折返段及车辆段各 1 处。

图 7-6　新丰镇编组站

资料来源：https://mbd.baidu.com/newspage/data/dtlandingsuper?nid=dt_4947212446429272768

（7）贵阳南编组站

贵阳南编组站（图 7-7）位于贵阳市东南侧，始建于 1959 年，原为双向混合式二级五场站型，进出站线受工程地质制约故采用右侧行车，改扩建工程于 2005 年开工建设，2009 年投入使用。改扩建后，贵阳南编组站站型为双向纵列式三级六场，纵向长 7km，横向宽 500m，占地面积数平方公里。其中，上行、下行系统股道数量均为到达场 13 条、调车场 32 条、出发场 15 条，两系统各设置交换线 2 条。驼峰为点连式双推双溜自动化驼峰（预留四推双溜条件），站内设机务段、机务折返段及车辆段各 1 处，解编能力超过 20000 车/d。贵阳南编组站是在既有上行二级三场、下行二级二场站型，且进出站线右侧行车布置、车站作业能力饱和的条件下进行改扩建的，对我国编组站改扩建具有重要的推广、借鉴价值。

图 7-7　贵阳南编组站

资料来源：https://www.gzstv.com/a/1de8556cfc34451bbec524210e720b13

（8）株洲北编组站

株洲北编组站（图7-8）地处湖南省株洲市东北部，位于京广、沪昆两大铁路干线的交会处。该站始建于1957年，采用一级二场站型，1960年正式投入使用，此后又逐步改扩建为单向纵列式三级三场、双向纵列式三级六场。株洲北编组站上行系统股道数量为到达场11条、调车场22条、出发场13条；下行系统股道数量为到达场15条、调车场30条、出发场25条。驼峰采用双推单溜或双推双溜的作业方式，全站作业能力近20000车/d。

图 7-8　株洲北编组站

资料来源：https://cj.sina.com.cn/articles/view/1699432410/654b47da020010a7l

第三节　主 要 问 题

一、空间布局不完善

根据编组站的所在区域，可以将其划分为3类。一是资源富集地的编组站，主要负责将原始车流集结上线，如哈尔滨南、太原北等。二是干线交会地的编组站，主要负责各干线间车流的中转交换，如郑州北、武汉北等。三是资源需求地的编组站，主要负责到达车流的集散分拨，如江村、南翔等。不同区域的编组站数量不同、规模不一。总体而言，东北、华北地区编组站分布偏密，编组站间距偏小，山海关等少数编组站没有建在路网的重要截流点或车流的产生基地上，容易导致车流重复、低效甚至无效解编，进而降低运输组织效率、增加铁路作业成本。与之相反，西南地区编组站数量相对较少，在一定程度上存在铁路车流疏解困难等问题。可喜的是，近年来同一铁路枢纽城市存在多个编组站进而导致车流重复解编的问题已基本得到解决。在我国编组站建设历程中，曾经由于不重视编组站的分阶段建设，给铁路运营带来不少困难。例如，有的编组站由于分阶段建设规模考虑不周，导致近期工程刚交付运营就出现超负荷作业情况，因而不得不进行改扩建；有的编组站近期设施设备布置不合理，导致后期难以变更调整，给正常运输组织造成较大不便；有的编组站忽视分阶段建设，盲目贪大求全、一步到位，造成编组站能力长期虚糜浪费，大规模投资未达到预期运营效果。这充分凸显出一次规划、分期建设的必要性。

二、点线能力不协调

近年来，我国铁路网络不断完善，复线率、电气化率稳步提高。截至2023年底，全国铁路营业里程达到15.9万km，位居世界第二；全国铁路复线里程达到9.6万km，复线率60.3%；全国电气化铁路里程达到11.9万km，电气化率75.2%；全国铁路网密度达到165km/万km^2，覆盖全国99%的20万人口以上城市和80%以上的县。然而，我国编组站的升级改造相对滞后，点线能力不协调的问题日益突出。例如，编组站与接入线路的牵引定数等技术标准有差异，列车需要在编组站进行增减轴作业，既加重了编组站的作业负担，又拆散了部分直达车流，严重影响了运输效率的提升和潜在效益的挖掘。再如，我国编组站的调车场股道有效长较长但是容车量少，往往导致不同组号的车辆混合占用，或者出现小股车流单独占用一条股道的低效利用情况。以兴隆场编组站为例，兴隆场下行系统车流组号达99个，近3个组号对应1条调车场股道，股道运用十分紧张。株洲北编组站驼峰及调车场设备工况不佳，道床松动、路基沉降等问题缺乏及时有效的维修整治，施工换轨、换枕后未及时恢复原有技术条件，影响了编组站作业效率。

三、运输组织待优化

事实上，受旅客列车开行、天窗施工作业、偶发设备故障、行车事故灾难、自然环境灾害等诸多因素的影响，铁路车流波动往往会导致编组站出现密集到达、稀疏到达、正常到达等情况，进而造成编组站在一定时段内出现到发不平衡、作业负荷高等问题。例如，在铁路运输组织中，旅客列车的优先等级高于货物列车，且基本在日间开行，大量的货物列车不得不在夜间集中开行，导致编组站"日闲夜忙"。由于车流的不均衡到达，部分编组站会阶段性出现机车供应紧张的情况，"有车无头"导致大量车流等待机车连挂，占用股道时间过长，进而造成到达场、出发场股道紧张。其次，折角车流大也是制约部分编组站作业效率提升的重要原因。以兴隆场编组站为例，广铁集团管内怀化西、株洲北编组站到达成都铁路局的编组计划仅有兴隆场及其以远车流组号，无成都北及其以远车流组号，对到达兴隆场编组站上下行系统的车流未做分别编组要求。这导致兴隆场编组站日均接入大量折角车流或混编车流（约200车/d），造成站内上下行系统车流交换量大幅增加，又因交换场股道承担上下行系统机车出入库走行功能，造成实际作业中交换车流转场较为困难。再次，调机走行速度慢、驼峰减速器定速低也制约了编组站作业效率的提高。例如，阜阳北编组站过分强调作业安全，大幅降低调机推峰速度（3~5km/h），导致驼峰解体效率较低。类似地，徐州北编组站驼峰减速器定速偏低，导致车组溜放不到位的情况时有发生，遇到难行线、难行车时该问题更为突出，造成调机下峰顶车作业较多。此外，编组站还不同程度地存在调车作业计划安排不合理、频繁变更调车作业计划、调机交接班制度不灵活、作业环节衔接不紧密等问题，同样影响了编组站的作业效率。

专栏7-2

禁溜车多影响解编作业效率

禁溜车是指禁止用溜放方法解体或禁止经过驼峰的车辆。禁溜车主要有以下几类：

一是因货车车辆结构原因禁止通过驼峰溜放。如JSQ型车（汽车运输车）、B型车（冷藏车）、K型车（矿石车）、L型车（散装粮食车）、D型车（长大货物车）、特种用途车（轨道检查车、试验车、钢轨探伤车等）及部分X型车（集装箱平车）等。

二是由于货物本身或装载关系而禁溜的。如装有爆炸品、易碎品、易燃液体、剧毒品等货物的车辆。

三是部分货物货票上标记禁溜，实际上并非禁溜车的情况。

编组站是禁溜车的集散地，目前仍有大量禁溜车制约编组站办理能力，禁溜车的增多，对编组站驼峰解体效率和峰尾编组效率带来较大影响。

四、智能化水平不高

近年来，随着铁路网络的持续完善、铁路运能的不断提高、大宗货物和长距离运输"公转铁"，编组站的解编任务日益加重，传统的作业方式和技术手段已难以满足不断攀升的运输需求。就编组站综合自动化系统而言，整体设计方案中存在漏项，如缺少施工监控室、仿真实训系统、视频监控系统、计算机联锁终端冷备机等，不利于驻站防护、人员培训、现场管理和应急处置。此外，编组站综合自动化系统暂无权威的技术标准，系统建成后应具备的功能及设备参数要求没有行业标准支持，加之系统建设初期从业人员对系统认知不深、问题发现不足，从而导致系统功能解释不清晰、设备运用维护界限不明确，部分问题在系统建成后的实际作业中才陆续发现，既影响系统的整体功能，又给安全生产带来一定风险。如编组站系统与邻站设备不兼容，无法实现自动办理功能。目前，CIPS 系统与铁路运输调度管理系统（TDMS）未实现局站一体化计划编制，阻碍了局站协调联动、信息共享。具体表现为，编组站车站调度员与路局调度所计划调度员间作业信息不同步、计划安排不同步，造成列车预计到达情况、列车解体、编组情况、列车预计出发情况、机列衔接情况等信息不对称，需要频繁通过电话核实对方编制列车工作计划信息，降低了作业效率。

五、安全管理有短板

编组站是铁路安全事故的高发地，是加强全流程管控和预防预报预警的"主阵地"。我国铁路编组站在调车作业过程中发生的主要问题是轻车途停、重车超速，从而导致钩车连挂冲撞，严重时会造成车辆脱线、破损，货物串动、脱落、损坏。以阜阳北编组站为例，由于"天窗修"计划的不完善，导致调车场同一时间段内执行多个"天窗修"计划，对生产作业产生较大影响。部分管理人员对现场检查浮于表面、流于形式，将完成个人量化指标放在首位，没有对影响运输生产的安全隐患进行识别、分析、反馈，提高了编组站的安全作业风险。此外，我国编组站的激励约束机制有待健全，作业人员工作积极性有待提高。例如，徐州北编组站的职工收入与工作业绩等挂钩不紧密，班组长晋升的通道不畅通，调机司机等岗位的收入相对固定，不能充分调动其工作积极性[129]。编组站对中时、停时、计划兑现率、超轴等工作质量指标考核不合理，对提高编组站作业效率的作用不明显。站区联劳协作机制形同虚设，缺少考核激励等必要的约束力和驱动力。

第八章

我国编组站建设面临的机遇和挑战

　　交通强国，铁路先行。随着铁路网络的不断完善、运输结构的深度调整、新技术新设备的不断涌现，我国编组站建设迎来了布局优化、提质升级的重要契机。但重载化、集装箱化、直达化的发展趋势，"双碳"行动目标的贯彻落实，以及城镇化进程中的站城矛盾，都在一定程度上制约着编组站的建设。新阶段、新形势下，我国编组站建设机遇与挑战并存。

第一节　主　要　机　遇

一、铁路网络不断完善为编组站新建和改扩建创造条件

　　近年来，我国对铁路建设保持高投入，年度固定资产投资超过 7000 亿元，铁路网不断完善，网络规模日益扩大、空间布局持续优化、网络结构加快调整。截至 2023 年底，全国铁路营业里程由 1949 年底的 2.2 万 km 增加到 15.9 万 km，增长超过 600%，铁路营业里程居世界第二位。高速铁路从无到有，营业里程达 4.5 万 km，居世界第一位，占世界高铁总里程超过 2/3，"八纵八横"高速铁路网主骨架逐渐形成。全国铁路复线里程达到 9.6 万 km，复线率由 4.0% 增长到 60.3%。全国电气化铁路里程达到 11.9 万 km，电气化率从零增长到 75.2%。全国铁路网密度达到 165km/万 km²，较 2016 年提高 28%，较 2021 年提高 5.2%。铁路网覆盖全国 99% 的 20 万人口以上城市和 80% 以上的县，高铁通达 95% 的 50 万人口以上城市。相关政策规划文件提出，2025 年全国铁路网规模将达到 16.5 万 km，2035 年将达到 20 万 km。鉴于此，随着铁路网覆盖范围的拓展、通达深度的提升，尤其是干线交会点的增加、中西部地区资源富集区车流集结上线需求的攀升，势必要求新建、改扩建一批编组站，为新阶段编组站的建设创造条件。2016—2023 年我国铁路营业里程和投资情况如图 8-1 所示。

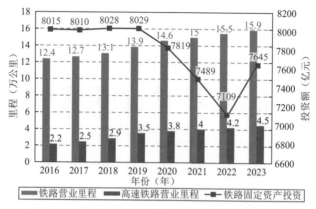

图 8-1 2016—2023 年我国铁路营业里程和投资情况

二、运输结构调整为编组站作业规模提升持续引流

加快运输结构调整是减污、降碳、扩绿的紧迫任务，也是建设交通强国、打造现代化综合交通运输体系的重要任务。党和国家高度重视运输结构调整。2018 年 9 月，国务院办公厅印发《推进运输结构调整三年行动计划（2018—2020 年）》（国办发〔2018〕91 号），要求显著提高铁路、水路承担的大宗货物运输量。2021 年 12 月，国务院办公厅印发《推进多式联运发展优化调整运输结构工作方案（2021—2025 年）》（国办发〔2021〕54 号），要求推动大宗物资"公转铁、公转水"，中长距离运输时主要采用铁路、水路运输。目前，公路营业性货运量占比超过 70%，货物周转量占比超过 30%。反观铁路运输，货运量占比不足 10%，货物周转量占比约 16%。加快交通运输结构优化调整，引导公路大宗物资运输和中长途运输向铁路转移，将有助于提高铁路的货运量规模和占比，发挥铁路在大宗货物中长距离运输中骨干作用，进而为编组站提供大量集结上线、中转解编、集散分拨的车流，同时也对编组站的作业能力、作业效率提出新考验和高要求。鉴于此，在这种情况下，编组站不仅要"接得住"，也要"接得好"。要能充分发挥对路网车流的调节作用，如水利枢纽一般在汛期将水蓄入库内，在旱季时向水网中送水。编组站要充分发挥"货物列车工厂"的功能作用，及时接入车流、解编车流、发送车流，避免列车在干线沿途站途停、掉头，而在暑期、春节等特殊时段，编组站要发挥"车辆仓库"的作用，把不能及时装卸的车辆留存在编组站。

三、新技术新设备不断涌现为编组站赋能增效提供支撑

科学技术是第一生产力。英国、德国、美国这些先后崛起的有世界影响力的国家，

无不是以强大的科技创新能力为基础支撑的。当前，新一轮科技革命和产业变革突飞猛进，学科交叉融合不断发展，科学技术和经济社会发展加速渗透融合。党和国家高度重视科技创新发展。党的二十大明确提出，坚持面向世界科技前沿、面向经济主战场、面向国家重大需求、面向人民生命健康，加快实现高水平科技自立自强。《2024年国务院政府工作报告》也要求重点支持科技创新和制造业发展，推进关键核心技术协同攻关，加强颠覆性技术和前沿技术研究。此前，国铁集团已于2020年8月发布《关于加快推进5G技术铁路应用发展的实施意见》，要求推进铁路5G-R专网建设。2020年12月，国铁集团发布《铁路5G技术应用科技攻关三年行动计划》，进一步明确5G-R专网建设任务。2021年12月，国铁集团正式印发《"十四五"铁路科技创新发展规划》，提出到2025年我国铁路科技实力、创新能力和产业链现代化水平全面提升，5G、北斗等新基建赋能智能铁路升级发展。铁路基础设施规模庞大、运输服务场景丰富，是新技术、新设备、新模式、新业态的"试验田""训练场""孵化室"，是新质生产力的重点发展领域。例如，"复兴号"是铁路领域新质生产力的典型代表，融合了云计算、大数据、5G等新技术，具备以太网控车、"全息化"监测等新功能，产业链横跨工程建设、装备制造、运营维护等多个领域，涉及机械、电子、材料等多个维度，成为我国铁路"走出去"的靓丽名片。我国铁路经过数十年的信息化实践，取得了积极成效，但数据价值挖掘的情况却不容乐观，各专业间的数据信息尚未全面共享，未能实现站区范围内的协同作业。铁路现代化必然要求编组站采用先进的技术装备，实现数智化转型升级。鉴于此，要积极推动5G、大数据、物联网、人工智能等新一代信息技术在编组站的推广应用，加强新技术、新设备的自主研发和外部引育，不断提高编组站的作业效率，降低其作业成本，用科技为编组站高质量发展赋能增效。同时，结合编组站的技术设备研发应用，着力打造专业化、精细化的供应链、产业链，助力铁路领域新质生产力的培育壮大。

> **专栏8-1**
>
> **习近平总书记对新质生产力的解读**
>
> 新质生产力依托的是新科技，落脚点是新产业。习近平总书记在中央政治局第十一次集体学习会议上指出：概括地说，新质生产力是创新起主导作用，摆脱传统经济增长方式、生产力发展路径，具有高科技、高效能、高质量特征，符合新发展理念的先进生产力质态。它由技术革命性突破、生产要素创新性配置、产业深度转型升级而催生，以劳动者、劳动

资料、劳动对象及其优化组合的跃升为基本内涵,以全要素生产率大幅提升为核心标志,特点是创新,关键在质优,本质是先进生产力①。

第二节 主 要 挑 战

一、重载化、集装箱化、直达化发展将弱化编组站的功能作用

重载化、集装箱化、直达化是世界铁路发展的主要趋势。就重载化而言,根据国际重载运输协会 2005 年修订的标准,重载铁路必须满足以下 3 条标准中的至少 2 条:经常、定期开行或准备开行总重至少为 8000t 的单元列车或组合列车;在长度至少为 150km 的线路区段上,年计费货运量至少达 4000 万 t;经常、正常开行或准备开行轴重 27t 以上(含 27t)的列车。重载铁路由于存在运输运能大、效率高、运输成本低等优势,受到了世界各国的广泛重视,自 20 世纪 60 年代以来得到了快速发展。我国的铁路重载运输起步于 20 世纪 80 年代初,当时为缓解繁忙干线运输能力紧张状况,以开行组合列车为主。近 10 年来,我国铁路重载技术得到了迅速发展,重载运输已进入世界领先行列,构建了涵盖不同轴重等级的重载铁路技术体系并达到世界领先水平,大秦铁路普遍开行 2 万 t 重载组合列车,完成 3 万 t 重载组合列车开行试验,年最高运量突破 4.5 亿 t,成为世界上年运量最大的重载线路。就集装箱化而言,集装箱运输具有装卸效率高、周转速度快、减少货损货差、防盗防湿等优点,已经成为世界铁路货物运输的重要发展趋势。目前,全球铁路集装箱运量已占铁路货运总量的 20%~40%。其中,美国为 49%,法国为 40%,日本为 33%,英国为 30%,德国为 20%。我国集装箱运输起步较晚,2022 年集装箱运量仅占铁路货运总量的 17.5%,存在集装化程度低、集装箱专用车数量少等问题,具有较大发展潜力。就直达化而言,其具有提高机车车辆周转速度、加快货物送达、降低运输成本等多方面的技术经济优势,得到各国铁路部门的普遍重视。与此同时,直达运输可以变有调作业为无调作业,从而减轻沿途编组站的解编作业负荷,在当前编组站作业能力普遍紧张的情况下,开展直达运输具有更为重要的意义。自 2003 年以来,我国直达列车开行量大幅增加,货物品类也由单一的煤炭运输扩大到铁矿粉、油品、焦炭、粮食等大宗物资,直达运输发展迅速,但占

---

① 习近平:《开创我国高质量发展新局面》,《求是》2024 年第 12 期。

比仍较发达国家有较大差距。值得注意的是,无论是重载化还是集装箱化,抑或是直达化,均会在一定程度上弱化编组站的功能作用。因为重载列车基本上采用始发直达的运输组织模式,不需要在沿途编组站进行解编作业。集装箱列车装载的主要是对运输时间敏感、安全保障要求较高的高附加值货物,同样不需要、不建议进编组站解编。类似地,直达化程度越高,则编组站的功能作用发挥余地越小。鉴于此,随着重载化、集装箱化、直达化发展的持续演进,编组站作为"货物列车工厂"的地位将受到较大挑战。

二、"双碳"行动不断推进将缩减编组站的作业规模

实现碳达峰碳中和,是以习近平同志为核心的党中央统筹国内国际两个大局作出的重大战略决策,是着力解决资源环境约束突出问题、实现中华民族永续发展的必然选择,是构建人类命运共同体的庄严承诺。2020年9月,中国向世界郑重宣布:二氧化碳排放力争在2030年前达到峰值,努力争取在2060年前实现碳中和。2021年10月,中共中央、国务院印发《关于完整准确全面贯彻新发展理念做好碳达峰碳中和工作的意见》,提出加快推进低碳交通运输体系建设。2021年10月,国务院印发《2030年前碳达峰行动方案》(国发〔2021〕23号),提出加快形成绿色低碳运输方式,确保交通运输领域碳排放增长保持在合理区间。上述两个重要文件的相继出台,构建了中国碳达峰碳中和政策体系的顶层设计,也为交通行业如何实现低碳发展指明了方向。2022年10月,党的二十大报告明确提出,实现碳达峰碳中和是一场广泛而深刻的经济社会系统性变革,要积极稳妥推进碳达峰碳中和,推动能源清洁低碳高效利用,推进工业、建筑、交通等领域清洁低碳转型。这充分体现党中央对交通绿色发展的高度重视。中国碳核算数据库(CEADs)有效数据显示,2022年,中国碳排放量为110亿吨,约占全球碳排放量的28.87%。Our World in Data网站显示,2022年中国碳排放量为114亿吨,我国已成为全球最大的二氧化碳排放国。1900—2022年全球及部分国家二氧化碳排放变化情况如图8-2所示。根据欧美发达国家经验,交通的碳排放占比会随着工业化和城镇化进程的推进而不断提升,逐步成为实现"双碳"目标的瓶颈制约。由于交通运输高度依赖化石燃料,导致其碳排放基数大、减排难。长期以来,煤炭是我国铁路运输最主要的货品,运量大、运距长、货源集中、流向集中,主要用于发电、冶炼、居民生活等。铁路煤炭运量从2016年的19.0亿t增长到2023年的27.5亿t,年均增长率达到5.4%。然而,随着"双碳"行动的持续推进、新能源技术的逐步推广、能源结构的不断优化调整,煤炭运量占比从2016年的57.1%缓慢下降到2023年的54.9%,

下降 2.2 个百分点。在"十五五"时期及更远的中长期，铁路煤炭运输大概率继续呈下行态势，进而导致编组站作业规模的缩减，届时部分编组站可能出现运能虚糜浪费的情况。

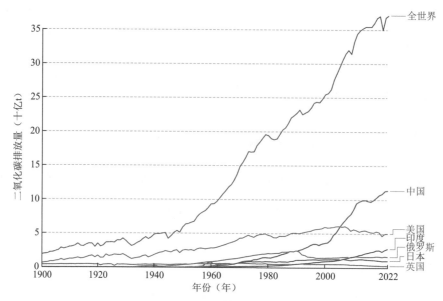

图 8-2　1900—2022 年全球二氧化碳排放变化情况

资料来源：Our World in Data

三、城镇化进程持续推进将压缩编组站的新建和改扩建空间

城镇化是伴随工业化进程，非农产业在城镇集聚、农村人口向城镇集中的发展过程，是人类社会发展的客观趋势，是国家现代化的重要标志。党的十八大以来，以习近平同志为核心的党中央明确提出实施新型城镇化战略，提出走以人为本、四化同步、优化布局、生态文明、文化传承的中国特色新型城镇化道路，为新型城镇化工作指明了方向、提供了基本遵循。党的二十大明确提出，要推进以人为核心的新型城镇化，加快农业转移人口市民化。当前，我国常住人口城镇化率约 66%，超过全球平均水平，但与欧美发达国家 80% 以上的城镇化率相比仍有较大差距。在城镇化的过程中，随着市域范围的不断拓展，部分原本离城市较远的编组站已经成为新城区的边缘，甚至陷入城市重围。编组站动辄占地数千亩、衔接多条铁路干线，城镇化进程的推进将使得这些落入居民区、产业园重围的编组站发展受限，面临改扩建无地可用的困局。此外，编组站接发列车及解编车辆频繁，作业噪声对附近居民产生较大影响，迁移或弱化位于城市建成区内的铁路编组站已成为大都市发展的重要举措。鉴于此，编组站布局应充分考虑城市发展趋势，尽量设在靠山、低丘、荒地等有天然屏障，城市不会明显延伸发展的地方，切实提高资金使用的有效性。

第九章
高质量推进我国编组站建设的政策建议

我国铁路编组站应坚持双轮驱动、双管齐下，以高质量建设更好服务支撑国家重大战略实施。从"硬设施"维度看，要优化完善编组站空间布局，科学提升编组站作业能力，推动编组站智能化转型升级。从"软服务"维度看，要优化编组站运营组织，完善标准规范，壮大人才队伍，加强安全管理。

第一节 夯实"硬设施"

一、优化完善编组站空间布局

综合自动化编组站的技术经济优势显著，车流的单位作业成本更低，因此将解编作业集中在一些自动化程度较高的编组站，有助于压缩运营成本，同时释放区段站和一般技术站的作业压力。事实上，将车流解编任务集中在少数核心编组站，可以进一步降低管理维护难度、压缩整体的设施设备和人员配置、更加有效地实现全路车流的统一组织。自上世纪80年代以来，发达国家就陆续提出了集中解编作业、减少编组站数量等基本原则和发展导向。我国编组站空间分布不均衡且平均站间距较短，各站的分工被人为地平均化，增加了车流的解编次数和在途停留时间。同时，由于解编作业地点较为分散、车流难以集中，增加了远程直达去向列车的开行难度。解编集中化是铁路未来的发展方向之一，一是要逐步将区段站或一般技术站的解编任务移交至编组站进行，缓解区段站和一般技术站的作业压力，丰富编组站的车流构成，为开行更多数量的远程直达去向列车创造条件。二是要在一定程度上缩减全路编组站的数量，降低管理和维护成本，优化编组站的空间布局，明确各编组站尤其是相邻站的任务分工。三是要顺应铁路网结构的优化调整、城市化进程的不断推进，移除或迁建一批深陷城市重围的编组站，同时因时、因地、因势制宜，新建一批综合自动化程度高的编组站，更好适配全路车流组织。

二、科学提升编组站作业能力

编组站占地广、投资大，其作业量的多少与铁路货运量的变化密切相关。编组站（特别是路网性编组站）从建设伊始到最终形态，一般需经过若干发展阶段。若编组站的建设阶段划分过细过多，则编组站改扩建过于频繁，将长时间处于改扩建施工中，缩减有效作业时间，影响路网车流的正常解编作业；若建设阶段划分过粗过少，又势必造成超前建设、过度投资，导致编组站能力长时间虚糜浪费。鉴于此，编组站建设应遵循"一次规划、分期发展"的分阶段原则，即根据国家路网规划、远期预测运量、全路编组计划，一次性完成编组站站型及设施设备规模的规划设计，再根据划分阶段的年度预测运量，合理确定各阶段的站型和设施设备规模，实现分期建设、逐步完善、有效衔接。具体到编组站各场站的布局建设，应结合车流特点和地形地质条件，科学合理选择站型，尽量避免折角车流，减少调机重复作业，压缩车辆在站停留时间。

值得注意的是，编组站解体能力一般大于编组能力，在我国这种情况更为突出。究其原因，峰尾编组作业属于平面调车作业，效率难以提高，同时调车场股道数量较国外大型编组站少，常常出现不同组号的车辆混合占用同一股道的情况，造成编组作业繁杂。由于调车场是编组站横向最宽处，股道数量不可能无节制增加，因此既可以采取缩减线间距以增加股道数量的措施，也可以采取设置箭翎线的方式提高股道利用率。箭翎线具有分割股道、投资小、见效快等显著特点，可以在不增加调车场规模的情况下，使原来在同一股道上混合集结的几个车流量较少的车组调整为单独集结，起到扩展股道数量、简化编组作业的效果，是解决我国编组站调车场股道长、数量少、利用率低的有效途径。因此，对于部分具备条件的编组站，可推广使用箭翎线。此外，我国编组站为简化咽喉布置、节省工程投资，一般将编组站衔接的多条线路在前方某站归并后并线引入或引出编组站。这种处理方式具有较好的经济性，但也容易形成能力瓶颈，导致大量列车在前方车站及编组站出发场内排队等待，增加车辆周转时间。因此，繁忙干线应相对独立地直接接入编组站，实现干线大进大出，达到点线能力协调。同时，对于无调中转、有调中转作业均较多的繁忙编组站，可考虑适时增设独立的直通场，彻底释放编组站的解编能力。

当前，我国铁路正积极拓展白货市场，承运的汽车、笔记本电脑、机械等高附加值货物不断增多，为这些货物提供有效的安全保障也越发重要。从业人员应认真总结国内外各种调速系统的使用经验，特别是我国使用各种制式调速系统的实践，合理选择并改进调速设备，适当降低调车场内的安全连挂速度，做到制动能力强、使用周期长，维修量小。为进一步提高驼峰解体能力，可考虑推广应用多推多溜模式，提高调机推峰速度。

三、稳步提高编组站智能化水平

科学技术是第一生产力。现代化技术设备在编组站的成功应用表明，先进的控制技术和信息技术，不仅为编组站综合能力的大幅提高、经济效益的明显提升提供了强有力的技术支撑，也为减少场站定员、降低劳动强度、改善作业环境、压减调车事故提供了设备保障。例如，与第四代移动通信技术（4G）相比，第五代移动通信技术（5G）的传输速率提升 10 余倍，具有更高速率、更低时延，支持更多应用场景的优势。编组站接发车、调车、货检、列检等业务众多，特别是随着可视化调车、货检视频图像、调车机车全自动运行等大带宽、低时延业务的涌现，4G 难以全面支撑各类业务，采用 5G 技术则可在统一平台上承载各类业务，也可避免站场无线通信系统分散建设带来的重复投资、互联互通困难等相关问题。5G 技术是构建智能铁路的重要基础，而边缘计算技术通过与 5G 技术协同，可大大降低业务时延，并可借助 5G 网络的开放能力更好地进行业务创新。鉴于此，要积极推动 CIPS 系统、SAM 系统在全路编组站的应用，进一步提高编组站的作业效率和自动化水平。通过综合应用 5G、北斗、大数据、人工智能等先进信息技术进行智能化转型升级，积极探索推动面向 5G 的边缘计算技术在铁路编组站中的应用，建设智能管控中心，推动编组站从传统经验管理模式向数据决策管理模式转变，提升编组站专业管理效能。

第二节 增强"软服务"

一、优化编组站运营组织

铁路运输牵一发而动全身，各路局应建立全局信息共享机制，秉持"大运输、大运用"的理念，在推动编组站综合集成自动化的同时，要升级编组站内部各场站的管理信息系统，构建场站间的数据共享平台，有效改善因信息壁垒和传递滞后造成的运输组织效率低下的局面。要加强编组站之间以及编组站与周边区段站、中间站、装卸站等车站的协同联动，强化统计数据以及作业信息的互联互通，协同编制车站工作计划。加强相同工种间的信息实时交换，推动不同工种间实现信息的实时或分批次交换，明确系统间数据交互接口标准，为实现局站信息透明、作业计划一体化编制、车站生产作业系统等功能的拓展和完善提供支撑。

不断优化场站作业水平，实施灵活的调机交接班制度，做到早交早接、晚交晚接。合理安排调机走行径路，减少交叉干扰，减少停车次数。完善机列衔接安排，做到解编结合、取送结合，实现生产过程的无缝对接、密切配合，最大限度挖掘运输潜力。加强各岗位间协同作业和标准化作业水平，减少调机推峰等放风、等列检，峰尾编组等交车、牵出等信号，出发场开车等列检、等货检等情况。通过优化编组站发车作业流程，减少对咽喉区的占用，提高上下行系统出发场股道利用率。

按照市场化编组计划原则，可对重点客户、高附加值货物列车实行优先编组、优先通过。增加开办集装箱业务的车站，通过优化编组计划，该种列车可以实现少进编组站或不进编组站。提高从业人员专业素养，提高编制计划的科学性、严谨性、严肃性。相较铁路旅客运输，铁路货物运输存在流程监控粗放、计划可控性差等问题，导致货物运输的运到期限保障率较低。因此，需加强对铁路车流的监测和预警系统的设计，为编组站作业提供准确依据。建立健全编组站装车、卸车、运到时限等预警机制，严格编组站违编检查。通过加强对货物运输过程的跟踪与分析，实现货物运输事前预警、事中管控、事后反馈，变"不可控"为"可控"。

积极应对不均衡车流，灵活运用编组站作业能力。当车流稀疏到达时，加强与路局调度所的联系，提高车流密度，在调机能力富余的情况下，合理安排整场作业，以及车辆段、倒装线、机务段取送等作业。当车流密集到达时，提前安排有关人员作业，适当压缩技检时间。实行路局间编组站编组质量区域互保制度，提高货物列车编组质量，从源头上减少折角车流比例。例如，优化株洲北与怀化西编组站的编组计划，增加株洲北、怀化西到达成都北及其以远车流组号，将北碚以北、内江以西车流纳入该组号。同时，兴隆场及其以远车流组号仅编入重庆枢纽及内江以东车流。对到达兴隆场及其以远车流，区分上下行系统进行编组，缓解兴隆场站折角车流、混编车流组织难度。

二、完善编组站标准规范

我国铁路工程建设标准体系在 ISO 标准框架下进行了优化完善，与国际接轨，涵盖勘察设计、施工、工程验收及产品标准，划分为国家标准（GB）、行业标准（TB）、社会（团体）标准、企业标准（Q/CR）。其中，国家标准由住房和城乡建设部主持编制并发布，行业标准由国家铁路局主持编制并发布，社会（团体）标准由中国铁道学会主持编制并发布，企业标准由国铁集团主持编制并发布。铁路编组站的现行基础规范为《铁路车站及枢纽设计规范》（GB 50091—2006）和《铁路车站及枢纽设计规范》（TB 10099—2017），目前尚未有对应的社会（团体）标准和企业标准。国家标准和行业标准为指导性、引领性、强制性规范,但修编间隔长。因此,编组站作为铁路的重大基础设施,制定社会(团体)标准或企业标准,将更有利于吸纳建设实践中有益的、具有普适推广价值的技术方法,更好地指导、推动我国铁路编组站的建设。

完善《车站行车工作细则》相关条款,适当提高机车遥控预推速度,将驼峰解体作业间隔适当压缩。优化驼峰减速器定速方案,协调电务部门、设备厂商对驼峰速度控制系统进行现场测试研究,制定提高减速器定速的方案,优化系统大组车"放头拦尾"功能,同时考虑难行线、难行车、气候环境等不同因素的影响,减少车辆溜放不到位的情况。探索实施"123"运输分析考核制度,对影响调机 10min 以上的问题由调度车间组织分析,影响 20min 以上的问题由技术科组织分析,影响 30min 以上的问题由分管副站长组织分析,及时发现补强运输组织薄弱环节,提高生作业过程的合理性。在保障设备维修的同时,最大限度地减少对生产作业的影响。通过"借智借脑"的方式,依托科研院所对 B 型车(冷藏车)、K 型车(矿石车)、L 型车(散装粮食车)、D 型车(长大货物车)、特种用途车(轨道检查车、试验车、钢轨探伤车等)及部分 X 型车(集装箱平车)等进行溜放试验,制定溜放相关指导意见。同时,进一步规范货票上"禁溜"标记的标注,对非禁溜货物不得随意在货票上标注"禁溜"标记。

三、壮大编组站人才队伍

调整编组站绩效考核分配办法,丰富拓展考核的维度和内容,提升考核的全面性、科学性,将各项考核指标细化分解到车间、班组、岗位,加强业绩与收入的捆绑,合理拉开收入差距,确保分配激励更加精准有效。加大对班计划、阶段计划的考核力度,将计划兑现率纳入相关车间班子的业绩考核。加强站机一体化考核,实施调机司机计件工资与工作量挂钩考核,调机司机和调车组人员实行统一的计件考核办法,多劳多得,促进调机和调车组密切联劳协作。探索站区一体化管理体制,实现车务、机务、工务、电务等单位管理一体、考核一体,提高站区协同程度。优化编组站激励机制,坚持"把解编作业作为编组站核心任务"的理念,针对性设置解编达标奖、创纪录奖、特别进步奖等奖项,充分激发职工挖潜提效的积极性。实施管理岗位公开招聘制度,积极支持、鼓励符合条件班组长报名应聘,打通班组长晋升通道,充分调动班组长工作积极性。

以打造一支高素质管理团队为核心,通过组织管理人员到兄弟单位调研学习、与科技企业共同攻关、人员交流等"走出去、请进来"的方式,培育锻造一批经营管理的行家里手。对标铁路高质量发展要求,强化精细管理、创新管理理念的更新迭代,不断提高工作质效。同时，加强科技人才选拔培养，建立健全首席技师、工程师选拔制度，以作业流程优化精进、运输组织安全高效为导向，搭建车站科技创新工作室、节支创效示范点等品牌，发挥科技人才在技能攻关、技术革新等方面的示范引领作用。科学制定职工基本任职条件和培养途径，增强对现场作业过程、场站设施设备的熟悉程度，做好到发车流推算，合理安排车流接发及解编作业，提升编组计划编制质量和执行力度。

四、加强编组站安全管理

我国自然灾害、事故灾害、公共卫生、社会安全等突发公共事件频发，严重影响经济社会正常运行。由于特有的地质构造条件和自然地理环境，我国是世界上遭受自然灾害最严重的国家之一。特别是突如其来的新冠疫情，席卷全球、停滞经济、严重威胁人民群众的生命健康安全。《交通强国建设纲要》要求，提升交通基础设施、载运工具的本质安全水平，完善交通安全生产体系，强化交通应急救援能力。《关于加强交通运输应急管理体系和能力建设的指导意见》提出，全面提升交通运输安全风险防范化解、突发事件应急处置和综合交通运输应急保障能力，全力保障人民群众生命财产安全和社会稳定。对于铁路编组站，更加要加强安全管理。一是增强"物防、技防、人防"三位一体的安全防控体系，为编组站效率提升筑牢安全屏障。二是完善编组站安全技术标准规范，建立基础设施、技术装备第三方认证制度和安全责任"终身制"，严把设施设备产品源头质量关，合理安排建设周期、合理设置安全冗余，推进精品建设和精细管理，增强编组站的本质安全。三是强化编组站设施设备养护，提高养护的专业化、信息化水平，增强设施设备耐久性和可靠性。四是健全编组站应急管理体制机制，完善应急协调机制、响应机制、预案体系，提高编组站的应急保障水平。

附录 A 直达列车走行径路及里程（单位：km）

始发	终到	最短径路	里程1	次短径路	里程2
Y_{01}	Y_{02}	$Y_{01} \to Y_{02}$	164	—	—
Y_{01}	Y_{03}	$Y_{01} \to Y_{02} \to Y_{03}$	621	$Y_{01} \to Y_{02} \to Y_{05} \to Y_{04} \to Y_{03}$	1690
Y_{01}	Y_{04}	$Y_{01} \to Y_{02} \to Y_{03} \to Y_{04}$	1037	$Y_{01} \to Y_{02} \to Y_{05} \to Y_{04}$	1274
Y_{01}	Y_{05}	$Y_{01} \to Y_{02} \to Y_{05}$	574	$Y_{01} \to Y_{02} \to Y_{03} \to Y_{04} \to Y_{05}$	1737
Y_{01}	Y_{06}	$Y_{01} \to Y_{02} \to Y_{05} \to Y_{06}$	1218	$Y_{01} \to Y_{02} \to Y_{05} \to Y_{08} \to Y_{09} \to Y_{06}$	1537
Y_{01}	Y_{07}	$Y_{01} \to Y_{02} \to Y_{05} \to Y_{06} \to Y_{07}$	1902	$Y_{01} \to Y_{02} \to Y_{05} \to Y_{08} \to Y_{09} \to Y_{06} \to Y_{07}$	2221
Y_{01}	Y_{08}	$Y_{01} \to Y_{02} \to Y_{05} \to Y_{08}$	942	$Y_{01} \to Y_{02} \to Y_{05} \to Y_{06} \to Y_{09} \to Y_{08}$	1813
Y_{01}	Y_{09}	$Y_{01} \to Y_{02} \to Y_{05} \to Y_{08} \to Y_{09}$	1143	$Y_{01} \to Y_{02} \to Y_{05} \to Y_{06} \to Y_{09}$	1612
Y_{01}	Y_{10}	$Y_{01} \to Y_{02} \to Y_{05} \to Y_{08} \to Y_{09} \to Y_{10}$	1623	$Y_{01} \to Y_{02} \to Y_{05} \to Y_{06} \to Y_{09} \to Y_{10}$	2092
Y_{01}	Y_{11}	$Y_{01} \to Y_{02} \to Y_{05} \to Y_{08} \to Y_{09} \to Y_{10} \to Y_{11}$	1795	$Y_{01} \to Y_{02} \to Y_{05} \to Y_{08} \to Y_{09} \to Y_{10} \to Y_{13} \to Y_{11}$	2150
Y_{01}	Y_{12}	$Y_{01} \to Y_{02} \to Y_{05} \to Y_{08} \to Y_{12}$	1640	$Y_{01} \to Y_{02} \to Y_{03} \to Y_{04} \to Y_{12}$	1822
Y_{01}	Y_{13}	$Y_{01} \to Y_{02} \to Y_{05} \to Y_{08} \to Y_{09} \to Y_{10} \to Y_{13}$	1907	$Y_{01} \to Y_{02} \to Y_{05} \to Y_{08} \to Y_{09} \to Y_{10} \to Y_{11} \to Y_{13}$	2038
Y_{02}	Y_{01}	$Y_{02} \to Y_{01}$	164	—	—
Y_{02}	Y_{03}	$Y_{02} \to Y_{03}$	457	$Y_{02} \to Y_{05} \to Y_{04} \to Y_{03}$	1526
Y_{02}	Y_{04}	$Y_{02} \to Y_{03} \to Y_{04}$	873	$Y_{02} \to Y_{05} \to Y_{04}$	1110
Y_{02}	Y_{05}	$Y_{02} \to Y_{05}$	410	$Y_{02} \to Y_{03} \to Y_{04} \to Y_{05}$	1573
Y_{02}	Y_{06}	$Y_{02} \to Y_{05} \to Y_{06}$	1054	$Y_{02} \to Y_{05} \to Y_{08} \to Y_{09} \to Y_{06}$	1373
Y_{02}	Y_{07}	$Y_{02} \to Y_{05} \to Y_{06} \to Y_{07}$	1738	$Y_{02} \to Y_{05} \to Y_{08} \to Y_{09} \to Y_{06} \to Y_{07}$	2057
Y_{02}	Y_{08}	$Y_{02} \to Y_{05} \to Y_{08}$	778	$Y_{02} \to Y_{05} \to Y_{06} \to Y_{09} \to Y_{08}$	1649
Y_{02}	Y_{09}	$Y_{02} \to Y_{05} \to Y_{08} \to Y_{09}$	979	$Y_{02} \to Y_{05} \to Y_{06} \to Y_{09}$	1448
Y_{02}	Y_{10}	$Y_{02} \to Y_{05} \to Y_{08} \to Y_{09} \to Y_{10}$	1459	$Y_{02} \to Y_{05} \to Y_{06} \to Y_{09} \to Y_{10}$	1928
Y_{02}	Y_{11}	$Y_{02} \to Y_{05} \to Y_{08} \to Y_{09} \to Y_{10} \to Y_{11}$	1631	$Y_{02} \to Y_{05} \to Y_{08} \to Y_{09} \to Y_{10} \to Y_{13} \to Y_{11}$	1986
Y_{02}	Y_{12}	$Y_{02} \to Y_{05} \to Y_{08} \to Y_{12}$	1476	$Y_{02} \to Y_{03} \to Y_{04} \to Y_{12}$	1658
Y_{02}	Y_{13}	$Y_{02} \to Y_{05} \to Y_{08} \to Y_{09} \to Y_{10} \to Y_{13}$	1743	$Y_{02} \to Y_{05} \to Y_{08} \to Y_{09} \to Y_{10} \to Y_{11} \to Y_{13}$	1874
Y_{03}	Y_{01}	$Y_{03} \to Y_{02} \to Y_{01}$	621	$Y_{03} \to Y_{04} \to Y_{05} \to Y_{02} \to Y_{01}$	1690
Y_{03}	Y_{02}	$Y_{03} \to Y_{02}$	457	$Y_{03} \to Y_{04} \to Y_{05} \to Y_{02}$	1526
Y_{03}	Y_{04}	$Y_{03} \to Y_{04}$	416	$Y_{03} \to Y_{02} \to Y_{05} \to Y_{04}$	1567
Y_{03}	Y_{05}	$Y_{03} \to Y_{02} \to Y_{05}$	867	$Y_{03} \to Y_{04} \to Y_{05}$	1116

续上表

始发	终到	最短径路	里程1	次短径路	里程2
Y_{03}	Y_{06}	$Y_{03} \to Y_{02} \to Y_{05} \to Y_{06}$	1511	$Y_{03} \to Y_{04} \to Y_{05} \to Y_{06}$	1760
Y_{03}	Y_{07}	$Y_{03} \to Y_{02} \to Y_{05} \to Y_{06} \to Y_{07}$	2195	$Y_{03} \to Y_{04} \to Y_{05} \to Y_{06} \to Y_{07}$	2444
Y_{03}	Y_{08}	$Y_{03} \to Y_{02} \to Y_{05} \to Y_{08}$	1235	$Y_{03} \to Y_{04} \to Y_{05} \to Y_{08}$	1484
Y_{03}	Y_{09}	$Y_{03} \to Y_{02} \to Y_{05} \to Y_{08} \to Y_{09}$	1436	$Y_{03} \to Y_{04} \to Y_{05} \to Y_{08} \to Y_{09}$	1685
Y_{03}	Y_{10}	$Y_{03} \to Y_{02} \to Y_{05} \to Y_{08} \to Y_{09} \to Y_{10}$	1916	$Y_{03} \to Y_{04} \to Y_{05} \to Y_{08} \to Y_{09} \to Y_{10}$	2165
Y_{03}	Y_{11}	$Y_{03} \to Y_{02} \to Y_{05} \to Y_{08} \to Y_{09} \to Y_{10} \to Y_{11}$	2088	$Y_{03} \to Y_{04} \to Y_{05} \to Y_{08} \to Y_{09} \to Y_{10} \to Y_{11}$	2337
Y_{03}	Y_{12}	$Y_{03} \to Y_{04} \to Y_{12}$	1201	$Y_{03} \to Y_{02} \to Y_{05} \to Y_{08} \to Y_{12}$	1933
Y_{03}	Y_{13}	$Y_{03} \to Y_{02} \to Y_{05} \to Y_{08} \to Y_{09} \to Y_{13}$	2200	$Y_{03} \to Y_{04} \to Y_{12} \to Y_{13}$	2240
Y_{04}	Y_{01}	$Y_{04} \to Y_{03} \to Y_{02} \to Y_{01}$	1037	$Y_{04} \to Y_{05} \to Y_{02} \to Y_{01}$	1274
Y_{04}	Y_{02}	$Y_{04} \to Y_{03} \to Y_{02}$	873	$Y_{04} \to Y_{05} \to Y_{02}$	1110
Y_{04}	Y_{03}	$Y_{04} \to Y_{03}$	416	$Y_{04} \to Y_{05} \to Y_{02} \to Y_{03}$	1567
Y_{04}	Y_{05}	$Y_{04} \to Y_{05}$	700	$Y_{04} \to Y_{03} \to Y_{02} \to Y_{05}$	1283
Y_{04}	Y_{06}	$Y_{04} \to Y_{05} \to Y_{06}$	1344	$Y_{04} \to Y_{05} \to Y_{08} \to Y_{09} \to Y_{06}$	1663
Y_{04}	Y_{07}	$Y_{04} \to Y_{05} \to Y_{06} \to Y_{07}$	2028	$Y_{04} \to Y_{05} \to Y_{08} \to Y_{09} \to Y_{06} \to Y_{07}$	2347
Y_{04}	Y_{08}	$Y_{04} \to Y_{05} \to Y_{08}$	1068	$Y_{04} \to Y_{12} \to Y_{08}$	1483
Y_{04}	Y_{09}	$Y_{04} \to Y_{05} \to Y_{08} \to Y_{09}$	1269	$Y_{04} \to Y_{12} \to Y_{08} \to Y_{09}$	1684
Y_{04}	Y_{10}	$Y_{04} \to Y_{05} \to Y_{08} \to Y_{09} \to Y_{10}$	1749	$Y_{04} \to Y_{12} \to Y_{13} \to Y_{10}$	2108
Y_{04}	Y_{11}	$Y_{04} \to Y_{05} \to Y_{08} \to Y_{09} \to Y_{10} \to Y_{11}$	1921	$Y_{04} \to Y_{12} \to Y_{13} \to Y_{11}$	2067
Y_{04}	Y_{12}	$Y_{04} \to Y_{12}$	785	$Y_{04} \to Y_{05} \to Y_{08} \to Y_{12}$	1766
Y_{04}	Y_{13}	$Y_{04} \to Y_{12} \to Y_{13}$	1824	$Y_{04} \to Y_{05} \to Y_{08} \to Y_{09} \to Y_{10} \to Y_{13}$	2033
Y_{05}	Y_{01}	$Y_{05} \to Y_{02} \to Y_{01}$	574	$Y_{05} \to Y_{04} \to Y_{03} \to Y_{02} \to Y_{01}$	1737
Y_{05}	Y_{02}	$Y_{05} \to Y_{02}$	410	$Y_{05} \to Y_{04} \to Y_{03} \to Y_{02}$	1573
Y_{05}	Y_{03}	$Y_{05} \to Y_{02} \to Y_{03}$	867	$Y_{05} \to Y_{04} \to Y_{03}$	1116
Y_{05}	Y_{04}	$Y_{05} \to Y_{04}$	700	$Y_{05} \to Y_{02} \to Y_{03} \to Y_{04}$	1283
Y_{05}	Y_{06}	$Y_{05} \to Y_{06}$	644	$Y_{05} \to Y_{08} \to Y_{09} \to Y_{06}$	963
Y_{05}	Y_{07}	$Y_{05} \to Y_{06} \to Y_{07}$	1328	$Y_{05} \to Y_{08} \to Y_{09} \to Y_{06} \to Y_{07}$	1647
Y_{05}	Y_{08}	$Y_{05} \to Y_{08}$	368	$Y_{05} \to Y_{06} \to Y_{09} \to Y_{08}$	1239
Y_{05}	Y_{09}	$Y_{05} \to Y_{08} \to Y_{09}$	569	$Y_{05} \to Y_{06} \to Y_{09}$	1038
Y_{05}	Y_{10}	$Y_{05} \to Y_{08} \to Y_{09} \to Y_{10}$	1049	$Y_{05} \to Y_{06} \to Y_{09} \to Y_{10}$	1518
Y_{05}	Y_{11}	$Y_{05} \to Y_{08} \to Y_{09} \to Y_{10} \to Y_{11}$	1221	$Y_{05} \to Y_{08} \to Y_{09} \to Y_{10} \to Y_{13} \to Y_{11}$	1576
Y_{05}	Y_{12}	$Y_{05} \to Y_{08} \to Y_{12}$	1066	$Y_{05} \to Y_{04} \to Y_{12}$	1485

附录 A 直达列车走行径路及里程（单位：km）

续上表

始发	终到	最短径路	里程1	次短径路	里程2
Y_{05}	Y_{13}	$Y_{05} \to Y_{08} \to Y_{09} \to Y_{10} \to Y_{13}$	1333	$Y_{05} \to Y_{08} \to Y_{09} \to Y_{10} \to Y_{11} \to Y_{13}$	1464
Y_{06}	Y_{01}	$Y_{06} \to Y_{05} \to Y_{02} \to Y_{01}$	1218	$Y_{06} \to Y_{09} \to Y_{08} \to Y_{05} \to Y_{02} \to Y_{01}$	1537
Y_{06}	Y_{02}	$Y_{06} \to Y_{05} \to Y_{02}$	1054	$Y_{06} \to Y_{09} \to Y_{08} \to Y_{05} \to Y_{02}$	1373
Y_{06}	Y_{03}	$Y_{06} \to Y_{05} \to Y_{02} \to Y_{03}$	1511	$Y_{06} \to Y_{05} \to Y_{04} \to Y_{03}$	1760
Y_{06}	Y_{04}	$Y_{06} \to Y_{05} \to Y_{04}$	1344	$Y_{06} \to Y_{09} \to Y_{08} \to Y_{05} \to Y_{04}$	1663
Y_{06}	Y_{05}	$Y_{06} \to Y_{05}$	644	$Y_{06} \to Y_{09} \to Y_{08} \to Y_{05}$	963
Y_{06}	Y_{07}	$Y_{06} \to Y_{07}$	684	$Y_{06} \to Y_{09} \to Y_{10} \to Y_{11} \to Y_{07}$	1589
Y_{06}	Y_{08}	$Y_{06} \to Y_{09} \to Y_{08}$	595	$Y_{06} \to Y_{05} \to Y_{08}$	1012
Y_{06}	Y_{09}	$Y_{06} \to Y_{09}$	394	$Y_{06} \to Y_{05} \to Y_{08} \to Y_{09}$	1213
Y_{06}	Y_{10}	$Y_{06} \to Y_{09} \to Y_{10}$	874	$Y_{06} \to Y_{07} \to Y_{11} \to Y_{10}$	1399
Y_{06}	Y_{11}	$Y_{06} \to Y_{09} \to Y_{10} \to Y_{11}$	1046	$Y_{06} \to Y_{07} \to Y_{11}$	1227
Y_{06}	Y_{12}	$Y_{06} \to Y_{09} \to Y_{08} \to Y_{12}$	1293	$Y_{06} \to Y_{05} \to Y_{08} \to Y_{12}$	1710
Y_{06}	Y_{13}	$Y_{06} \to Y_{09} \to Y_{10} \to Y_{13}$	1158	$Y_{06} \to Y_{09} \to Y_{10} \to Y_{11} \to Y_{13}$	1289
Y_{07}	Y_{01}	$Y_{07} \to Y_{06} \to Y_{05} \to Y_{02} \to Y_{01}$	1902	$Y_{07} \to Y_{06} \to Y_{09} \to Y_{08} \to Y_{05} \to Y_{02} \to Y_{01}$	2221
Y_{07}	Y_{02}	$Y_{07} \to Y_{06} \to Y_{05} \to Y_{02}$	1738	$Y_{07} \to Y_{06} \to Y_{09} \to Y_{08} \to Y_{05} \to Y_{02}$	2057
Y_{07}	Y_{03}	$Y_{07} \to Y_{06} \to Y_{05} \to Y_{02} \to Y_{03}$	2195	$Y_{07} \to Y_{06} \to Y_{05} \to Y_{04} \to Y_{03}$	2444
Y_{07}	Y_{04}	$Y_{07} \to Y_{06} \to Y_{05} \to Y_{04}$	2028	$Y_{07} \to Y_{06} \to Y_{09} \to Y_{08} \to Y_{05} \to Y_{04}$	2347
Y_{07}	Y_{05}	$Y_{07} \to Y_{06} \to Y_{05}$	1328	$Y_{07} \to Y_{06} \to Y_{09} \to Y_{08} \to Y_{05}$	1647
Y_{07}	Y_{06}	$Y_{07} \to Y_{06}$	684	$Y_{07} \to Y_{11} \to Y_{10} \to Y_{09} \to Y_{06}$	1589
Y_{07}	Y_{08}	$Y_{07} \to Y_{06} \to Y_{09} \to Y_{08}$	1279	$Y_{07} \to Y_{11} \to Y_{10} \to Y_{09} \to Y_{08}$	1396
Y_{07}	Y_{09}	$Y_{07} \to Y_{06} \to Y_{09}$	1078	$Y_{07} \to Y_{11} \to Y_{10} \to Y_{09}$	1195
Y_{07}	Y_{10}	$Y_{07} \to Y_{11} \to Y_{10}$	715	$Y_{07} \to Y_{11} \to Y_{13} \to Y_{10}$	1070
Y_{07}	Y_{11}	$Y_{07} \to Y_{11}$	543	$Y_{07} \to Y_{06} \to Y_{09} \to Y_{10} \to Y_{11}$	1730
Y_{07}	Y_{12}	$Y_{07} \to Y_{11} \to Y_{13} \to Y_{12}$	1825	$Y_{07} \to Y_{06} \to Y_{09} \to Y_{08} \to Y_{12}$	1977
Y_{07}	Y_{13}	$Y_{07} \to Y_{11} \to Y_{13}$	786	$Y_{07} \to Y_{11} \to Y_{10} \to Y_{13}$	999
Y_{08}	Y_{01}	$Y_{08} \to Y_{05} \to Y_{02} \to Y_{01}$	942	$Y_{08} \to Y_{09} \to Y_{06} \to Y_{05} \to Y_{02} \to Y_{01}$	1813
Y_{08}	Y_{02}	$Y_{08} \to Y_{05} \to Y_{02}$	778	$Y_{08} \to Y_{09} \to Y_{06} \to Y_{05} \to Y_{02}$	1649
Y_{08}	Y_{03}	$Y_{08} \to Y_{05} \to Y_{02} \to Y_{03}$	1235	$Y_{08} \to Y_{05} \to Y_{04} \to Y_{03}$	1484
Y_{08}	Y_{04}	$Y_{08} \to Y_{05} \to Y_{04}$	1068	$Y_{08} \to Y_{12} \to Y_{04}$	1483
Y_{08}	Y_{05}	$Y_{08} \to Y_{05}$	368	$Y_{08} \to Y_{09} \to Y_{06} \to Y_{05}$	1239
Y_{08}	Y_{06}	$Y_{08} \to Y_{09} \to Y_{06}$	595	$Y_{08} \to Y_{05} \to Y_{06}$	1012

续上表

始发	终到	最短径路	里程1	次短径路	里程2
Y_{08}	Y_{07}	$Y_{08} \to Y_{09} \to Y_{06} \to Y_{07}$	1279	$Y_{08} \to Y_{09} \to Y_{10} \to Y_{11} \to Y_{07}$	1396
Y_{08}	Y_{09}	$Y_{08} \to Y_{09}$	201	$Y_{08} \to Y_{05} \to Y_{06} \to Y_{09}$	1406
Y_{08}	Y_{10}	$Y_{08} \to Y_{09} \to Y_{10}$	681	$Y_{08} \to Y_{05} \to Y_{06} \to Y_{09} \to Y_{10}$	1886
Y_{08}	Y_{11}	$Y_{08} \to Y_{09} \to Y_{10} \to Y_{11}$	853	$Y_{08} \to Y_{09} \to Y_{10} \to Y_{13} \to Y_{11}$	1208
Y_{08}	Y_{12}	$Y_{08} \to Y_{12}$	698	$Y_{08} \to Y_{05} \to Y_{04} \to Y_{12}$	1853
Y_{08}	Y_{13}	$Y_{08} \to Y_{09} \to Y_{10} \to Y_{13}$	965	$Y_{08} \to Y_{09} \to Y_{10} \to Y_{11} \to Y_{13}$	1096
Y_{09}	Y_{01}	$Y_{09} \to Y_{08} \to Y_{05} \to Y_{02} \to Y_{01}$	1143	$Y_{09} \to Y_{06} \to Y_{05} \to Y_{02} \to Y_{01}$	1612
Y_{09}	Y_{02}	$Y_{09} \to Y_{08} \to Y_{05} \to Y_{02}$	979	$Y_{09} \to Y_{06} \to Y_{05} \to Y_{02}$	1448
Y_{09}	Y_{03}	$Y_{09} \to Y_{08} \to Y_{05} \to Y_{02} \to Y_{03}$	1436	$Y_{09} \to Y_{08} \to Y_{05} \to Y_{04} \to Y_{03}$	1685
Y_{09}	Y_{04}	$Y_{09} \to Y_{08} \to Y_{05} \to Y_{04}$	1269	$Y_{09} \to Y_{08} \to Y_{12} \to Y_{04}$	1684
Y_{09}	Y_{05}	$Y_{09} \to Y_{08} \to Y_{05}$	569	$Y_{09} \to Y_{06} \to Y_{05}$	1038
Y_{09}	Y_{06}	$Y_{09} \to Y_{06}$	394	$Y_{09} \to Y_{08} \to Y_{05} \to Y_{06}$	1213
Y_{09}	Y_{07}	$Y_{09} \to Y_{06} \to Y_{07}$	1078	$Y_{09} \to Y_{10} \to Y_{11} \to Y_{07}$	1195
Y_{09}	Y_{08}	$Y_{09} \to Y_{08}$	201	$Y_{09} \to Y_{06} \to Y_{05} \to Y_{08}$	1406
Y_{09}	Y_{10}	$Y_{09} \to Y_{10}$	480	$Y_{09} \to Y_{06} \to Y_{07} \to Y_{11} \to Y_{10}$	1793
Y_{09}	Y_{11}	$Y_{09} \to Y_{10} \to Y_{11}$	652	$Y_{09} \to Y_{10} \to Y_{13} \to Y_{11}$	1007
Y_{09}	Y_{12}	$Y_{09} \to Y_{08} \to Y_{12}$	899	$Y_{09} \to Y_{10} \to Y_{13} \to Y_{12}$	1803
Y_{09}	Y_{13}	$Y_{09} \to Y_{10} \to Y_{13}$	764	$Y_{09} \to Y_{10} \to Y_{11} \to Y_{13}$	895
Y_{10}	Y_{01}	$Y_{10} \to Y_{09} \to Y_{08} \to Y_{05} \to Y_{02} \to Y_{01}$	1623	$Y_{10} \to Y_{09} \to Y_{06} \to Y_{05} \to Y_{02} \to Y_{01}$	2092
Y_{10}	Y_{02}	$Y_{10} \to Y_{09} \to Y_{08} \to Y_{05} \to Y_{02}$	1459	$Y_{10} \to Y_{09} \to Y_{06} \to Y_{05} \to Y_{02}$	1928
Y_{10}	Y_{03}	$Y_{10} \to Y_{09} \to Y_{08} \to Y_{05} \to Y_{02} \to Y_{03}$	1916	$Y_{10} \to Y_{09} \to Y_{08} \to Y_{05} \to Y_{04} \to Y_{03}$	2165
Y_{10}	Y_{04}	$Y_{10} \to Y_{09} \to Y_{08} \to Y_{05} \to Y_{04}$	1749	$Y_{10} \to Y_{13} \to Y_{12} \to Y_{04}$	2108
Y_{10}	Y_{05}	$Y_{10} \to Y_{09} \to Y_{08} \to Y_{05}$	1049	$Y_{10} \to Y_{09} \to Y_{06} \to Y_{05}$	1518
Y_{10}	Y_{06}	$Y_{10} \to Y_{09} \to Y_{06}$	874	$Y_{10} \to Y_{11} \to Y_{07} \to Y_{06}$	1399
Y_{10}	Y_{07}	$Y_{10} \to Y_{11} \to Y_{07}$	715	$Y_{10} \to Y_{13} \to Y_{11} \to Y_{07}$	1070
Y_{10}	Y_{08}	$Y_{10} \to Y_{09} \to Y_{08}$	681	$Y_{10} \to Y_{09} \to Y_{06} \to Y_{05} \to Y_{08}$	1886
Y_{10}	Y_{09}	$Y_{10} \to Y_{09}$	480	$Y_{10} \to Y_{11} \to Y_{07} \to Y_{06} \to Y_{09}$	1793
Y_{10}	Y_{11}	$Y_{10} \to Y_{11}$	172	$Y_{10} \to Y_{13} \to Y_{11}$	527
Y_{10}	Y_{12}	$Y_{10} \to Y_{13} \to Y_{12}$	1323	$Y_{10} \to Y_{09} \to Y_{08} \to Y_{12}$	1379
Y_{10}	Y_{13}	$Y_{10} \to Y_{13}$	284	$Y_{10} \to Y_{11} \to Y_{13}$	415
Y_{11}	Y_{01}	$Y_{11} \to Y_{10} \to Y_{09} \to Y_{08} \to Y_{05} \to Y_{02} \to Y_{01}$	1795	$Y_{11} \to Y_{13} \to Y_{10} \to Y_{09} \to Y_{08} \to Y_{05} \to Y_{02} \to Y_{01}$	2150

附录 A 直达列车走行径路及里程（单位：km）

续上表

始发	终到	最短径路	里程1	次短径路	里程2
Y_{11}	Y_{02}	$Y_{11} \to Y_{10} \to Y_{09} \to Y_{08} \to Y_{05} \to Y_{02}$	1631	$Y_{11} \to Y_{13} \to Y_{10} \to Y_{09} \to Y_{08} \to Y_{05} \to Y_{02}$	1986
Y_{11}	Y_{03}	$Y_{11} \to Y_{10} \to Y_{09} \to Y_{08} \to Y_{05} \to Y_{02} \to Y_{03}$	2088	$Y_{11} \to Y_{10} \to Y_{09} \to Y_{08} \to Y_{05} \to Y_{04} \to Y_{03}$	2337
Y_{11}	Y_{04}	$Y_{11} \to Y_{10} \to Y_{09} \to Y_{08} \to Y_{05} \to Y_{04}$	1921	$Y_{11} \to Y_{13} \to Y_{12} \to Y_{04}$	2067
Y_{11}	Y_{05}	$Y_{11} \to Y_{10} \to Y_{09} \to Y_{08} \to Y_{05}$	1221	$Y_{11} \to Y_{13} \to Y_{10} \to Y_{09} \to Y_{08} \to Y_{05}$	1576
Y_{11}	Y_{06}	$Y_{11} \to Y_{10} \to Y_{09} \to Y_{06}$	1046	$Y_{11} \to Y_{07} \to Y_{06}$	1227
Y_{11}	Y_{07}	$Y_{11} \to Y_{07}$	543	$Y_{11} \to Y_{10} \to Y_{09} \to Y_{06} \to Y_{07}$	1730
Y_{11}	Y_{08}	$Y_{11} \to Y_{10} \to Y_{09} \to Y_{08}$	853	$Y_{11} \to Y_{13} \to Y_{10} \to Y_{09} \to Y_{08}$	1208
Y_{11}	Y_{09}	$Y_{11} \to Y_{10} \to Y_{09}$	652	$Y_{11} \to Y_{13} \to Y_{10} \to Y_{09}$	1007
Y_{11}	Y_{10}	$Y_{11} \to Y_{10}$	172	$Y_{11} \to Y_{13} \to Y_{10}$	527
Y_{11}	Y_{12}	$Y_{11} \to Y_{13} \to Y_{12}$	1282	$Y_{11} \to Y_{10} \to Y_{13} \to Y_{12}$	1495
Y_{11}	Y_{13}	$Y_{11} \to Y_{13}$	243	$Y_{11} \to Y_{10} \to Y_{13}$	456
Y_{12}	Y_{01}	$Y_{12} \to Y_{08} \to Y_{05} \to Y_{02} \to Y_{01}$	1640	$Y_{12} \to Y_{04} \to Y_{03} \to Y_{02} \to Y_{01}$	1822
Y_{12}	Y_{02}	$Y_{12} \to Y_{08} \to Y_{05} \to Y_{02}$	1476	$Y_{12} \to Y_{04} \to Y_{03} \to Y_{02}$	1658
Y_{12}	Y_{03}	$Y_{12} \to Y_{04} \to Y_{03}$	1201	$Y_{12} \to Y_{08} \to Y_{05} \to Y_{02} \to Y_{03}$	1933
Y_{12}	Y_{04}	$Y_{12} \to Y_{04}$	785	$Y_{12} \to Y_{08} \to Y_{05} \to Y_{04}$	1766
Y_{12}	Y_{05}	$Y_{12} \to Y_{08} \to Y_{05}$	1066	$Y_{12} \to Y_{04} \to Y_{05}$	1485
Y_{12}	Y_{06}	$Y_{12} \to Y_{08} \to Y_{09} \to Y_{06}$	1293	$Y_{12} \to Y_{04} \to Y_{05} \to Y_{06}$	1710
Y_{12}	Y_{07}	$Y_{12} \to Y_{13} \to Y_{11} \to Y_{07}$	1825	$Y_{12} \to Y_{08} \to Y_{09} \to Y_{06} \to Y_{07}$	1977
Y_{12}	Y_{08}	$Y_{12} \to Y_{08}$	698	$Y_{12} \to Y_{04} \to Y_{05} \to Y_{08}$	1853
Y_{12}	Y_{09}	$Y_{12} \to Y_{08} \to Y_{09}$	899	$Y_{12} \to Y_{13} \to Y_{10} \to Y_{09}$	1803
Y_{12}	Y_{10}	$Y_{12} \to Y_{13} \to Y_{10}$	1323	$Y_{12} \to Y_{08} \to Y_{09} \to Y_{10}$	1379
Y_{12}	Y_{11}	$Y_{12} \to Y_{13} \to Y_{11}$	1282	$Y_{12} \to Y_{13} \to Y_{10} \to Y_{11}$	1495
Y_{12}	Y_{13}	$Y_{12} \to Y_{13}$	1039	$Y_{12} \to Y_{08} \to Y_{09} \to Y_{10} \to Y_{13}$	1663
Y_{13}	Y_{01}	$Y_{13} \to Y_{10} \to Y_{09} \to Y_{08} \to Y_{05} \to Y_{02} \to Y_{01}$	1907	$Y_{13} \to Y_{11} \to Y_{10} \to Y_{09} \to Y_{08} \to Y_{05} \to Y_{02} \to Y_{01}$	2038
Y_{13}	Y_{02}	$Y_{13} \to Y_{10} \to Y_{09} \to Y_{08} \to Y_{05} \to Y_{02}$	1743	$Y_{13} \to Y_{11} \to Y_{10} \to Y_{09} \to Y_{08} \to Y_{05} \to Y_{02}$	1874
Y_{13}	Y_{03}	$Y_{13} \to Y_{10} \to Y_{09} \to Y_{08} \to Y_{05} \to Y_{02} \to Y_{03}$	2200	$Y_{13} \to Y_{12} \to Y_{04} \to Y_{03}$	2240
Y_{13}	Y_{04}	$Y_{13} \to Y_{12} \to Y_{04}$	1824	$Y_{13} \to Y_{10} \to Y_{09} \to Y_{08} \to Y_{05} \to Y_{04}$	2033
Y_{13}	Y_{05}	$Y_{13} \to Y_{10} \to Y_{09} \to Y_{08} \to Y_{05}$	1333	$Y_{13} \to Y_{11} \to Y_{10} \to Y_{09} \to Y_{08} \to Y_{05}$	1464
Y_{13}	Y_{06}	$Y_{13} \to Y_{10} \to Y_{09} \to Y_{06}$	1158	$Y_{13} \to Y_{11} \to Y_{10} \to Y_{09} \to Y_{06}$	1289
Y_{13}	Y_{07}	$Y_{13} \to Y_{11} \to Y_{07}$	786	$Y_{13} \to Y_{10} \to Y_{11} \to Y_{07}$	999

续上表

始发	终到	最短径路	里程1	次短径路	里程2
Y_{13}	Y_{08}	$Y_{13} \to Y_{10} \to Y_{09} \to Y_{08}$	965	$Y_{13} \to Y_{11} \to Y_{10} \to Y_{09} \to Y_{08}$	1096
Y_{13}	Y_{09}	$Y_{13} \to Y_{10} \to Y_{09}$	764	$Y_{13} \to Y_{11} \to Y_{10} \to Y_{09}$	895
Y_{13}	Y_{10}	$Y_{13} \to Y_{10}$	284	$Y_{13} \to Y_{11} \to Y_{10}$	415
Y_{13}	Y_{11}	$Y_{13} \to Y_{11}$	243	$Y_{13} \to Y_{10} \to Y_{11}$	456
Y_{13}	Y_{12}	$Y_{13} \to Y_{12}$	1039	$Y_{13} \to Y_{10} \to Y_{09} \to Y_{08} \to Y_{12}$	1663

注：字段"里程1"表示两站间最短径路的里程，字段"里程2"表示两站间次短径路的里程。

附录 B 各站间车流的潜在改编站

出发	终到	潜在改编站	出发	终到	潜在改编站
Y_{01}	Y_{02}	—	Y_{03}	Y_{07}	Y_{02}, Y_{04}, Y_{05}, Y_{06}
Y_{01}	Y_{03}	Y_{02}, Y_{04}, Y_{05}	Y_{03}	Y_{08}	Y_{02}, Y_{04}, Y_{05}
Y_{01}	Y_{04}	Y_{02}, Y_{03}, Y_{05}	Y_{03}	Y_{09}	Y_{08}, Y_{02}, Y_{04}, Y_{05}
Y_{01}	Y_{05}	Y_{02}, Y_{03}, Y_{04}	Y_{03}	Y_{10}	Y_{02}, Y_{04}, Y_{05}, Y_{08}, Y_{09}
Y_{01}	Y_{06}	Y_{08}, Y_{09}, Y_{02}, Y_{05}	Y_{03}	Y_{11}	Y_{02}, Y_{04}, Y_{05}, Y_{08}, Y_{09}, Y_{10}
Y_{01}	Y_{07}	Y_{02}, Y_{05}, Y_{06}, Y_{08}, Y_{09}	Y_{03}	Y_{12}	Y_{08}, Y_{02}, Y_{04}, Y_{05}
Y_{01}	Y_{08}	Y_{09}, Y_{02}, Y_{05}, Y_{06}	Y_{03}	Y_{13}	Y_{02}, Y_{04}, Y_{05}, Y_{08}, Y_{09}, Y_{10}, Y_{12}
Y_{01}	Y_{09}	Y_{08}, Y_{02}, Y_{05}, Y_{06}	Y_{04}	Y_{01}	Y_{02}, Y_{03}, Y_{05}
Y_{01}	Y_{10}	Y_{02}, Y_{05}, Y_{06}, Y_{08}, Y_{09}	Y_{04}	Y_{02}	Y_{03}, Y_{05}
Y_{01}	Y_{11}	Y_{02}, Y_{05}, Y_{08}, Y_{09}, Y_{10}, Y_{13}	Y_{04}	Y_{03}	Y_{02}, Y_{05}
Y_{01}	Y_{12}	Y_{02}, Y_{03}, Y_{04}, Y_{05}, Y_{08}	Y_{04}	Y_{05}	Y_{02}, Y_{03}
Y_{01}	Y_{13}	Y_{02}, Y_{05}, Y_{08}, Y_{09}, Y_{10}, Y_{11}	Y_{04}	Y_{06}	Y_{08}, Y_{09}, Y_{05}
Y_{02}	Y_{01}	—	Y_{04}	Y_{07}	Y_{08}, Y_{09}, Y_{05}, Y_{06}
Y_{02}	Y_{03}	Y_{04}, Y_{05}	Y_{04}	Y_{08}	Y_{12}, Y_{05}
Y_{02}	Y_{04}	Y_{03}, Y_{05}	Y_{04}	Y_{09}	Y_{08}, Y_{12}, Y_{05}
Y_{02}	Y_{05}	Y_{03}, Y_{04}	Y_{04}	Y_{10}	Y_{05}, Y_{08}, Y_{09}, Y_{12}, Y_{13}
Y_{02}	Y_{06}	Y_{08}, Y_{09}, Y_{05}	Y_{04}	Y_{11}	Y_{05}, Y_{08}, Y_{09}, Y_{10}, Y_{12}, Y_{13}
Y_{02}	Y_{07}	Y_{08}, Y_{09}, Y_{05}, Y_{06}	Y_{04}	Y_{12}	Y_{08}, Y_{05}
Y_{02}	Y_{08}	Y_{09}, Y_{05}, Y_{06}	Y_{04}	Y_{13}	Y_{05}, Y_{08}, Y_{09}, Y_{10}, Y_{12}
Y_{02}	Y_{09}	Y_{08}, Y_{05}, Y_{06}	Y_{05}	Y_{01}	Y_{02}, Y_{03}, Y_{04}
Y_{02}	Y_{10}	Y_{08}, Y_{09}, Y_{05}, Y_{06}	Y_{05}	Y_{02}	Y_{03}, Y_{04}
Y_{02}	Y_{11}	Y_{05}, Y_{08}, Y_{09}, Y_{10}, Y_{13}	Y_{05}	Y_{03}	Y_{02}, Y_{04}
Y_{02}	Y_{12}	Y_{08}, Y_{03}, Y_{04}, Y_{05}	Y_{05}	Y_{04}	Y_{02}, Y_{03}
Y_{02}	Y_{13}	Y_{05}, Y_{08}, Y_{09}, Y_{10}, Y_{11}	Y_{05}	Y_{06}	Y_{08}, Y_{09}
Y_{03}	Y_{01}	Y_{02}, Y_{04}, Y_{05}	Y_{05}	Y_{07}	Y_{08}, Y_{09}, Y_{06}
Y_{03}	Y_{02}	Y_{04}, Y_{05}	Y_{05}	Y_{08}	Y_{09}, Y_{06}
Y_{03}	Y_{04}	Y_{02}, Y_{05}	Y_{05}	Y_{09}	Y_{08}, Y_{06}
Y_{03}	Y_{05}	Y_{02}, Y_{04}	Y_{05}	Y_{10}	Y_{08}, Y_{09}, Y_{06}
Y_{03}	Y_{06}	Y_{02}, Y_{04}, Y_{05}	Y_{05}	Y_{11}	Y_{08}, Y_{09}, Y_{10}, Y_{13}

续上表

出发	终到	潜在改编站	出发	终到	潜在改编站
Y_{05}	Y_{12}	Y_{08}, Y_{04}	Y_{08}	Y_{06}	Y_{09}, Y_{05}
Y_{05}	Y_{13}	Y_{08}, Y_{09}, Y_{10}, Y_{11}	Y_{08}	Y_{07}	Y_{09}, Y_{10}, Y_{11}, Y_{06}
Y_{06}	Y_{01}	Y_{08}, Y_{09}, Y_{02}, Y_{05}	Y_{08}	Y_{09}	Y_{05}, Y_{06}
Y_{06}	Y_{02}	Y_{08}, Y_{09}, Y_{05}	Y_{08}	Y_{10}	Y_{09}, Y_{05}, Y_{06}
Y_{06}	Y_{03}	Y_{02}, Y_{04}, Y_{05}	Y_{08}	Y_{11}	Y_{09}, Y_{10}, Y_{13}
Y_{06}	Y_{04}	Y_{08}, Y_{09}, Y_{05}	Y_{08}	Y_{12}	Y_{04}, Y_{05}
Y_{06}	Y_{05}	Y_{08}, Y_{09}	Y_{08}	Y_{13}	Y_{09}, Y_{10}, Y_{11}
Y_{06}	Y_{07}	Y_{09}, Y_{10}, Y_{11}	Y_{09}	Y_{01}	Y_{08}, Y_{02}, Y_{05}, Y_{06}
Y_{06}	Y_{08}	Y_{09}, Y_{05}	Y_{09}	Y_{02}	Y_{08}, Y_{05}, Y_{06}
Y_{06}	Y_{09}	Y_{08}, Y_{05}	Y_{09}	Y_{03}	Y_{08}, Y_{02}, Y_{04}, Y_{05}
Y_{06}	Y_{10}	Y_{09}, Y_{11}, Y_{07}	Y_{09}	Y_{04}	Y_{08}, Y_{12}, Y_{05}
Y_{06}	Y_{11}	Y_{09}, Y_{10}, Y_{07}	Y_{09}	Y_{05}	Y_{08}, Y_{06}
Y_{06}	Y_{12}	Y_{08}, Y_{09}, Y_{05}	Y_{09}	Y_{06}	Y_{08}, Y_{05}
Y_{06}	Y_{13}	Y_{09}, Y_{10}, Y_{11}	Y_{09}	Y_{07}	Y_{10}, Y_{11}, Y_{06}
Y_{07}	Y_{01}	Y_{02}, Y_{05}, Y_{06}, Y_{08}, Y_{09}	Y_{09}	Y_{08}	Y_{05}, Y_{06}
Y_{07}	Y_{02}	Y_{08}, Y_{09}, Y_{05}, Y_{06}	Y_{09}	Y_{10}	Y_{11}, Y_{06}, Y_{07}
Y_{07}	Y_{03}	Y_{02}, Y_{04}, Y_{05}, Y_{06}	Y_{09}	Y_{11}	Y_{10}, Y_{13}
Y_{07}	Y_{04}	Y_{08}, Y_{09}, Y_{05}, Y_{06}	Y_{09}	Y_{12}	Y_{08}, Y_{10}, Y_{13}
Y_{07}	Y_{05}	Y_{08}, Y_{09}, Y_{06}	Y_{09}	Y_{13}	Y_{10}, Y_{11}
Y_{07}	Y_{06}	Y_{09}, Y_{10}, Y_{11}	Y_{10}	Y_{01}	Y_{02}, Y_{05}, Y_{06}, Y_{08}, Y_{09}
Y_{07}	Y_{08}	Y_{09}, Y_{10}, Y_{11}, Y_{06}	Y_{10}	Y_{02}	Y_{08}, Y_{09}, Y_{05}, Y_{06}
Y_{07}	Y_{09}	Y_{10}, Y_{11}, Y_{06}	Y_{10}	Y_{03}	Y_{02}, Y_{04}, Y_{05}, Y_{08}, Y_{09}
Y_{07}	Y_{10}	Y_{11}, Y_{13}	Y_{10}	Y_{04}	Y_{05}, Y_{08}, Y_{09}, Y_{12}, Y_{13}
Y_{07}	Y_{11}	Y_{09}, Y_{10}, Y_{06}	Y_{10}	Y_{05}	Y_{08}, Y_{09}, Y_{06}
Y_{07}	Y_{12}	Y_{06}, Y_{08}, Y_{09}, Y_{11}, Y_{13}	Y_{10}	Y_{06}	Y_{09}, Y_{11}, Y_{07}
Y_{07}	Y_{13}	Y_{10}, Y_{11}	Y_{10}	Y_{07}	Y_{11}, Y_{13}
Y_{08}	Y_{01}	Y_{09}, Y_{02}, Y_{05}, Y_{06}	Y_{10}	Y_{08}	Y_{09}, Y_{05}, Y_{06}
Y_{08}	Y_{02}	Y_{09}, Y_{05}, Y_{06}	Y_{10}	Y_{09}	Y_{11}, Y_{06}, Y_{07}
Y_{08}	Y_{03}	Y_{02}, Y_{04}, Y_{05}	Y_{10}	Y_{11}	Y_{13}
Y_{08}	Y_{04}	Y_{12}, Y_{05}	Y_{10}	Y_{12}	Y_{08}, Y_{09}, Y_{13}
Y_{08}	Y_{05}	Y_{09}, Y_{06}	Y_{10}	Y_{13}	Y_{11}

附录 B　各站间车流的潜在改编站

续上表

出发	终到	潜在改编站	出发	终到	潜在改编站
Y_{11}	Y_{01}	Y_{02}, Y_{05}, Y_{08}, Y_{09}, Y_{10}, Y_{13}	Y_{12}	Y_{07}	Y_{06}, Y_{08}, Y_{09}, Y_{11}, Y_{13}
Y_{11}	Y_{02}	Y_{05}, Y_{08}, Y_{09}, Y_{10}, Y_{13}	Y_{12}	Y_{08}	Y_{04}, Y_{05}
Y_{11}	Y_{03}	Y_{02}, Y_{04}, Y_{05}, Y_{08}, Y_{09}, Y_{10}	Y_{12}	Y_{09}	Y_{08}, Y_{10}, Y_{13}
Y_{11}	Y_{04}	Y_{05}, Y_{08}, Y_{09}, Y_{10}, Y_{12}, Y_{13}	Y_{12}	Y_{10}	Y_{08}, Y_{09}, Y_{13}
Y_{11}	Y_{05}	Y_{08}, Y_{09}, Y_{10}, Y_{13}	Y_{12}	Y_{11}	Y_{10}, Y_{13}
Y_{11}	Y_{06}	Y_{09}, Y_{10}, Y_{07}	Y_{12}	Y_{13}	Y_{08}, Y_{09}, Y_{10}
Y_{11}	Y_{07}	Y_{09}, Y_{10}, Y_{06}	Y_{13}	Y_{01}	Y_{02}, Y_{05}, Y_{08}, Y_{09}, Y_{10}, Y_{11}
Y_{11}	Y_{08}	Y_{09}, Y_{10}, Y_{13}	Y_{13}	Y_{02}	Y_{05}, Y_{08}, Y_{09}, Y_{10}, Y_{11}
Y_{11}	Y_{09}	Y_{10}, Y_{13}	Y_{13}	Y_{03}	Y_{02}, Y_{04}, Y_{05}, Y_{08}, Y_{09}, Y_{10}, Y_{12}
Y_{11}	Y_{10}	Y_{13}	Y_{13}	Y_{04}	Y_{05}, Y_{08}, Y_{09}, Y_{10}, Y_{12}
Y_{11}	Y_{12}	Y_{10}, Y_{13}	Y_{13}	Y_{05}	Y_{08}, Y_{09}, Y_{10}, Y_{11}
Y_{11}	Y_{13}	Y_{10}	Y_{13}	Y_{06}	Y_{09}, Y_{10}, Y_{11}
Y_{12}	Y_{01}	Y_{02}, Y_{03}, Y_{04}, Y_{05}, Y_{08}	Y_{13}	Y_{07}	Y_{10}, Y_{11}
Y_{12}	Y_{02}	Y_{08}, Y_{03}, Y_{04}, Y_{05}	Y_{13}	Y_{08}	Y_{09}, Y_{10}, Y_{11}
Y_{12}	Y_{03}	Y_{08}, Y_{02}, Y_{04}, Y_{05}	Y_{13}	Y_{09}	Y_{10}, Y_{11}
Y_{12}	Y_{04}	Y_{08}, Y_{05}	Y_{13}	Y_{10}	Y_{11}
Y_{12}	Y_{05}	Y_{08}, Y_{04}	Y_{13}	Y_{11}	Y_{10}
Y_{12}	Y_{06}	Y_{08}, Y_{09}, Y_{05}	Y_{13}	Y_{12}	Y_{08}, Y_{09}, Y_{10}

参 考 文 献

[1] 吴家豪. 铁路编组站系统设计优化[M]. 北京: 中国铁道出版社, 1994.

[2] JOHNSON D S, LENSTRA J K, KAN A H G R. The complexity of the network design problem[J]. Networks, 1978, 8(4): 279-285.

[3] KARIV O, HAKIMI S L. An algorithmic approach to network location problems II: the p-medians[J]. SIAM Journal on Applied Mathematics, 1979, 37(3): 539-560.

[4] ASSAD A A. Modelling of rail networks: Toward a routing/makeup model[J]. Transportation Research Part B: Methodological, 1980, 14(1): 101-114.

[5] CRAINIC T, FERLAND J A, ROUSSEAU J M. A tactical planning model for rail freight transportation[J]. Transportation Science, 1984, 18(2): 165-184.

[6] CRAINIC T G, ROUSSEAU J M. Multicommodity, multimode freight transportation: A general modeling and algorithmic framework for the service network design problem[J]. Transportation Research Part B: Methodological, 1986, 20(3): 225-242.

[7] HAGHANI A E. Formulation and solution of a combined train routing and makeup, and empty car distribution model[J]. Transportation Research Part B: Methodological, 1989, 23(6): 433-452.

[8] KEATON M H. Designing optimal railroad operating plans: Lagrangian relaxation and heuristic approaches[J]. Transportation Research Part B: Methodological, 1989, 23(6): 415-431.

[9] KEATON M H. Designing railroad operating plans: A dual adjustment method for implementing Lagrangian relaxation[J]. Transportation Science, 1992, 26(4): 263-279.

[10] 林柏梁. 车流运行径路与列车编组计划的整体优化模型及模拟退火算法[D]. 成都: 西南交通大学, 1994.

[11] 林柏梁. 直达与区段列车编组计划及车流径路的整体优化方法[J]. 铁道学报, 1996, 18(5): 1-8.

[12] 林柏梁, 朱松年. 路网上车流径路与列车编组计划的整体优化[J]. 铁道学报, 1996, 18(1): 1-7.

[13] 林柏梁. 线路与编组站能力限制下的车流组织模型与模拟退火方法[J]. 北京交通大学学报, 1997, 21(3): 264-272.

[14] GORMAN M F. An application of genetic and tabu searches to the freight railroad operating plan problem[J]. Annals of operations research, 1998, 78: 51-69.

[15] GORMAN M F. Santa Fe Railway uses an operating-plan model to improve its service

design[J]. Interfaces. 1998, 28(4): 1-12.

[16] KWON O K, MARTLAND C D, SUSSMAN J M. Routing and scheduling temporal and heterogeneous freight car traffic on rail networks[J]. Transportation Research Part E: Logistics and Transportation Review, 1998, 34(2): 101-115.

[17] CREVIER B, CORDEAU J F, SAVARD G. Integrated operations planning and revenue management for rail freight transportation[J]. Transportation Research Part B: Methodological, 2012, 46(1): 100-119.

[18] ZHU E, CRAINIC T G, GENDREAU M. Scheduled service network design for freight rail transportation[J]. Operations research, 2014, 62(2): 383-400.

[19] KHALED A A, JIN M, CLARKE D B, et al. Train design and routing optimization for evaluating criticality of freight railroad infrastructures[J]. Transportation Research Part B: Methodological, 2015, 71: 71-84.

[20] HAGHANI A E. Rail freight transportation: A review of recent optimization models for train routing and empty car distribution[J]. Journal of Advanced Transportation, 1987, 21(2): 147-172.

[21] CORDEAU J F, TOTH P, VIGO D. A survey of optimization models for train routing and scheduling[J]. Transportation science, 1998, 32(4): 380-404.

[22] 林柏梁, 彭辉, 任保国. 铁路网上带权重的车流径路优化方法[J]. 北方交通大学学报, 1996, 20(6): 21-26.

[23] 林柏梁, 朱松年, 陈竹生, 等. 路网上车流径路优化的0-1规划模型及其合理径路集生成算法[J]. 铁道学报, 1997, 19(1): 7-12.

[24] FUKASAWA R, DE ARAGÃO M V P, PORTO O, et al. Solving the freight car flow problem to optimality[J]. Electronic Notes in Theoretical Computer Science, 2002, 66(6): 42-52.

[25] 田亚明, 林柏梁, 纪丽君. 基于多商品流和虚拟弧的铁路车流分配点-弧、弧-路模型研究[J]. 铁道学报, 2011, 33(4): 7-12.

[26] 纪丽君, 林柏梁, 乔国会, 等. 基于多商品流模型的铁路网车流分配和径路优化模型[J]. 中国铁道科学, 2011, 32(3): 107-110.

[27] UPADHYAY A, BOLIA N. Combined empty and loaded train scheduling for dedicated freight railway corridors[J]. Computers & Industrial Engineering, 2014, 76: 23-31.

[28] 温旭红, 林柏梁, 陈雷. 基于树形结构的铁路车流径路优化模型[J]. 铁道学报, 2016, 38(4): 1-6.

[29] BORNDÖRFER R, KLUG T, LAMORGESE L, et al. Handbook of optimization in the railway industry[M]. Berlin: Springer, 2018: 73-91.

[30] BODIN L D, GOLDEN B L, SCHUSTER A D, et al. A model for the blocking of trains[J].

Transportation Research Part B: Methodological, 1980, 14(1-2): 115-120.

[31] 曹家明, 朱松年. 铁路网上技术直达列车编组计划优化的二次 0-1 规划法[J]. 铁道学报, 1993, 15(2): 62-70.

[32] 曹家明, 朱松年. 优化列车编组计划的 0-1 规划法[J]. 铁道学报, 1992(4): 49-57.

[33] 史峰, 李致中. 路网上技术站多种能力约束下的单组列车编组的网络方法[J]. 铁道学报, 1990(4): 51-55.

[34] MARTINELLI D R, TENG H. Optimization of railway operations using neural networks[J]. Transportation Research Part C: Emerging Technologies, 1996, 4(1): 33-49.

[35] 林柏梁. 具有非线性改编费用的列车编组计划优化[J]. 铁道学报, 1996, 18(S1): 37-42.

[36] 林柏梁. 机车长交路条件下的技术站列车编组计划无调作业参数模型[J]. 铁道学报, 1999, 21(6): 6-9.

[37] 林柏梁, 田亚明, 王志美. 基于最远站法则的列车编组计划优化双层规划模型[J]. 中国铁道科学, 2011, 32(5): 108-113.

[38] LIN B L, WANG Z M, JI L J, et al. Optimizing the freight train connection service network of a large-scale rail system[J]. Transportation Research Part B: Methodological, 2012, 46(5): 649-667.

[39] YAGHINI M, MOMENI M, SARMADI M. An improved local branching approach for train formation planning[J]. Applied Mathematical Modelling, 2013, 37(4): 2300-2307.

[40] CURRY G, SKEITH R. A dynamic programming algorithm for facility location and allocation[J]. AIIE Transactions, 1969, 1(2): 133-138.

[41] COOPER L. Location-allocation problems[J]. Operations Research, 1963, 11(3): 331-343.

[42] BONGARTZ I, CALAMAI P H, CONN A R. A projection method for lp norm location-allocation problems[J]. Mathematical Programming, 1994, 66(1-3): 283-312.

[43] BADRI M A. Combining the analytic hierarchy process and goal programming for global facility location-allocation problem[J]. International Journal of Production Economics, 1999, 62(3): 237-248.

[44] BRIMBERG J, HANSEN P, MLADONOVIC N, et al. A survey of solution methods for the continuous location allocation problem[J]. International Journal of Operations Research, 2008, 5(1): 1-12.

[45] GOKBAYRAK K, KOCAMAN A S. A distance-limited continuous location-allocation problem for spatial planning of decentralized systems[J]. Computers & Operations Research, 2017, 88: 15-29.

[46] SALHI S, GAMAL M D H. A genetic algorithm based approach for the uncapacitated continuous location-allocation problem[J]. Annals of Operations Research, 2003, 123(1-4): 203-222.

[47] GONG D J, GEN M, YAMAZAKI G, et al. Hybrid evolutionary method for capacitated location-allocation problem[J]. Computers & industrial engineering, 1997, 33(3-4): 577-580.

[48] EBEN-CHAIME M, MEHREZ A, MARKOVICH G. Capacitated location-allocation problems on a line[J]. Computers & Operations Research, 2002, 29(5): 459-470.

[49] ALTINEL İ K, DURMAZ E, ARAS N, et al. A location-allocation heuristic for the capacitated multi-facility Weber problem with probabilistic customer locations[J]. European Journal of Operational Research, 2009, 198(3): 790-799.

[50] ZHOU J, LIU B. New stochastic models for capacitated location-allocation problem[J]. Computers & Industrial Engineering, 2003, 45(1): 111-125.

[51] ZHOU J, LIU B. Modeling capacitated location-allocation problem with fuzzy demands[J]. Computers & Industrial Engineering, 2007, 53(3): 454-468.

[52] WEN M, IWAMURA K. Fuzzy facility location-allocation problem under the Hurwicz criterion[J]. European journal of operational research, 2008, 184(2): 627-635.

[53] MOUSAVI S M, NIAKI S T A. Capacitated location allocation problem with stochastic location and fuzzy demand: A hybrid algorithm[J]. Applied Mathematical Modelling, 2013, 37(7): 5109-5119.

[54] 王来军, CHIEN S I J, 赵建有, 等. 货运站场选址分配问题的两阶段决策优化: 以中国延安为例[J]. 中国公路学报, 2015, 28(7): 102-114.

[55] MANZINI R, GEBENNINI E. Optimization models for the dynamic facility location and allocation problem[J]. International Journal of Production Research, 2008, 46(8): 2061-2086.

[56] 肖庆, 马士华, 唐尧. 存在三重属性节点的物流网络选址分配问题研究[J]. 运筹与管理, 2016, 25(4): 59-67.

[57] SHER M, ADLER N, HAKKERT A. The police vehicle location-allocation problem[C]// The Proceedings of International Conference on Industrial Logistics. 2008.

[58] GUPTA R, MUTTOO S K, PAL S K. Fuzzy c-means clustering and particle swarm optimization based scheme for common service center location allocation[J]. Applied Intelligence, 2017, 47(3): 624-643.

[59] LI M, HONG Y, GUO X. Research on location-allocation problem of emergency logistics based on supply chain collaboration[C]// The Proceedings of International Conference on Mechanical, Electronic and Information Technology. 2018.

[60] XIAO Z D, SUN J N, SHU W J, et al. Location-allocation problem of reverse logistics for end-of-life vehicles based on the measurement of carbon emissions[J]. Computers & Industrial Engineering, 2019, 127: 169-181.

[61] MOUSAVI S M, PARDALOS P M, NIAKI S T A, et al. Solving a continuous periodic review

inventory-location allocation problem in vendor-buyer supply chain under uncertainty[J]. Computers & Industrial Engineering, 2019, 128: 541-552.

[62] MIRZAEI E, BASHIRI M, SHEMIRANI H S. Exact algorithms for solving a bi-level location-allocation problem considering customer preferences[J]. Journal of Industrial Engineering International, 2019: 1-11.

[63] MANSFIELD E, WEIN H H. A model for the location of a railroad classification yard[J]. Management Science, 1958, 4(3): 292-313.

[64] ASSAD A A. Models for rail transportation[J]. Transportation Research Part A: General, 1980, 14(3): 205-220.

[65] MAJI A, JHA M K. Railroad yard location optimization using a genetic algorithm. Environmental Science and Sustainability, 1997, 51(2): 151-156.

[66] 林柏梁, 徐忠义, 黄民, 等. 编组站布局规划模型[J]. 铁道学报, 2002, 24(3): 5-8.

[67] LEE J, KIM D, CHON K. Design of optimal marshalling yard location model considering rail freight hub network properties[J]. Journal of the Eastern Asia Society for Transportation Studies, 2007, 7: 1031-1045.

[68] 严贺祥, 林柏梁, 郑晋荣, 等. 单向系统与双向系统编组站的择优比对研究[J]. 交通运输系统工程与信息, 2007, 7(1): 124-131.

[69] 殷勇. 铁路编组站布局规划方法及调整对策研究[D]. 成都: 西南交通大学, 2007.

[70] 黎浩东, 何世伟, 宋瑞, 等. 列车编组计划和技术站布局的综合优化[J]. 北京交通大学学报, 2010, 34(6): 30-34.

[71] 耿令乾. 货物列车编组计划与编组站负荷分工联合优化模型[J]. 铁道运输与经济, 2011, 33(6): 59-63.

[72] 田亚明. 铁路网编组站改编能力配置优化模型[J]. 铁道学报, 2013, 35(6): 6-12.

[73] 马玉珍. 谈苏家屯编组站的改造方案[J]. 减速顶与调速技术, 1998(1): 7-9.

[74] 谢玲. 柳州枢纽柳州南编组站改扩建方案研究[J]. 铁道运输与经济, 2005, 27(9): 87-88.

[75] 吴家豪. 中国铁路跨越式发展新时期的编组站分类与布局探讨[J]. 铁道经济研究, 2005(4): 33-38.

[76] 田亚明, 林柏梁. 中国铁路货运网编组站布局特性[J]. 北京交通大学学报, 2011, 35(3): 46-52.

[77] WESOLOWSKY G O, TRUSCOTT W G. The multiperiod location-allocation problem with relocation of facilities[J]. Management Science, 1975, 22(1): 57-65.

[78] HINOJOSA Y, PUERTO J, FERNÁNDEZ F R. A multiperiod two-echelon multicommodity capacitated plant location problem[J]. European Journal of Operational Research, 2000, 123(2): 271-291.

[79] ALBAREDA-SAMBOLA M, FERNÁNDEZ E, HINOJOSA Y, et al. The multi-period

incremental service facility location problem[J]. Computers & Operations Research, 2009, 36(5): 1356-1375.

[80] CORREIA I, GELAREH S, NICKEL S, et al. Multi-period hub location problems in transportation networks[R]. 2012.

[81] CANEL C, DAS S R. The uncapacitated multi-period facilities location problem with profit maximization[J]. International Journal of Physical Distribution & Logistics Management, 1999, 29(6): 409-433.

[82] CANEL C, KHUMAWALA B M, LAW J, et al. An algorithm for the capacitated, multi-commodity multi-period facility location problem[J]. Computers & Operations Research, 2001, 28(5): 411-427.

[83] GOURDIN É, KLOPFENSTEIN O. Multi-period capacitated location with modular equipments[J]. Computers & Operations Research, 2008, 35(3): 661-682.

[84] KLIBI W, LASALLE F, MARTEL A, et al. The stochastic multiperiod location transportation problem[J]. Transportation Science, 2010, 44(2): 221-237.

[85] CORREIA I, NICKEL S, SALDANHA-DA-GAMA F. A stochastic multi-period capacitated multiple allocation hub location problem: Formulation and inequalities[J]. Omega, 2018, 74: 122-134.

[86] 周爱莲, 李旭宏, 毛海军. 一类多周期的物流中心稳健性选址模型研究[J]. 系统工程学报, 2009, 24(6): 688-693.

[87] GELAREH S, MONEMI R N, NICKEL S. Multi-period hub location problems in transportation[J]. Transportation Research Part E: Logistics and Transportation Review, 2015, 75: 67-94.

[88] VATSA A K, JAYASWAL S. A new formulation and Benders' decomposition for multi-period facility location problem with server uncertainty[R]. 2015.

[89] RAJAGOPALAN H K, SAYDAM C, XIAO J. A multiperiod set covering location model for dynamic redeployment of ambulances[J]. Computers & Operations Research, 2008, 35(3): 814-826.

[90] SHA Y, HUANG J. The multi-period location-allocation problem of engineering emergency blood supply systems[J]. Systems Engineering Procedia, 2012, 5: 21-28.

[91] 丁于思, 李雪, 高阳. 多周期多目标再制造物流网络设施动态选址研究[J]. 管理学报, 2014, 11(3): 428-433.

[92] O'KELLY M E. The location of interacting hub facilities[J]. Transportation science, 1986, 20(2): 92-106.

[93] O'KELLY M E. A quadratic integer program for the location of interacting hub facilities[J].

European journal of operational research, 1987, 32(3): 393-404.

[94] EBERY J, KRISHNAMOORTHY M, ERNST A, et al. The capacitated multiple allocation hub location problem: Formulations and algorithms[J]. European Journal of Operational Research, 2000, 120(3): 614-631.

[95] RODRIGUEZ-MARTIN I, SALAZAR-GONZALEZ J J. Solving a capacitated hub location problem[J]. European Journal of Operational Research, 2008, 184(2): 468-479.

[96] ÖZGÜN-KIBIROĞLU Ç, SERARSLAN M N, TOPCU Y İ. Particle swarm optimization for uncapacitated multiple allocation hub location problem under congestion[J]. Expert Systems with Applications, 2019, 119: 1-19.

[97] MAYER G, WAGNER B. HubLocator: an exact solution method for the multiple allocation hub location problem[J]. Computers & Operations Research, 2002, 29(6): 715-739.

[98] RACUNICA I, WYNTER L. Optimal location of intermodal freight hubs[J]. Transportation Research Part B: Methodological, 2005, 39(5): 453-477.

[99] ROSTAMI B, KÄMMERLING N, BUCHHEIM C, et al. Reliable single allocation hub location problem under hub breakdowns[J]. Computers & Operations Research, 2018, 96: 15-29.

[100] ARNOLD P, PEETERS D, THOMAS I. Modelling a rail/road intermodal transportation system[J]. Transportation Research Part E: Logistics and Transportation Review, 2004, 40(3): 255-270.

[101] HE Y, WU T, ZHANG C R, et al. An improved MIP heuristic for the intermodal hub location problem[J]. Omega, 2015, 57: 203-211.

[102] CAMPBELL J F, ERNST A T, KRISHNAMOORTHY M. Hub arc location problems: part I-introduction and results[J]. Management Science, 2005, 51(10): 1540-1555.

[103] CAMPBELL J F, ERNST A T, KRISHNAMOORTHY M. Hub arc location problems: part II-formulations and optimal algorithms[J]. Management Science, 2005, 51(10): 1556-1571.

[104] TAHERKHANI G, ALUMUR S A. Profit maximizing hub location problems[J]. Omega, 2018: 1-15.

[105] 李海鹰, 张超. 铁路站场及枢纽[M]. 北京: 中国铁道出版社, 2013.

[106] 刘建光. 张吉怀. 铁路引入怀化铁路枢纽方案研究[J]. 铁道运输与经济, 2016, 38(9): 61-65.

[107] 何盛明. 财经大辞典[M]. 北京: 中国财政经济出版社, 1990.

[108] 铁道第四勘测设计院. 铁路工程设计技术手册——站场及枢纽[M]. 北京: 中国铁道出版社, 1977.

[109] KIRKPATRICK S, GELATT C D, VECCHI M P. Optimization by simulated annealing[J]. Science, 1983, 220(4598): 671-680.

[110] ČERNÝ Y. A thermodynamical approach to the travelling salesman problem[J]. Journal of

Optimization Theory & Applications, 1985, 45(1): 41-51.

[111] AARTS E H L, VAN LAARHOVEN P J M. Statistical cooling: A general approach to combinatorial optimization problems[J]. Philips Journal of Research., 1985, 40(4): 193-226.

[112] 杨彦生. 合肥东编组站改扩建方案探讨[J]. 铁道货运, 2013, (9): 6-12.

[113] 李玉生. 侯马北铁路枢纽扩能改造研究[J]. 山西科技, 2008, (3): 101+96.

[114] 杨熊斌. 金华东区段站改扩建方案研究[J]. 铁道标准设计, 2015, 59(2): 31-35.

[115] 李仲茹. 哈密东编组站驼峰峰高设计研究[J]. 铁道标准设计, 2015, 59(6): 45-49.

[116] 杨丽娟. 铁路编组站布局调整效果评价研究[D]. 北京: 北京交通大学, 2009.

[117] 殷勇, 杨燕. 基于灰加权关联度的编组站布局规划方案评价[J]. 交通运输工程与信息学报, 2010, 8(03): 22-26.

[118] 施福根, 陈韬, 邓波尔, 等. 铁路枢纽解编系统布局规划评价研究[J]. 铁道运输与经济, 2020, 42(06): 71-77.

[119] 邓煜阳. 铁路编组站运营工作评价研究[D]. 长沙: 中南大学, 2008.

[120] 穆明鑫. 基于模糊分析的郑州北编组站安全评价研究[D]. 兰州: 兰州交通大学, 2020.

[121] 陈新柒. 编组站一体化数据治理方案设计与实现[J]. 铁路计算机应用, 2023, 32(03): 44-49.

[122] 何顺平. 编组站综合自动化系统建设过程中存在问题分析及思考[J]. 上海铁道科技, 2018(04): 155-156+41.

[123] 高美洁. 大型铁路枢纽、区域编组站布局研究[D]. 北京: 北京交通大学, 2009.

[124] 陈建. 基于5G+北斗的智慧编组站研究与应用[J]. 中国铁路, 2021(10): 85-92.

[125] 陈小平. 面向5G的边缘计算技术在铁路编组站中的应用研究[J]. 铁道通信信号, 2023, 59(04): 7-14.

[126] 司马舸. 日本自动化驼峰编组站的发展[J]. 铁道科技动态, 1984(12): 17-21+32.

[127] 周同. 提高阜阳北编组站作业效率的研究[J]. 中国物流与采购, 2023(03): 56-57.

[128] 陈志亮, 韩振凯, 张林文, 等. 提升兴隆场编组站作业能力对策研究[J]. 铁道货运, 2022, 40(02): 1-5.

[129] 张从立. 提升徐州北编组站运输效率的思考与实践[J]. 铁道货运, 2023, 41(02): 1-5+27.

[130] 李怀兵, 马灿. 提升株洲北编组站运输效率对策分析[J]. 铁道货运, 2021, 39(09): 7-11.

[131] 刘统畏. 铁路编组站小议[J]. 铁道工程学报, 1985(04): 66-69.

[132] 张天伟. 编组站建设后评价指标体系研究[D]. 北京: 北京交通大学, 2008.

[133] 施卫忠. 我国编组站自动化技术现状与发展[J]. 铁道通信信号, 2018, 54(03): 1-5+8.

[134] 张红亮, 杨浩, 魏玉光, 等. 我国铁路编组站发展趋势探讨[J]. 铁道运输与经济, 2010, 32(09): 33-35+43.

[135] 许佑顶, 敖云碧, 杨健, 等. 现代铁路站场规划设计——编组站篇[M]. 北京: 中国铁道出版社, 2017.

后 记

本书是在作者博士论文《基于铁路车流改编链的编组站布局优化研究》的基础上，结合新阶段、新形势、新要求，充分借鉴发达国家发展经验和我国编组站建设实际编著而成，既是对博士阶段学术成果的总结，也是对工作阶段研究思考的提炼。

在本书的研究和成稿过程中，作者得到了诸多领导、专家、同事、朋友、家人的大力支持，在此一并致谢。感谢国家发展和改革委员会综合运输研究所（以下简称"运输所"）汪鸣所长、樊一江副所长的悉心指导与激励鞭策，帮助作者逐步从数理思维向战略思维延展，从行业视角向宏观视野拓展，从理论分析向理论实际结合转变。感谢运输所吴文化（原）副所长、王东明（原）副所长、李连成副所长、全力副所长的重要指引。感谢运输所丁金学、王杨堃、张广厚、陆成云、向爱兵、贺兴东、樊桦、陈晓博、曹红等主任和副主任的大力支持。感谢运输所冯浩、肖昭升、张国强、王彦庆、罗仁坚、罗萍等前辈学者对我的研究指导。感谢运输所马艺菲、李卫波、刘文华、卢越、秦山、刘伟、张颖、卢恺等同事的关心和帮助。感谢国家发展和改革委员会国土开发与地区经济研究所谢雨蓉副所长、习近平经济思想研究中心毛科俊研究部主任、国家发展和改革委员会一带一路建设促进中心杨长湧副主任在研究过程中提供的宝贵建议。感谢北京交通大学林柏梁教授的教诲与指导。特别感谢父母的充分信任与全力支持！

由于作者的研究水平有限，本书仍存在不少疏漏和争议之处，仅为抛砖引玉，敬请读者批评指正。

刘思琦
2024 年 7 月